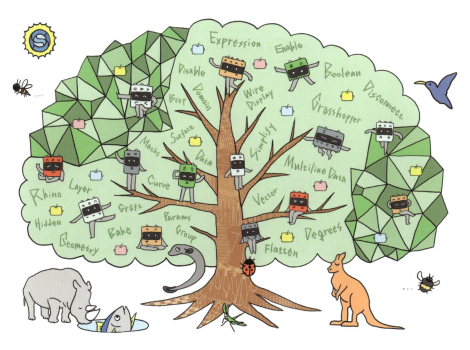

建築デザインのための
Grasshopper

アルゴリズムデザインラボ
重村珠穂・若澤晃樹・中山温己
金光陸・八尋俊平・坂井高久

X-Knowledge

本書の使い方

- どの章から始めていただいても構いません。ただし、重要なコンポーネントや操作を徐々に学ぶ構成になっているため、Grasshopper初心者の方は、1章から順に学習していくことをお勧めします。それぞれの章でGrasshopperのプログラムを作成しながら重要となる考え方を身につけていくことができます。

- 1章から8章では、インターフェースや基本操作、初歩的なコンポーネントとその使い方を学びます。9章から12章では、基本的なコンポーネントとその使い方を学びます。13章から、Grasshopperのデータ構造であるデータツリーを使って学習を進めます。16章から17章では、Grasshopperをさらに使いこなすための機能やプラグインについて紹介します。

- 本書は、基礎を学ぶ人向けに構成していますが、HINTや「知っておこう」などのコラムでは数学的要素や応用的な内容を紹介しています。1回目は基礎を学び、2回目はコラムを詳しく読むといった使い方ができるようになっています。

- 本書の内容は、サンプルファイルを使って学習していけるように構成しています（各項冒頭に記載の「使用データ」「完成データ」に対応）。サンプルファイルのダウンロードURLはP.10に記載しています。

- アルゴリズムデザインラボ（ADL）のホームページでは、上記サンプルファイルのほか、本書内容に対応する「チュートリアル動画」を順次配信していく予定です。動画の詳細や配信状況は、P.10に記載のURLにアクセスしてご確認ください。

本書利用上の注意

- 本書の記載内容は2025年1月時点での情報です。以降に製品またはホームページなどの仕様や情報が変更されている場合があります。また、本書を運用した結果については、当社および著者は一切の責任を負いかねます。本書の利用については個人の責任の範囲で行ってください。
- 本書はパソコンやWindowsの一般的な操作ができ、Rhinoceros（本書ではRhinoと表記）の基本操作を習得された方を対象としています。
- 本書はRhino 8で執筆しています。記載内容の動作確認は行っていますが、ご使用のパソコン環境によっては本書と同様の結果が再現できない可能性があります。また、Rhino 8のWindows版以外での動作は保証いたしかねます。
- 本書内容についてのお問い合わせは、エクスナレッジの本書サポートページの「お問い合わせ」、または書名と該当ページを記載のうえ、info@xknowledge.co.jp からお願いいたします。お電話での質問の受付・回答はおこなっておりません。なお、記事に直接関係のない操作方法や問題解決方法、ご使用の環境固有の設定や特定の機器向けの設定などは、本書の範囲外となりますので回答いたしかねます。あらかじめご了承ください。
- Rhinoceros、Rhino、Grasshopper は Robert McNeel & Associates の登録商標です。Windows 、Excel は米国 Microsoft Corporation の登録商標です。その他、本書に記載されたすべての製品名、会社名などは、一般に各社の商標または登録商標です。

本書は、Grasshopper（グラスホッパー）を初めて学ぶ人のための基礎入門書です。
Grasshopperは、3DモデリングCADソフト「Rhinoceros」（ライノセラス・通称はRhino＝ライノ）に搭載されたプラグインツールで、建築デザインのモデリング作業をより自由に、効率よく、楽しくすることができます。子ども向けのプログラミング学習ツール「Scratch（スクラッチ）」と似ていて、コードを書くのではなく、「コンポーネント」というブロックをつないでプログラムを作成できます。初心者でも直感的に扱いやすいのが特徴です。

本書は、Grasshopperの基礎を習得し、他の書籍や動画をより深く理解できるようになることを目的としています。基本をしっかり身につけることで、実務での応用力がぐんと広がります。また、Grasshopper標準のコンポーネントのみを使い、基礎をしっかり学べる構成になっています。

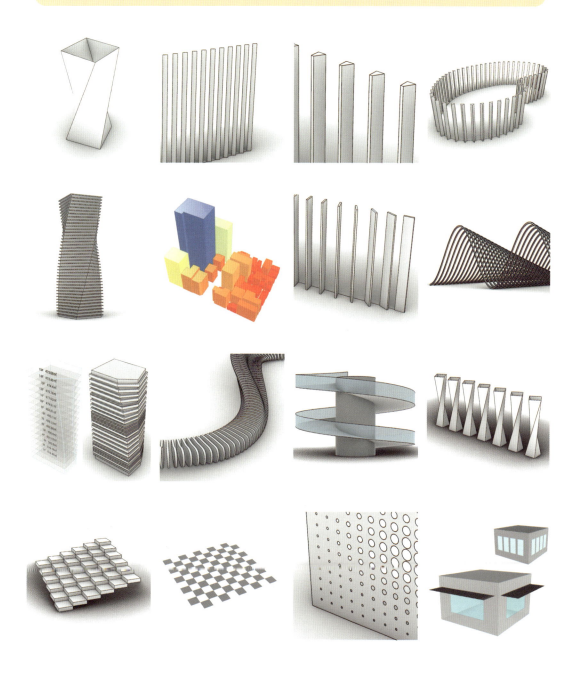

はじめに

本書は、世界中の建築設計や教育の現場で急速にユーザーを増やしている3DモデリングCADソフト「Rhinoceros」に搭載されたビジュアルプログラミング言語「Grasshopper」の基本的な使い方をマスターするための実習書です。

Grasshopperは、視覚的に操作できるビジュアルプログラミング言語（VPL）で、テキストでコードを書くのではなく、コンポーネント（要素）をつなげることでプログラムを作成します。Rhinoでは通常、一つずつコマンドを実行しますが、Grasshopperを活用すると、数値を変更するだけで形状を一括で更新でき、一部を調整すれば全体にリアルタイムで反映されるため、手作業では時間がかかる修正もスムーズに行えます。これにより、形状の検討や技術的な分析が効率化され、試行錯誤の時間を大幅に短縮できます。

Grasshopperでは、ファサードのデザインや都市スケールの配置計画、ルーバーや階段の設計など、形状のバリエーションをすばやく生成し、調整することが可能です。外壁パネルの配置を環境条件に応じて最適化、建築物の配置を変更しながら空間構成を検討することもできます。また、数理的な美しさを形にし、パターンや幾何学的な構造を精密に作成することにも適しています。さらに、ExcelやRevit、環境解析ソフトとも連携し、設計データを活用しながら高度な設計を行うことも可能です。設計プロセスの自動化により、手作業の負担を減らしながら作業効率を向上させるだけでなく、より精度の高いデザインを実現できます。

本書の内容は、最先端のコンピューテーショナルデザインを実践し、多くの建築プロジェクトに携わってきたアルゴリズムデザインラボ（代表：重村珠穂）が、建築デザイン向けにまとめたものです。建築的な形状を作りながら基本操作やコンポーネントを学べるよう構成しており、実務者はもちろん、建築デザインに興味のある学生にも楽しんでもらえるよう工夫しました。

本書では、プログラムが苦手な人でも学びやすいよう、基本操作やコンポーネントをわかりやすく解説するよう努めました。前半では基礎をしっかり学び、後半ではデータの構造、操作、プラグイン（追加ツール）の活用について紹介しています。補足部分では数学的要素や応用的な内容を扱い、基礎から応用まで幅広く学べるよう工夫しました。本書の後半では、国内外のGrasshopperツールのクリエイターたちの作品や取り組みも紹介し、Grasshopperの可能性を伝えています。

建築業界のデジタルトランスフォーメーション（DX）やサステイナブルな建築・都市づくりには、BIM（ビルディング・インフォメーション・モデリング）などのデジタル技術の活用が欠かせません。本書がきっかけとなり、より美しく環境に配慮した建築が生まれ、人々に新たな価値をもたらすことを願っています。

Grasshopperの館

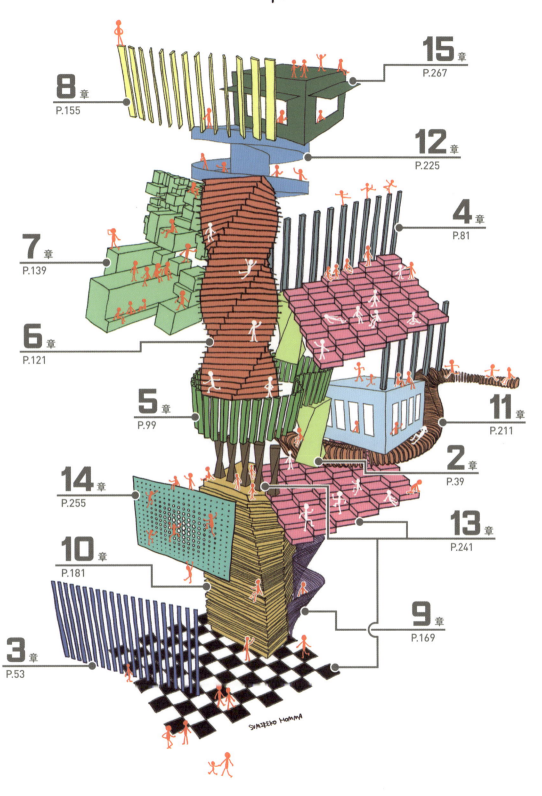

建築デザインのための
Grasshopper
Contents 目次

本書の使い方 ———————————————————————————————————— 2

はじめに ——————————————————————————————————————— 4

購入者特典について ———————————————————————————————— 10

chapter 1 Grasshopper をはじめる ———————— 11

1-1 Grasshopper を立ち上げる ————————————————— 12

1-2 ファイルを新規作成・保存・開く ——————————————— 14

1-3 インターフェースを理解する ————————————————— 20

1-4 コンポーネントを理解する —————————————————— 24

chapter 2 基本のコンポーネントを押さえる ———— 39

2-1 断面曲線を移動させる ———————————————————— 42

⚠ POINT Panel の使い方 ————————————————————— 44

2-2 断面曲線を回転させて立体にする ——————————————— 46

⚠ POINT Number Slider の使い方 ——————————————— 49

知っておこう プレビューを非表示にする ——————————————— 40

知っておこう 入力データの種類とデフォルトの入力値 ——————— 51

知っておこう 入力値の読み替え ——————————————————— 52

chapter 3 回転するルーバーを作成する ————— 53

3-1 ルーバーの軸線の作成 ———————————————————— 56

3-2 ルーバーの作成 ——————————————————————— 61

3-3 ルーバーの回転 ——————————————————————— 64

やってみよう 横ルーバーに変更する ————————————————— 69

column 人に伝えるきれいな Grasshopper ————————————— 70

chapter 4 断面曲線を指定したルーバーを作成する —— 81

4-1 ルーバーの断面曲線を配置 —————————— 84

4-2 ルーバーの断面曲線を押し出す ———————— 90

4-3 複数の断面曲線から選択 ——————————— 94

chapter 5 曲線に合わせた向きでルーバーを作成する —— 99

5-1 曲線上に作業平面を作成 ——————————— 102

5-2 Rhino の断面曲線からルーバーを作成 ————— 107

5-3 Grasshopper で断面曲線を作成 ——————— 112

⚠ POINT ［Point］コンポーネントの 3 つの格納方法 ————— 120

chapter 6 数列を利用してねじれた建物を作成する —— 121

6-1 各階の外形線の作成 ————————————— 124

6-2 建物のボリュームの作成 ——————————— 132

chapter 7 面積に応じた高さの ボリュームを立ち上げる —— 139

7-1 面積に応じた高さの作成 ——————————— 142

7-2 ボリュームを立ち上げる ——————————— 147

7-3 ボリュームを高さに応じて色付けする ————— 150

知っておこう ［Find Domain］を利用して面積情報を高さ情報に変える ——— 152

chapter 8 アトラクターを用いて ルーバーを回転させる —— 155

8-1 長方形断面のルーバーの作成 ————————— 158

8-2 アトラクターによる回転 ——————————— 164

やってみよう 高さが変わるルーバーを作成する ———————— 168

chapter 9 波打つ形状の建物を作成する —— 169

9-1 波打つ曲線の作成 —— 172

9-2 曲線間をなめらかに変化する形状の作成 —— 177

chapter 10 水平ルーバーで覆われたビルを作成する —— 181

10-1 床の作成と各階の床面積の算定 —— 186

10-2 階数と床面積を Rhino ビュー上へ表示 —— 193

10-3 ルーバーの間隔のリストの作成 —— 198

10-4 水平ルーバーの作成 —— 206

知っておこう さまざまな四捨五入の方法 —— 192

知っておこう ［Mass Addition］コンポーネントで延べ床面積を計算する —— 196

chapter 11 流れる形状のベンチを作成する —— 211

11-1 ベンチ形状の作成 —— 214

11-2 切断面の作成 —— 219

11-3 ベンチの最終形状の作成 —— 221

chapter 12 螺旋スロープを作成する —— 225

12-1 螺旋面の基準となる線分の作成 —— 228

12-2 スロープのモデルの作成 —— 233

知っておこう 高低差と勾配から直線スロープを作成する —— 237

chapter 13　データ構造を理解する ———————— 241

13-1　データ構造の基本 ——————————————————— 243
13-2　データ構造の応用　複数のツイストする柱を作成する ——— 248
13-3　データ構造の応用　グリッド状の階段を作成する ———————— 250
13-4　データ構造の応用　チェックパターンを作成する ———————— 252

chapter 14　パンチングを作成する ———————————— 255

14-1　サーフェス上に点を等間隔に作成 ————————————— 258
14-2　画像情報をもとにスケーリングする ——————————— 262

chapter 15　窓開口と庇を作成する ———————————— 267

15-1　ボリュームから上下の面を除く ————————————— 270
15-2　窓開口と壁面の作成 ——————————————————— 273
15-3　庇の作成 ————————————————————————— 278
知っておこう　複数の窓を作成する ——————————————— 282

chapter 16　さらに Grasshopper を使いこなすために — 283

16-1　クラスター ————————————————————————— 284
16-2　[Rhino] タブ ———————————————————————— 288
16-3　プラグインのインストール ——————————————— 291
16-4　TAD ツールの紹介 ———————————————————— 294
知っておこう　アルゴリズムデザインラボ（ADL）で開発しているプラグイン ——————— 300

chapter 17 Grasshopper プラグインの紹介 ——— 301

17-1 TT Toolbox ——————————————— 302

17-2 Climate Studio ——————————————— 303

17-3 Ladybug Tools ——————————————— 304

17-4 Karamba3D ——————————————— 305

17-5 EEL ——————————————— 306

17-6 Tunny ——————————————— 307

17-7 CORE studio ——————————————— 308

17-8 Shimz DDE ——————————————— 310

Grasshopper を核に広がる設計ツールとデータ連携 ——————— 314

使用コンポーネント索引 ——————————————— 316

おわりに ——————————————— 318

ブックデザイン———米倉英弘（米倉デザイン室）
イラスト————本間董子
DTP————トップスタジオ

購入者特典について

本書の購入者特典として、練習用サンプルファイルとオリジナルコンポーネント（プラグイン「TADツール」）を用意しています。練習用サンプルファイルは、エクスナレッジの本書サポートページとアルゴリズムデザインラボのホームページからダウンロードできます。オリジナルコンポーネント「TADツール」は、パッケージマネージャからインストールできます。詳しくは16章 P.294を参照してください。

● **エクスナレッジの本書サポートページ**
https://www.xknowledge.co.jp/support/9784767834153

● **アルゴリズムデザインラボのホームページ**
https://algo.co.jp/books/ghalgo

データ使用上の注意
■本データを使用して発生したいかなる損害についても、当社ならびに著作権者は、一切の責任を負いかねます。個人の責任の範囲において使用してください。
■本データは、本書を購入された方のみダウンロード、使用が可能です。それ以外の方のダウンロード、使用は一切認めません。
■本データの著作権は著作者に属します。当社および著作者の了承なしに無断で転載（引用、複製など）や再配布することを禁じます。

chapter 1

Grasshopper をはじめる

使用データ：1_Grasshopperをはじめる.3dm
完成データ：1_Grasshopperをはじめる_完成.gh

この章の目的

この章では、Grasshopperを実際に使い始めるために、ファイルの作成や保存、ユーザーインターフェース、コンポーネントの基本について学びます。

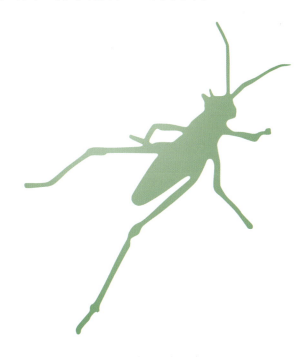

SECTION		
1-1	Grasshopperを立ち上げる	12
1-2	ファイルを新規作成・保存・開く	14
1-3	インターフェースを理解する	20
1-4	コンポーネントを理解する	24

SECTION 1-1 | Grasshopper を立ち上げる

この節で学ぶこと

・Grasshopperの起動方法

ここでは、Grasshopperの起動方法を学びます。GrasshopperはRhinoウィンドウから以下の2つの方法で起動することができます。

❶ツールバーのアイコンをクリック
❷コマンドラインで実行

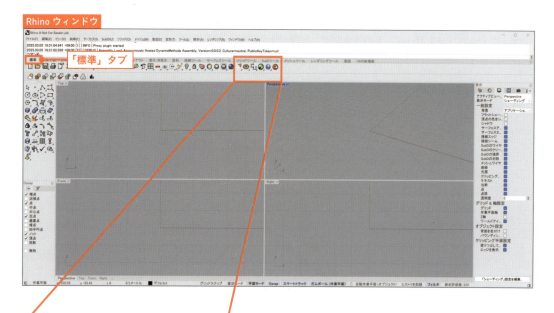

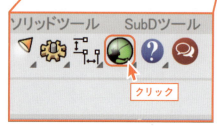

1 ツールバーのアイコンをクリック

ツールバーの「標準」タブから「Grasshopper」アイコンをクリックすることで立ち上げることができます。

2 コマンドラインで実行

コマンドラインに「Grasshopper」と打ち込み、[Enter]キーまたは右クリックでコマンドを実行することで、立ち上げることができます。

💡 HINT

コマンドエイリアスを設定する

今後頻繁に使う「Grasshopper」コマンドは、エイリアスを設定することでよりシンプルに実行することができます。

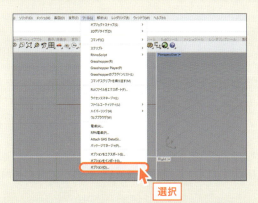

❶Rhinoのメニューバーの「**ツール**」から「**オプション**」をクリックし、「**Rhinoオプション**」ダイアログを開きます。

❷「**Rhinoオプション**」から「**エイリアス**」を選択し、「**新規作成**」をクリックします。

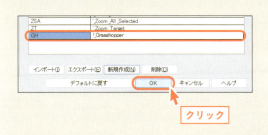

❸エイリアスの新しい入力欄が表示されます。左側の欄には、実行したいコマンドのエイリアス（別名）を入力します。ここでは、「**GH**」と入力します。右側の欄には、コマンドマクロを入力します。ここでは、「**!_Grasshopper**」と入力します。

入力が終了したら「**OK**」をクリックし、「**Rhinoオプション**」ダイアログを閉じます。

※「!」は1つ前のコマンドをキャンセルすることを意味し、「_」は英語のコマンド名を使ってコマンドを実行することを意味します。

❹Rhinoのコマンドラインに「**GH**」と入力して実行すると、「**Grasshopper**」コマンドが実行されます。

1-1 Grasshopperを立ち上げる　13

SECTION 1-2 | ファイルを新規作成・保存・開く

この節で学ぶこと
・ファイルの新規作成　　・ファイルの保存　　・ファイルの開き方

1 ファイルの新規作成

ここではGrasshopperのファイルの新規作成方法を学びます。
Grasshopperのデータは、Rhinoのデータ（.3dm）とは別に、「**.gh**」という拡張子で保存されます。

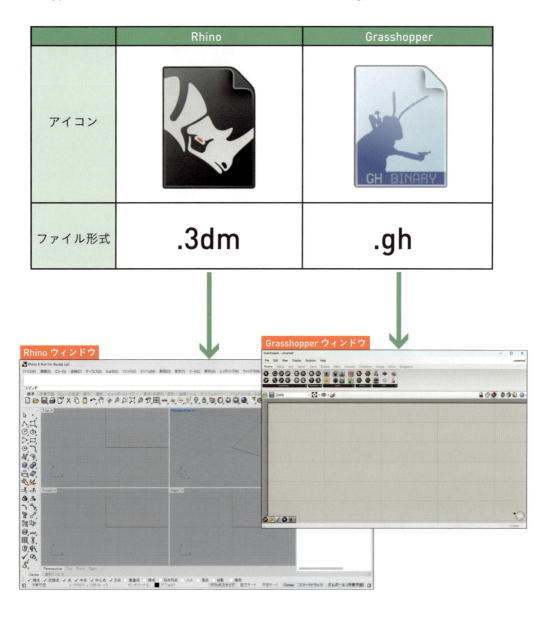

1 はじめに、Grasshopperを起動すると、左図のようなロード画面が表示されます。

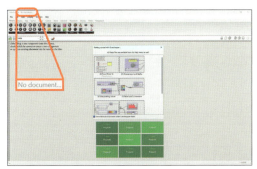

2 ロードが終了するとGrasshopperが立ち上がります。
この段階では、画面左上に「**No document...**」とあるように、ファイルが作成されていない状態です。

💡 HINT

デフォルトのTips集

起動しているパソコンでGrasshopperをはじめて使用する場合、8つの青い四角や、「**Getting started with Grasshopper**」ウィンドウが表示され、GrasshopperのTips集を開くことができます。
※「**Getting started with Grasshopper**」ウィンドウは、はじめての場合でなくても表示されます。

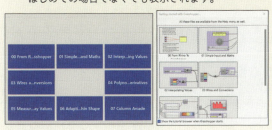

💡 HINT

直近に使用したファイルの表示

キャンバス上に表示される最大9つの緑色の四角は、直近に使用したGrasshopperファイルを示しています。ここをクリックすることでそのファイルを開くことができます。赤色の四角が表示される場合は、そのファイルが不明であることを示しています。

3 Grasshopperファイルは以下の2つの方法で新規作成できます。

❶メニューバーの「File」から新規作成
「**File**」＞「**New Document**」をクリックし、ファイルを新規作成することができます。

❷キャンバスにコンポーネントを配置する
キャンバス上にコンポーネントを配置することで、自動的にファイルが作成されます。

ファイルが作成されると、Grasshopperの画面右上と左上に「**Unnamed**」と表示されます。

1-2 ファイルを新規作成・保存・開く 15

2 ファイルの保存

ここではGrasshopperのファイルの保存方法を学びます。
Grasshopperファイルは、以下の2つの方法で保存することができます。

❶メニューバーの「File」から保存
❷キャンバスツールバーのアイコンから保存

1 メニューバーの「File」から保存

メニューバーの「File」>「Save Document」をクリックすると、ファイルの保存先を選択するダイアログが表示されます。

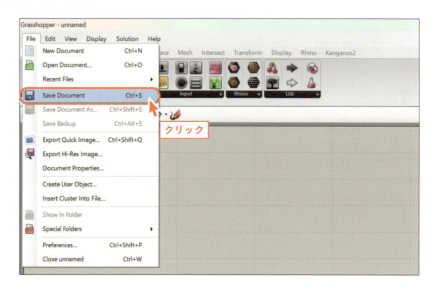

2 キャンバスツールバーのアイコンから保存

キャンバスツールバーからも同様にファイルを保存することが可能です。下図に示す青いアイコン「Save the current file」をクリックすると、ファイルの保存先を選択するダイアログが表示されます。

どちらの方法でも下図のようにファイルの保存先を選択する「Save」ダイアログが表示されます。ここでは、ファイル名を「test.gh」として、ファイルを保存してみましょう。

なお、RhinoファイルとGrasshopperファイルはセットで作成・保存することがよくあります。RhinoファイルとGrasshopperファイルのどちらにも同じ名前を付けて保存しておくと、ファイル数が増えたとしても、対応するデータ同士をすぐに判別しやすく便利です。

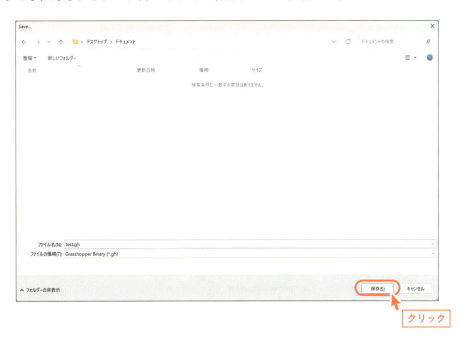

HINT

自動保存について

Grasshopperのメニューバーの「File」>「Special Folders」には、Grasshopperのプラグインツールの保存フォルダや、「AutoSave Folder」があります。

Grasshopperファイルが名前を付けて保存された状態であれば、万が一クラッシュした場合にも途中経過のデータが「AutoSave Folder」に保存されている場合があります。

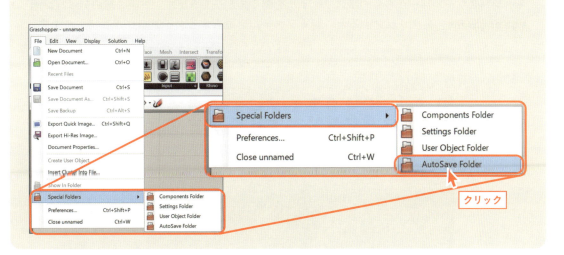

1-2 ファイルを新規作成・保存・開く　17

3 ファイルの開き方

ここでは、Grasshopperファイルの開き方を学びます。
Grasshopperファイルは、以下の3つの方法で開くことができます。

❶メニューバーの「File」から開く
❷キャンバスツールバーのアイコンから開く
❸キャンバス上にドラッグ＆ドロップする

1 メニューバーの「File」から開く

「File」＞「Open Document...」で表示されるダイアログから、開きたいファイルを選択します。
また、「File」＞「Recent Files」のメニューには、最近保存されたファイルが表示されます。

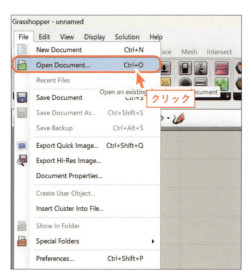
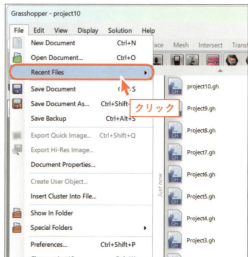

2 キャンバスツールバーのアイコンから開く

キャンバスツールバーからも同様にファイルを開くことができます。下図の緑のアイコン「Open a gh or ghx file」をクリックすると、開くファイルを選択するダイアログが表示されます。

どちらの方法でも左図のように開くファイルを選択する「**Open**」ダイアログが表示されます。ここでは先ほど保存した「**test.gh**」を開きます。

クリック

3 キャンバス上にドラッグ＆ドロップする

保存したGrasshopperファイルは、キャンバス上へのドラッグ＆ドロップでも開くことができます。このとき、デフォルトでは新たなキャンバスとして開かれますが、キャンバスの左上にドラッグすることで開き方のオプションを選択することもできます。

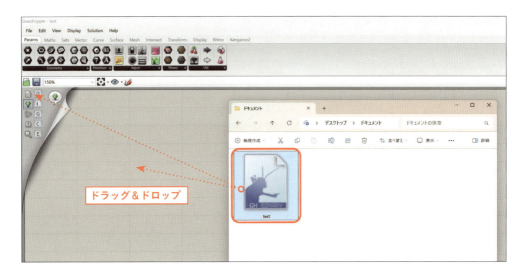

ドラッグ＆ドロップ

💡 HINT

ドラッグ＆ドロップのオプション

ドラッグ＆ドロップによる開き方には以下の種類があり、それらを示すアイコン上にドロップすることでオプションを指定することができます。なお、ここで選択したオプションが、それ以降のドラッグ＆ドロップのデフォルトの開き方として設定されます。

 Open Files ［O］
ファイルを新しいドキュメントとして開く

 Insert Files ［I］
ファイル内のコンポーネントセットを既存のドキュメント内に配置

 Group Files ［G］
ファイル内のコンポーネントセットをグループ化して既存のドキュメント内に配置

 Cluster Files ［C］
ファイル内のコンポーネントセットをクラスター化して既存のドキュメント内に配置

 Examine Files ［E］
ファイル内のコンテンツをGrasshopper File Viewerで表示する

SECTION 1-3 | インターフェースを理解する

> この節で学ぶこと
>
> ・Grasshopperのユーザーインターフェース

ここでは、Grasshopperのインターフェースとして、画面構成、コンポーネントタブ、キャンバスツールバーについて確認します。

1 画面構成

はじめに、Grasshopperウィンドウの画面構成を確認します。

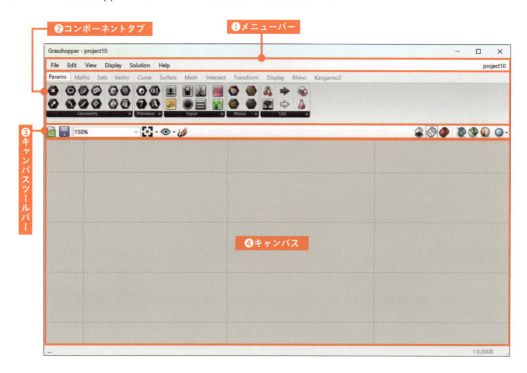

❶メニューバー
メニューバーからは、ファイルの保存や読み込み、各種設定や機能にアクセスすることができます。

❷コンポーネントタブ
コンポーネントタブには、コンポーネントがアイコンとして種類別に一覧表示されています。

❸キャンバスツールバー
キャンバスツールバーには、頻繁に使われる機能がアイコン表示されています。

❹キャンバス
キャンバスはGrasshopperでの作業空間となります。ここでコンポーネントの配置・接続を行います。

キャンバス上の基本操作
・キャンバス上の移動：**右クリック+ドラッグ**
・ズームイン/アウト：**ホイールで操作** または **[Ctrl] キー+右クリック+上下にドラッグ**
・範囲選択：**左クリック+ドラッグ**（右→左で交差窓選択 / 左→右で囲み窓選択）

2 コンポーネントタブについて

コンポーネントタブは、[**タブ**] ＞ [**カテゴリ**] ＞ [**コンポーネント**] という階層で構成されています。
各タブをクリックすると、そのタブに含まれるコンポーネントがカテゴリ別に表示され、さらにカテゴリを展開することで、カテゴリ内のすべてのコンポーネントが表示されます。

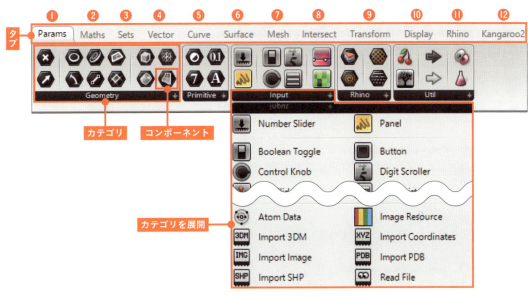

以下にデフォルトのタブの特徴について説明します。

❶ [Params] タブ
様々な型のデータを格納するためのコンポーネントや、Grasshopperにおいて特に頻繁に使われるコンポーネントが入っています。

❷ [Maths] タブ
四則演算や方程式などの数式を扱うコンポーネントが入っています。プログラムを扱うコンポーネントもこの中に含まれます。

❸ [Sets] タブ
データリストやデータツリーなどのデータ構造を扱うコンポーネントが入っています。

❹ [Vector] タブ
ベクトルを使った変換操作をするためのコンポーネントが入っています。作業平面やベクトルの演算に関するコンポーネントも含まれます。

❺ [Curve] タブ
直線や曲線に関するコンポーネントが入っています。

❻ [Surface] タブ
サーフェスやポリサーフェス、SubDに関するコンポーネントが入っています。

❼ [Mesh] タブ
メッシュデータの作成に関するコンポーネントが入っています。

❽ [Intersect] タブ
複数のジオメトリデータ同士の干渉を計算するコンポーネントが入っています。

❾ [Transform] タブ
回転や移動など、ジオメトリのデータ変換を行うコンポーネントが入っています。

❿ [Display] タブ
色やグラフを作成するコンポーネントや、寸法や文字などを表示するコンポーネントが入っています。

⓫ [Rhino] タブ
Rhino上のレイヤや色、属性情報を管理するコンポーネントやビュー・図面・レンダリングなどの可視化に関するコンポーネントが入っています。

⓬ [Kangaroo2] タブ
物理演算や形状最適化を行うためのプラグインであるKangaroo2に関するコンポーネントが入っています。

3 キャンバスツールバーについて

キャンバスツールバーには、頻繁に使われる機能がアイコンで表示されています。

❶「Open a gh or ghx file」
コンピュータ内にある既存のgh、ghxファイルを選択し、新しいキャンバスとして開くことができます。

❷「Save the current file」
現在キャンバス上に表示されているghファイルを保存します。

❸「View entire document」
クリックすると、現在のキャンバス上に配置されているすべてのコンポーネントが見えるように画面が移動します。

❹「Add named view」
現在のキャンバス上の表示設定（表示位置と拡大率）を保存します。

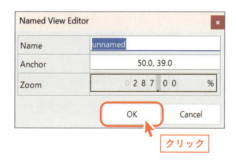

「Add named view」アイコンをクリックすると、左のような「Named View Editor」ダイアログが表示されます。「Anchor」には現在のキャンバスの表示位置、「Zoom」には現在のキャンバスの拡大率が表示されています。「Name」にはビューの名前を入力することができます。

「OK」をクリックすると、現在の表示設定が保存されます。

アイコンの右側にある三角形をクリックすると、保存した表示設定が表示されます。ここをクリックすることで、保存した表示設定を呼び出すことができます。

❺「Create a new sketch object」
キャンバス上に手書きで線や文字を描くことができます。

「Create a new sketch object」アイコンをクリックすると、カーソルが✏になり、キャンバス上でペンカーソルをドラッグすることで線を描くことができます。

アイコンの下に表示されたオプションバーから、線の太さ、種類、色を変更することができます。
なお、書いたものを保存するときは✅を、保存せずに終了するときは❌をクリックしてください。

❻プレビューの設定

キャンバスツールバー右側にある左図のアイコンをクリックすると、Grasshopperで作成したオブジェクトのプレビュー設定を変更できます。
詳しくはHINT「プレビューの表示モード」（P.35）を参照してください。

💡 HINT

複数のGrasshopperファイルを切り替える

Grasshopperでは、同時に複数のGrasshopperファイルを開き、ファイルを切り替えることができます。複数あるGrasshopperファイルの切り替えを行う場合、メニューバーの右端に表示されているファイル名をクリックします。表示されているサムネイルの中から、開きたいファイルを選択することで、Grasshopperファイルの切り替えを行うことができます。

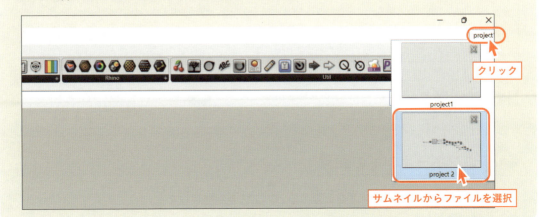

1-3 インターフェースを理解する 23

SECTION 1-4 | コンポーネントを理解する

この節で学ぶこと

・コンポーネントの意味と使い方　　・データ格納コンポーネントの使い方

ここでは、コンポーネントおよびGrasshopper上での作業の基本について学びます。
コンポーネントは、下図のように乾電池のような形で表されています。それぞれが簡単な機能を持っており、これらを組み合わせて配置・接続していくことで、プログラムを作成します。
なお、コンポーネントは左から入力して右へ出力するという順序を持っているため、作成されるプログラムも基本的に左から右へ流れていきます。

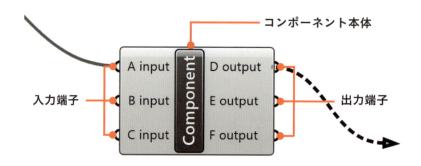

作業ファイルの準備

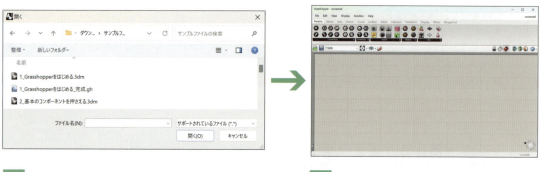

1 Rhinoのサンプルファイル「**1_Grasshopperをはじめる.3dm**」を開きます。

2 続いて、Grasshopperを起動し、ファイルを新規作成します。

1 コンポーネントの配置

キャンバス上にコンポーネントを配置する2つの方法を説明します。
ここでは、例として［**Loft**］コンポーネントを配置します。

24

1 コンポーネントタブから配置する方法

まず、コンポーネントタブから目的のコンポーネントを探し、クリックして選択します。その後、キャンバス上でもう一度クリックすることで、コンポーネントが配置されます。また、下図のようにコンポーネントタブから目的のコンポーネントをキャンバス上にドラッグ＆ドロップして配置することもできます。

(例)［Loft］コンポーネントの場所:［Surface］＞［Freeform］＞［Loft］

2 キャンバスから検索して配置する方法

まず、キャンバス上の何もないところでダブルクリックするか、［Space］キーを押すと、コンポーネント検索ボックスが表示されます。目的のコンポーネント名を検索ボックスに入力すると、名前の似たコンポーネントが候補として表示され、ここから目的のコンポーネントを選択するとコンポーネントが配置されます。

💡 HINT

コンポーネントのエイリアスを設定する

キャンバスから検索して配置する際、自分でコンポーネントの検索ワードを設定することができます。よく使うコンポーネントや、検索すると名前の長いコンポーネントについてエイリアスを設定することで、より効率的に作業することができます。

  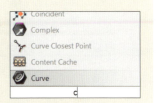

❶コンポーネントタブのアイコンを右クリックする　❷「Component alias」からエイリアスを入力　❸設定したエイリアスでコンポーネントを検索できる

1-4 コンポーネントを理解する　25

2 コンポーネントの表示

1 アイコン表示の切り替え

コンポーネントは、コンポーネント名表示とアイコン表示を切り替えることができます。メニューバーの「Display」＞「Draw Icons」をクリックすることで切り替えることができます。

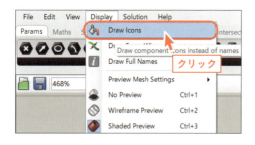

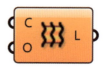

コンポーネント名表示　　アイコン表示

※図のコンポーネントは、次で説明する省略表示の状態です。

2 フルネーム表示の切り替え

省略表示されているコンポーネント名や、各端子の名称をフルネームで表示することができます。メニューバーの「Display」＞「Draw Full Names」をクリックすることで切り替えることができます。

省略表示　　フルネーム表示

※図のコンポーネントは、前で説明したコンポーネント名表示の状態です。

「Draw Icons」と「Draw Full Names」をどちらもオンにすると、下図のような表示になります。

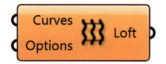

※本書では以降、コンポーネント名表示/省略表示を用いて解説をします。

> 💡 **HINT**
>
> **コンポーネントの逆引き検索**
>
>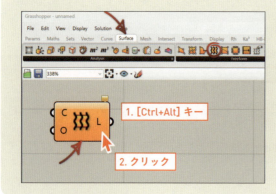
>
> [Ctrl+Alt] キーを押しながらキャンバスに配置されているコンポーネントをクリックすると、そのコンポーネントが格納されているタブが矢印で、タブの中の該当コンポーネントが丸で囲まれて表示されます。

3 コンポーネントの移動

コンポーネントは、コンポーネントをドラッグしながら移動させることで、任意の場所に移すことができます。

4 コンポーネントの状態

コンポーネントは、表示色によってその状態を判別することができます。

表示中

コンポーネントが機能していてプレビューがオンの状態

非表示中

コンポーネントが機能していてプレビューがオフの状態

選択中

コンポーネントが選択されている状態

入力データ不足

必要な入力データが不足している

機能停止

コンポーネントの機能をオフにしている状態

エラー

何らかのエラーが発生している状態

> 💡 **HINT**
>
> **エラーメッセージの確認**
>
> コンポーネントが入力データ不足やエラーの状態にある場合、コンポーネント右上に表示される吹き出しにカーソルをかざすことで、エラーメッセージを確認することができます。
>
>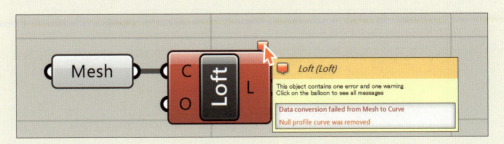

1-4 コンポーネントを理解する 27

5 データ格納コンポーネントの使い方

1 データ格納コンポーネントとは

データ格納コンポーネントとは、曲線やサーフェスなどのモデル情報だけではなく、数値や文字などあらゆるデータを格納することができるコンポーネントのことです。Rhino上のデータをGrasshopperに取り込む際にも、これらのコンポーネントがよく使われます。
データ格納コンポーネントには、大きく分けて以下の2種類のコンポーネントが存在しています。

❶オブジェクト（ジオメトリ）を格納するコンポーネント
❷主にオブジェクト以外のデータを格納するコンポーネント（数値、文字等）

以下に代表的なデータ格納コンポーネントを紹介します。

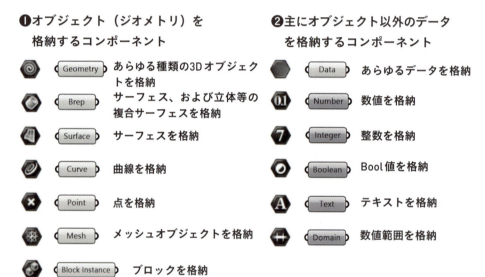

これらは下図のような包含関係に整理することができます。必要に応じて適したコンポーネントを用いてデータを格納しましょう。

※ [Data] コンポーネントは [Primitive] コンポーネントですが、ジオメトリをはじめとするあらゆる種類のデータを格納することができます。

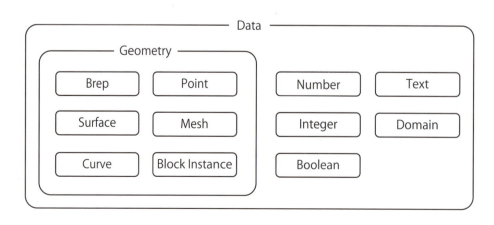

2 コンポーネントへの格納方法

はじめに、キャンバス上をダブルクリックし、「curve」と検索して［Curve］コンポーネントを配置します。

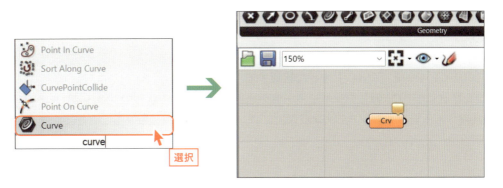

次に、配置した［Curve］コンポーネントに曲線を格納します。［Curve］コンポーネントを右クリックし、「Set one Curve」を選択します。すると、Rhinoウィンドウに切り替わるので、Rhino上で下側の正方形の曲線を選択します。これで、下側の正方形曲線が［Curve］コンポーネントに格納されます。

※Rhino上でオブジェクトを選択した後に「Set one Curve」を選択して格納することもできます。

曲線がコンポーネントに格納されると、コンポーネントの状態が変わり灰色になります。また、Grasshopper上のオブジェクトはRhinoビューポート上に赤くプレビューされます。

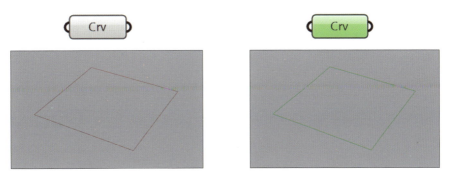

Grasshopperで作成されたオブジェクトは通常、半透明の赤色でプレビューされます。

選択したコンポーネントに対応するオブジェクトは緑色でプレビューされます。

今回の使用例では、[Curve］コンポーネントを2つ使用するため、ここでコンポーネントの複製配置について説明します。
キャンバス上のコンポーネントは以下の2つの方法で複製配置することができます。

❶［Ctrl+C］キーと［Ctrl+V］キーで複製する
❷［Alt］キーで複製する

❶［Ctrl+C］キーと［Ctrl+V］キーで複製する
曲線を格納した［Curve］コンポーネントを選択します。この状態で［Ctrl+C］キーを押したのち、［Ctrl+V］キーを押すことでキャンバス上にコンポーネントを複製することができます。

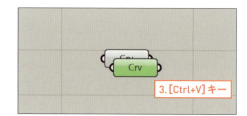

💡 HINT
キャンバス中央に複製する

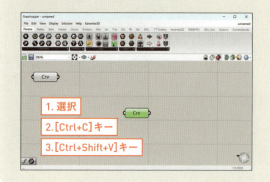

［Ctrl+Shift+V］キーで複製すると、現在表示されているキャンバスの中央にコンポーネントが配置されます。

❷［Alt］キーで複製する
コンポーネントをドラッグしながら［Alt］キーを押すことでコンポーネントを複製することができます。このとき、［Alt］キーを押す前にコンポーネントをクリックする必要があります。

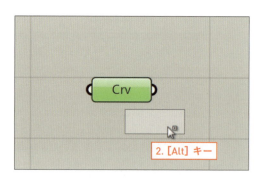

💡 HINT

[Alt]キーを先に押してドラッグした場合

[Alt] キーを押したまま、キャンバスをクリックしてドラッグすると、下図のような矢印がキャンバス上に表示されます。この操作によってキャンバスを水平・垂直方向に拡張することができます。このとき、配置されているコンポーネントも一緒に移動します。拡張する操作の途中で方向を変更したい場合、ドラッグ中に再度 [Alt] キーを押すと切り替えができます。

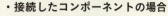
・接続したコンポーネントの場合

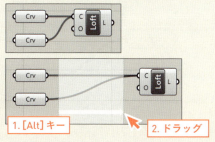

左のページで複製した [Curve] コンポーネントに上側の正方形の曲線を格納します。このとき、複製した [Curve] コンポーネントには下側の断面曲線が格納されていますが、新たに「Set one Curve」で曲線を格納することで、データの中身が上書きされます。

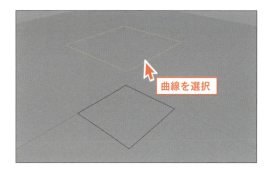

💡 HINT

Set Multiple Curves

複数のオブジェクトを1つのコンポーネントに格納する場合には、コンポーネントを右クリックして表示されるメニューから「Set Multiple Curves」を選択します。Rhino上で複数の曲線を選択したのち、[Enter] キーを押して作業を完了します。

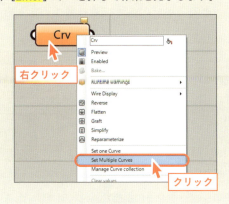

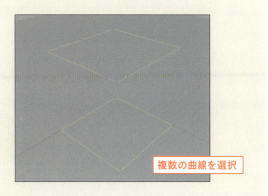

1-4 コンポーネントを理解する 31

6 コンポーネントの接続

コンポーネント同士を接続するには、コンポーネントの右側の出力端子から、接続先のコンポーネントの左側の入力端子にワイヤを接続します。

❶接続

出力端子をクリックしたまま、別のコンポーネントの入力端子へドラッグすると、ワイヤで接続されます（入力端子から出力端子にドラッグしても同様に接続されます）。

❷複数のワイヤの同時接続

[Shift] キーを押しながら接続することで、同じ入力端子に複数のワイヤを接続することができます。

❸接続の解除

[Ctrl] キーを押しながら、接続しているワイヤをなぞることで、コンポーネントの接続を解除することができます。

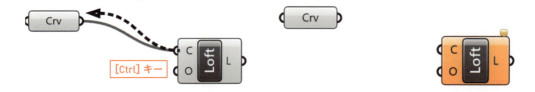

❹複数のワイヤに差し替え

[Shift+Ctrl] キーを押しながら、接続端子をクリックした状態でドラッグすると、その端子に接続されたすべてのワイヤをつかむことができます。そのまま別の端子に差し替えることもできます。

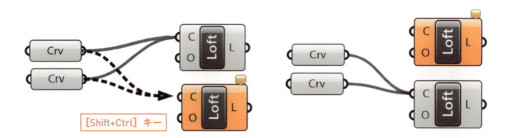

※以降は、2つの［Curve］コンポーネントが［Loft］コンポーネントに接続された状態で説明します。

💡 HINT

ワイヤの種類

ワイヤはいくつかの表示設定を選ぶことができます。ここでは、「Draw Fancy Wire」の設定と、「Wire Display」の設定について説明します。

❶ Draw Fancy Wire の設定

メニューバーの「Display」から、「Draw Fancy Wire」をオンにすると、伝えているデータの種類によってワイヤの表示が変わります。

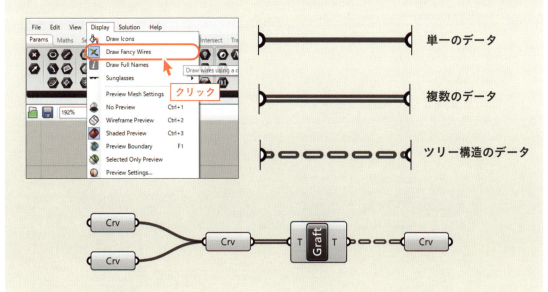

❷ Wire Display の設定

コンポーネントの入力端子部分を右クリックし、「Wire Display」をクリックします。ここからそのコンポーネントに入力されているワイヤの表示形式を変更することができます。なお、「Draw Fancy Wire」の設定は「Default」にのみ適用されます。

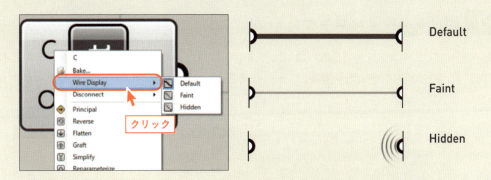

※本書では、「Draw Fancy Wire」をオン、「Wire Display」を「Default」として解説を行います。

💡 HINT

対応しているデータの確認

コンポーネントの接続端子にカーソルを重ねると、その端子に入力可能なデータを確認することができます。また、現在の入力状態を確認することもできます。

💡 HINT

ワイヤを指定して接続を解除する

接続を解除したいコンポーネントの接続端子を右クリックし、「Disconnect」をクリックすると接続されているコンポーネントが表示されます。これらにカーソルを重ねることで該当する接続ワイヤが赤くプレビュー表示され、選択するとそのワイヤの接続を解除することができます。

7 Rhino上のプレビュー

[Curve]コンポーネントを[Loft]コンポーネントにつないだことにより、Loftサーフェスが作成されます。Rhino上で「Perspective」ビューを開き、Grasshopper上で作成したモデルがRhinoウィンドウ上でプレビューされていることを確認してみましょう。

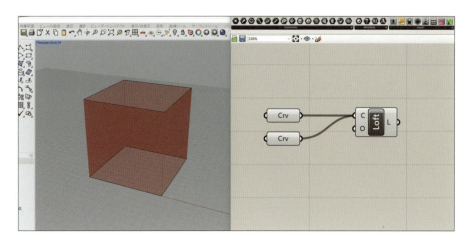

💡 HINT

プレビューの表示モード

Grasshopperのキャンバスツールバーの右側にあるアイコンで、Rhinoビューポート上でのプレビューの表示を切り替えることができます。

❶ 🌑 非表示　　**❷** 🪨 ワイヤーフレーム表示　　**❸** 🔴 通常表示

  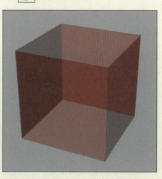

❹ 🟢 ドラッグで囲まれた部分のコンポーネントを表示　　**❺** 🟢 選択したコンポーネントに対応したオブジェクトのみ表示

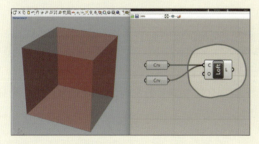 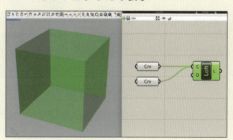

❻ 🟠 プレビューの表示色を変更

アイコンをクリックすると、プレビューの色を設定するウィンドウが表示されます。「Normal」の球をクリックすると通常のプレビュー色を、「Selected」の球をクリックするとコンポーネント選択中のプレビュー色を変更することができます。

色の選択は、ウィンドウ左側のカラーチャートを操作するか、ウィンドウ右側のリストからドラッグ＆ドロップすることで行うことができます。

8 作成したモデルをBakeする

Grasshopperで作成したモデルをRhino上のオブジェクトとして扱うためには、「Bake」という操作を行う必要があります。ここでは、Bakeの方法について学びます。
Bakeは以下の2つの方法で行うことができます。

❶キャンバス上を右クリックし、メニューからBakeする
❷ラディアルメニューからBakeする

1 キャンバス上を右クリックし、メニューからBakeする

はじめにBakeするコンポーネントを選択します。次にキャンバス上の何もない場所を右クリックし、表示されるメニューから「Bake」を選択します。複数のコンポーネントのモデルを同時にBakeしたい場合も同様に、Bakeしたいオブジェクトを選択してからキャンバス上の何もない場所を右クリックし、表示されるメニューから「Bake」を選択します。

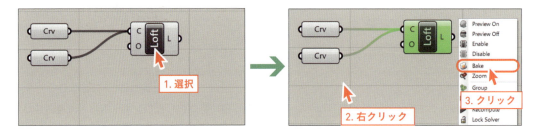

2 ラディアルメニューからBakeする

Bakeするコンポーネント上でマウスの**ホイールをクリック**すると、ラディアルメニューが表示されます。ここから、「Bake」のアイコンをクリックします。
また、先にコンポーネントを選択してから**ホイールをクリック**するか [Ctrl+Space] キーを押し、ラディアルメニューからBakeすることも可能です。

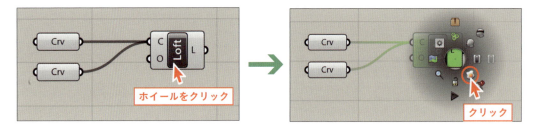

以上のいずれかの方法でBakeすると、LoftサーフェスがRhino上のオブジェクトに変換されます。このとき、Rhinoのアクティブなレイヤにあkeされます。

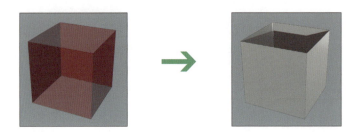

💡 HINT

Bakeの詳細設定について

BakeするレイヤやBakeしたあとのオブジェクト表示色、名前等の詳細な設定をしたうえでモデルをBakeすることもできます。

❶ Bakeするオブジェクトのコンポーネント上で右クリックし、表示されるメニューから「Bake」を選択します。

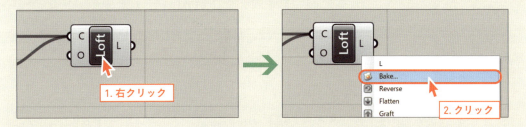

❷「Attributes」ダイアログが表示されます。ここで詳細設定を行うことができます。

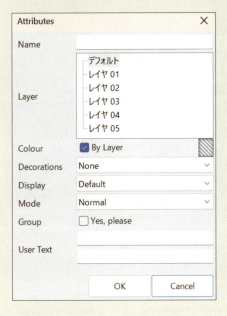

Name
オブジェクトの名前を設定できます。設定した名前はRhinoの「プロパティ」パネルで確認できます。

Layer
オブジェクトをBakeするレイヤを選択できます。

Colour
オブジェクトの表示色を設定できます。

Decorations
曲線の始点/終点に矢印を付けるかを設定します。

Display
オブジェクトの表示モードを選択できます。

Mode
オブジェクトの表示/非表示およびロックのON/OFFを設定できます。

Group
チェックを入れるとオブジェクトをグループ化してBakeすることができます。

User Text
オブジェクトにUser Textを設定できます。設定したUser Textは、Rhino上で「プロパティ」パネル＞「属性ユーザーテキスト」から確認できます。

・複数のオブジェクトを同時にBakeしたい場合

複数のオブジェクトを同時にBakeしたい場合、先にBakeするオブジェクトを選択します。次にキャンバス上で右クリックし、表示されるメニューから「Bake」を選択します。

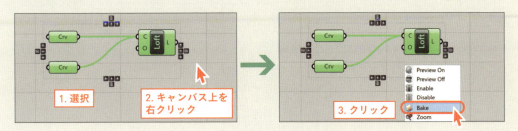

HINT

ラディアルメニュー

ラディアルメニューには、オブジェクトの表示/非表示やコンポーネント機能のON/OFF、Bakeなどの機能が集まっているため、作業効率を上げるために便利な機能です。
ラディアルメニューはマウスの<mark>ホイールをクリック</mark>するか、コンポーネントを選択した状態で[Ctrl+Space]キーを押すことで表示させることができます。

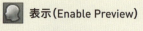 表示(Enable Preview)　　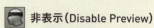 非表示(Disable Preview)

 機能(Enable)　　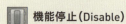 機能停止(Disable)

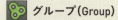 グループ(Group)　　 Bake

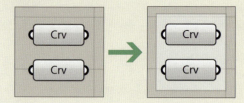　　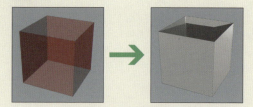

キャンバス上でコンポーネントをグループ化します。　　Grasshopperで作成したモデルをBakeします。

ロック(Disable Solver)　　ズーム(Zoom)

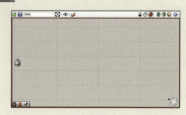　　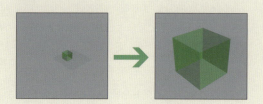

計算が停止した状態になり、数値などの変更が反映されなくなります。負荷が大きいプログラムで変更を加えるたびに計算処理に時間がかかる場合、一度ロックをし、必要に応じてロックを解除することで作業時間を短縮させることができます。

選択したコンポーネントに対応するRhinoオブジェクトにズームします。Rhinoビューポート上で対象のオブジェクトから離れていて見えにくい場合などに利用します。

chapter 2

基本のコンポーネントを押さえる

使用データ：2_基本のコンポーネントを押さえる.3dm　※長さの単位は[mm]です。
完成データ：2_基本のコンポーネントを押さえる_完成.gh

この章の目的

この章では、ねじれた形状の作成を通して、[Number Slider] や [Panel] といった最も基本的なコンポーネントの使い方を学びます。

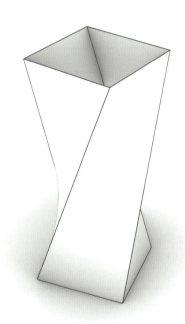

SECTION		
2-1	断面曲線を移動させる	42
POINT	Panel の使い方	44
2-2	断面曲線を回転させて立体にする	46
POINT	Number Slider の使い方	49

2章作成手順

2-1 | 断面曲線を移動させる

| 曲線を
Rhinoから読み込む | → | Z方向にコピー
（移動）する |

 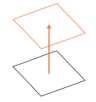

2-2 | 断面曲線を回転させて立体にする

| 上側の曲線を
回転させる | → | 2つの曲線を
Loftする |

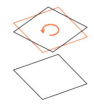 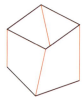

2章全体図

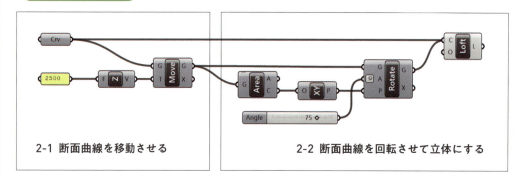

2-1 断面曲線を移動させる　　　　　2-2 断面曲線を回転させて立体にする

知っておこう

プレビューを非表示にする

コンポーネントはRhino上のオブジェクトプレビューが表示された状態で配置されます。そのため作業の進行に応じて、プレビューが不要なコンポーネントを非表示にする必要があります。
以下の3つの方法でプレビューの表示/非表示を切り替えられます。

❶コンポーネント上で　　　❷コンポーネントを選択して　　❸コンポーネントを選択して
　右クリックし、「Preview」　　マウスホイールをクリックし、　　[Ctrl+Q] キーを押す。
　を選択する。　　　　　　　　アイコンを選択する。

以降、手順内では説明を省略しますが、適宜コンポーネントの表示状態を非表示にしてください。

40

新たに使用するコンポーネント

※  のアイコンが付いているコンポーネントです。

2-1 │ 断面曲線を移動させる

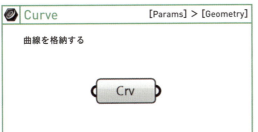

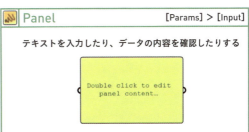

2-2 │ 断面曲線を回転させて立体にする

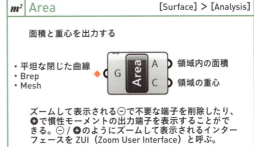

※本書では、デフォルトで値が入っている入力端子に■を、何も値が入っていない入力端子に◆を付けています。デフォルトの値など、入力データの種類については、P.51の「知っておこう」を参照してください。以降の章ではこの説明を省略します。

SECTION 2-1 断面曲線を移動させる

この節で学ぶこと
- オブジェクトを移動させる方法
- [Panel] の使い方

2-1 | 作成手順

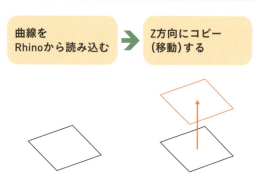

2-1 | 完成図

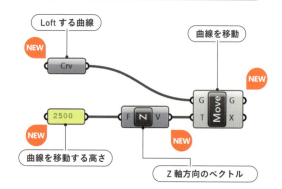

① サンプルファイルを開く

サンプルのRhinoファイル「2_基本のコンポーネントを押さえる.3dm」を開き、Grasshopperを起動します。

② Rhino上の曲線を格納する

Rhino上の曲線を[Curve]コンポーネントに格納します。キャンバス上をダブルクリックして「curve」と検索し、曲線を格納する[Curve]コンポーネントを配置します。

コンポーネントを右クリックして「Set one Curve」を選択します。[Curve]コンポーネントに格納する曲線を選択するようにRhino画面に切り替わるので、Rhino上の曲線を選択します。

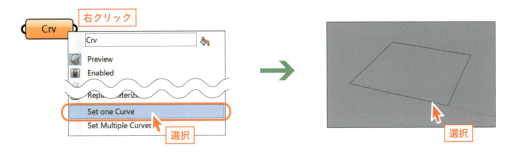

3 格納した曲線を移動する

[Move] コンポーネントを使って格納した曲線を上方向に移動します。キャンバス上をダブルクリックして「move」と検索し、オブジェクトを移動させる [Move] コンポーネントを配置します。

[Move] コンポーネントの「T」に接続するベクトルを作成します。キャンバス上をダブルクリックして「//2500」と入力し、「2500」と入力された [Panel] を配置します。

キャンバス上をダブルクリックして「z」と検索し、Z軸方向（ワールド座標系）のベクトルを作成する [Unit Z] コンポーネントを配置します。

下図のように、作成した [Panel] を [Unit Z] コンポーネントに接続することで、Z軸方向に2500の長さを持ったベクトルが作成されます。

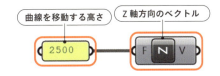

続いて、[Curve] コンポーネントを [Move] コンポーネントの「G」に、上記で作成したベクトルを [Move] コンポーネントの「T」に接続することで、格納した断面曲線がZ軸方向に2500移動します。

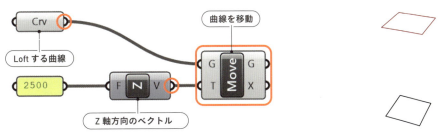

2-1　断面曲線を移動させる　43

! POINT

Panelの使い方

［**Panel**］はGrasshopperの中で最も使われるコンポーネントの1つです。テキストを入力したり、コンポーネントの出力データを確認することができます。ここでは、パネルの配置やデータの確認方法、モデリングでの使い方について学習します。

1 Panelの配置

以下の2つの方法で配置することができます。

❶ コンポーネントタブから［**Params**］＞［**Input**］＞［**Panel**］を選択する
❷ キャンバス上でダブルクリックし、「**//**」または「**"**」と入力する

2 Panelの利用

❶ 入力データとして用いる

入力したテキストは数値情報やテキスト情報として扱うことができます。例えばパネルに数字を入力すると、数値情報として扱うことができます。
配置したパネル上でダブルクリックすると入力モードになり、テキストを入力できます。キャンバス上をクリック、または［**Shift+Enter**］キーで入力モードを終了できます。

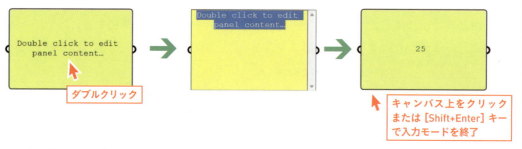

また、「**//（テキスト）**」もしくは「**"（テキスト）**」と入力することで、あらかじめテキストの入ったPanelを配置することもできます。

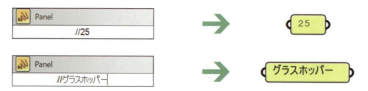

❷ 出力データを確認する

コンポーネントの出力端子をPanelに接続すると、その端子から出力されるデータを確認することができます。

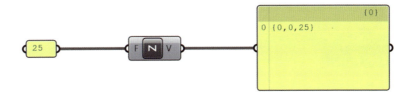

3 Panelの設定

❶ サイズ変更

Panelの大きさを調整したい場合には、端にカーソルを合わせてドラッグします。

❷ Multiline Dataの設定

「Multiline Data」がオンの場合には、複数行のデータが1つのデータとして認識されます。
「Multiline Data」がオフの場合には、行ごとにそれぞれ1つのデータとして認識されます。
数値が複数になる場合、数値を1行ずつ改行して入力し、次にPanel上を右クリックして「Multiline Data」をオフします。

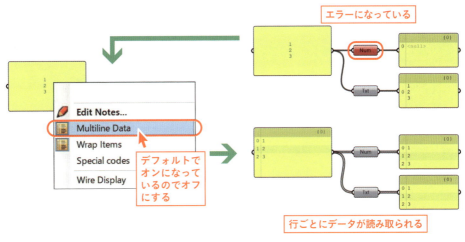

❗ CAUTION

数値入力時の注意点

Panelで数値入力をする場合、最後を空白行で終えないように注意してください。

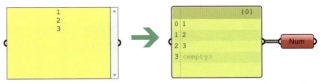

※[Enter]キーでは入力モードを終了できません。キャンバス上をクリックまたは[Shift+Enter]キーで終了してください。

SECTION 2-2 | 断面曲線を回転させて立体にする

この節で学ぶこと
- オブジェクトを回転させる方法
- ［Number Slider］の使い方

2-2 | 作成手順

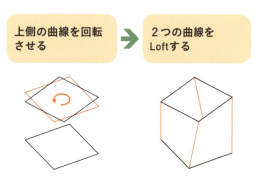

2-2 | 完成図

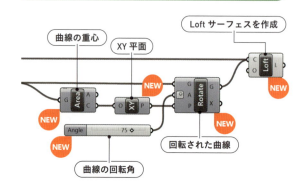

1 回転の基準点を取得する

移動した曲線を回転させるために、回転の基準点を取得します。
キャンバス上をダブルクリックして「area」と検索し、面積と重心を出力する［Area］コンポーネントを配置します。

ここでは回転の中心点として、移動した曲線の重心を取得するため、2-1で配置した［Move］コンポーネントの「G」出力端子を［Area］コンポーネントの「G」入力端子に接続します。

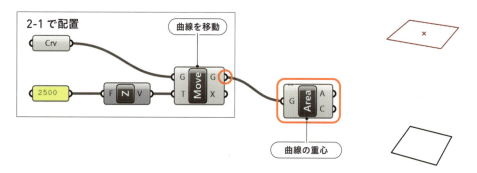

② 断面曲線を回転させる

移動した曲線を回転させます。はじめに、キャンバス上をダブルクリックして「rotate」と検索し、オブジェクトを回転させる［Rotate］コンポーネントを配置します。

次に、キャンバス上をダブルクリックして「xy」と検索し、曲線の回転軸を決定するための平面として、入力した点を原点としたXY平面を作成する［XY Plane］コンポーネントを配置します。

下図のように［Move］コンポーネントの「G」を［Rotate］コンポーネントの「G」に接続します。また、［Area］コンポーネントの「C」を［XY Plane］コンポーネントに接続して断面曲線の重心を原点としたXY平面を作成し、これを［Rotate］コンポーネントの「P」に接続します。

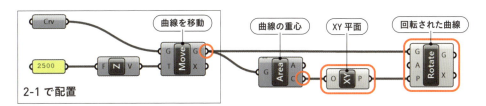

続いて、回転角を指定します。キャンバス上をダブルクリックし、「75」と入力して［Enter］キーを押すと、範囲が「0〜100」、配置時の値が「75」の［Number Slider］が配置されます。

配置した［Number Slider］を［Rotate］コンポーネントの「A」に接続します。

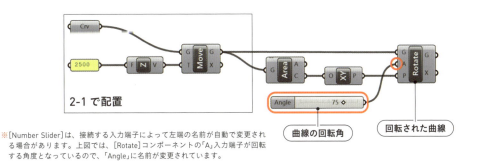

※［Number Slider］は、接続する入力端子によって左端の名前が自動で変更される場合があります。上図では、［Rotate］コンポーネントの「A」入力端子が回転する角度となっているので、「Angle」に名前が変更されています。

2-2 断面曲線を回転させて立体にする　47

［Rotate］コンポーネントにおける回転角には、デフォルトでは弧度法が適用されるため、ここでは度数法に設定を変更します。

［Rotate］コンポーネントの「A」を右クリックし、「Degrees」を選択します。

設定が適用されると、入力端子に🔘マークが表示されます。

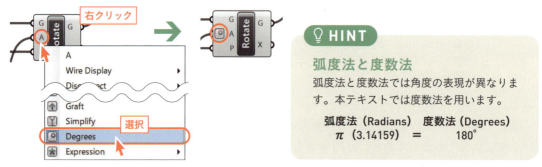

Rhinoビューポート上で回転した曲線がプレビューされていることを確認します。

ここでRhinoプレビューの整理のため、［Move］コンポーネントと［Area］コンポーネントのプレビューを非表示にします（P.40の「知っておこう」参照）。

③ 断面曲線をLoftする

キャンバス上をダブルクリックして「loft」と検索し、複数の断面曲線からLoftサーフェスを作成する［Loft］コンポーネントを配置します。

下図のように2-1のはじめに断面曲線を格納した［Curve］コンポーネントを［Loft］コンポーネントの「C」に接続し、［Rotate］コンポーネントの「G」を［Loft］コンポーネントの「C」に接続します。これにより、回転させた上側の断面曲線と下側の断面曲線をつなげます。

なお、1つの入力端子に複数のワイヤを接続する場合、［Shift］キーを押しながら接続する必要があります。

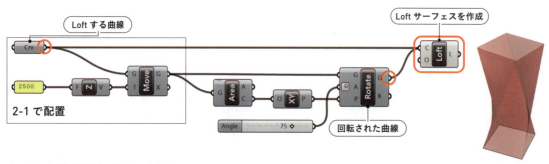

ねじれた形状が作成されました。

Number Sliderの使い方

[**Number Slider**] はスライダーを動かすことで数値を変更するコンポーネントです。
これを用いることで、Grasshopper上で直感的にパラメトリックな検討を行うことができます。
ここでは、Number Sliderの配置方法や使い方、設定について学びます。

1 Number Sliderの配置

以下の3つの方法で配置することができます。

❶ コンポーネントタブから選択

[**Params**] ＞ [**Input**] ＞ [**Number Slider**] を選択する。

❷ キャンバス上で数値を入力して配置

キャンバス上でダブルクリックして任意の数値を入力すると、その数値を含んだNumber Sliderを作成することができます。単一の値でNumber Sliderを配置するとき、デフォルトの数値範囲は10の累乗となります。例えば「**15**」と入力すると、範囲が「**0〜100**」、配置時の値が「**15**」のNumber Sliderが配置されます。

また、自然数を入力した場合、数値は1単位で動きますが、小数点以下を含めて数値を入力すると、小数点単位で動かすことができます。

❸ キャンバス上で数値範囲を入力して配置

キャンバス上をダブルクリックし、「**(最小値) ＜ (最大値)**」または「**(最小値) ＜ (配置時の値) ＜ (最大値)**」と入力すると、配置する時点で範囲が指定されたNumber Sliderを作成することができます。例えば、「**0<20<30**」と入力すると、範囲が「**0〜30**」、配置時の値が「**20**」のNumber Sliderが配置されます。※「**<**」は「**..**」と入力することでも代替可能です。

2 Number Sliderの数値変更

❶ スライダーを動かして変更する
◇をドラッグすると数値を変更できます。

❷ 数値を再入力して変更する
配置した［**Number Slider**］をダブルクリックし、数値を指定することでスライダーの値を設定ができます。この時、入力する数値はスライダーの数値範囲に収まっている必要があります。

3 Number Sliderの設定

スライダー上で右クリックし、「**Edit**」を選択するとスライダーの設定を行うパネルが表示されます。

❶ スライダーの名称
他のコンポーネントと同様、スライダーを右クリックしてメニュー上部のボックスにテキストを入力することで、スライダーに名前をつけることができます。

❷ 数値のタイプ、❸ 小数点以下の桁数
スライダーの数値タイプや小数点以下の桁数を変更することができます。

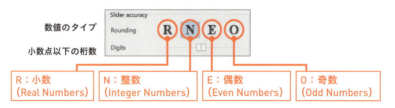

R：小数（Real Numbers）
N：整数（Integer Numbers）
E：偶数（Even Numbers）
O：奇数（Odd Numbers）

❹ 最小値、❺ 最大値、❻ 現在の数値
スライダーの範囲設定、数値入力をすることができます。

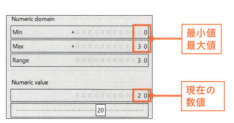

50

> **知っておこう**

入力データの種類とデフォルトの入力値

入力データの種類

コンポーネントの入力端子には、それぞれ入力できるデータの種類が決まっています。入力端子上にマウスオーバーすることで、各端子の意味と入力すべきデータの種類が表示されます。

デフォルトの入力値

コンポーネントの入力端子には配置時にすでにデフォルトの入力値が入っているものがあります。たとえば、[Rotate]コンポーネントの「A」入力端子には「0.5*Pi」という入力値が、「P」入力端子にはデフォルトで「XY Plane」（原点座標：0,0,0）がデフォルトで入っています。そのため、[Rotate]コンポーネントの「G」入力端子にオブジェクトを接続しただけでも、そのオブジェクトは（0,0,0）を原点とするXY平面上で0.5*Piだけ回転します。

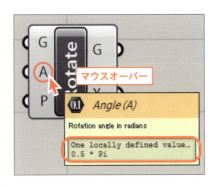 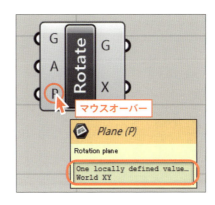

上図のように、適宜入力できるデータの種類やデフォルトで入っている値を確認することで、不要な入力や誤った入力を避けて作業することができます。

なお、デフォルトで値が入っていない場合には、下図のように表示されます。

知っておこう

入力値の読み替え

入力端子には入力すべきデータの種類が決まっていますが、場合によっては都合よく読み替えてくれる場合があります。

例1
[Rotate] コンポーネントの「P」入力端子に点を入力した場合、その点を原点とするXY平面として読み替えられる。

例2
[Move] コンポーネントの「T」入力端子に点を入力した場合、入力した点の位置ベクトルとして読み替えられる

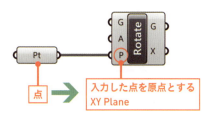

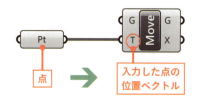

類似コンポーネント

本章で使用した［Unit Z］コンポーネントと［XY Plane］コンポーネントの類似コンポーネントを紹介します。

［Unit Z］の類似コンポーネント

［XY Plane］の類似コンポーネント

chapter 3

回転するルーバーを作成する

使用データ：3_回転するルーバーを作成する.3dm　※長さの単位は[m(メートル)]です。
完成データ：3_回転するルーバーを作成する_完成.gh

この章の目的

この章では、1本の線からルーバーを作成します。Grasshopperを用いて、ルーバーの数・高さ・幅・回転をパラメータ化し、検討する方法を学びます。

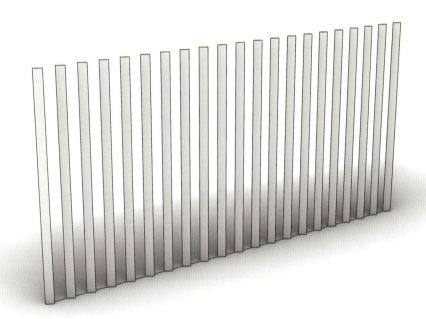

SECTION		
3-1	ルーバーの軸線の作成	56
3-2	ルーバーの作成	61
3-3	ルーバーの回転	64
やってみよう	横ルーバーに変更する	69
column	人に伝えるきれいなGrasshopper	70

3章作成手順

3-1 | ルーバーの軸線の作成

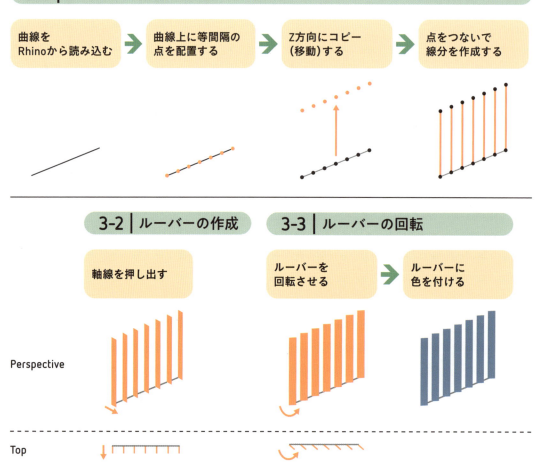

3-2 | ルーバーの作成

3-3 | ルーバーの回転

3章全体図

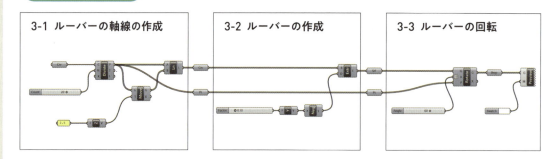

新たに使用するコンポーネント 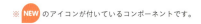 ※ NEW のアイコンが付いているコンポーネントです。

3-1 | ルーバーの軸線の作成

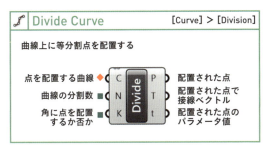

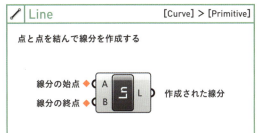

3-2 | ルーバーの作成

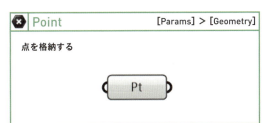

3-3 | ルーバーの回転

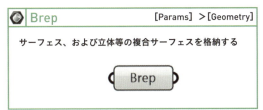

SECTION 3-1 ルーバーの軸線の作成

> この節で学ぶこと
> ・曲線上に等間隔の点を配置する方法
> ・2点をつないで線分を作成する方法

3-1 | 作成手順

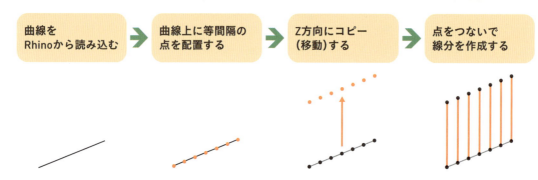

3-1 | 生成されるRhinoモデル

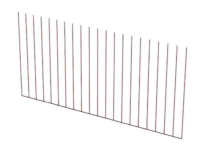

3-1 | 完成図

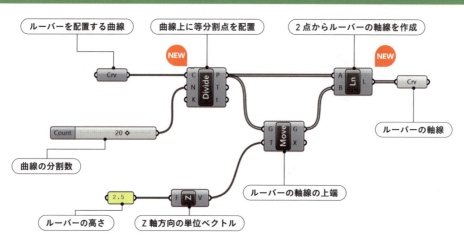

1 サンプルファイルを開く

サンプルのRhinoファイル「**3_回転するルーバーを作成する.3dm**」を開き、Grasshopperを立ち上げます。サンプルファイルには曲線があらかじめ用意されています。

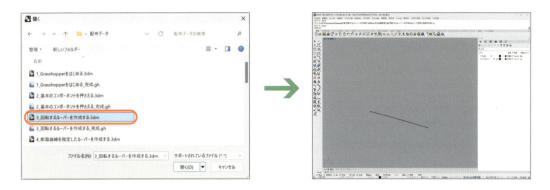

2 Rhino上の曲線を格納する

Rhino上の曲線を［**Curve**］コンポーネントに格納します。キャンバス上をダブルクリックして「**curve**」と検索し、曲線を格納する［**Curve**］コンポーネントを配置します。

コンポーネントを右クリックして「**Set one Curve**」を選択します。［**Curve**］コンポーネントに格納する曲線を選択するようにRhino画面に切り替わるので、Rhino上の曲線を選択します。

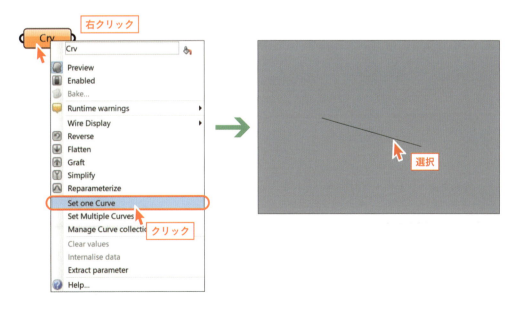

3-1 ルーバーの軸線の作成　57

③ 格納した曲線の上に等分割点を配置する

[Divide Curve] コンポーネントを使って、格納した曲線の上に等分割点を配置します。
キャンバス上をダブルクリックして「divide」と検索し、曲線上に等間隔に点を配置する [Divide Curve] コンポーネントを配置します。

キャンバス上をダブルクリックして「0<20<30」と入力し、範囲が「0〜30」、配置時の値が「20」の [Number Slider] を配置します。

下図のように [Curve] コンポーネントを [Divide Curve] コンポーネントの「C」に接続し、[Number Slider] を [Divide Curve] コンポーネントの「N」に接続します。このとき点の個数は、「N」入力端子に入力された数に 1 を足した数になっています。

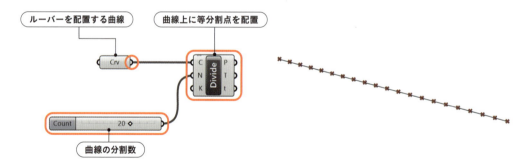

💡 HINT

[Divide Curve] コンポーネントの点の数

曲線が開いているか、または閉じているかによって、[Divide Curve] コンポーネントで配置される点の個数が変わります。下図は「N」入力端子に「3」と入力した場合の例です。開いている曲線の場合、配置される点の個数は「4」、閉じている曲線の場合では、配置される点の個数は「3」となります。

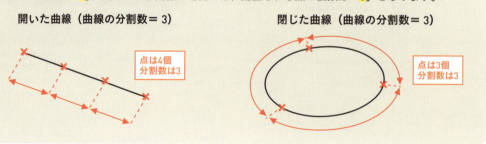

ルーバーの軸線の上端を作成する

配置した点を［Move］コンポーネントで移動させてルーバーの軸線の上端を作成します。
キャンバス上をダブルクリックして「move」と検索し、オブジェクトを移動させる［Move］コンポーネントを配置します。

［Move］コンポーネントの「T」入力端子に接続するベクトルを作成します。
キャンバス上をダブルクリックして「//2.5」と入力し、「2.5」と入力された［Panel］を配置します。

キャンバス上をダブルクリックして「z」と検索し、Z軸方向（ワールド座標系）のベクトルを作成する［Unit Z］コンポーネントを配置します。

下図のように［Divide Curve］コンポーネントを［Move］コンポーネントの「G」に接続します。また、［Panel］を［Unit Z］コンポーネントに接続し、［Unit Z］コンポーネントを［Move］コンポーネントの「T」に接続します。これにより、曲線上の点がZ軸方向に2.5m移動されます。

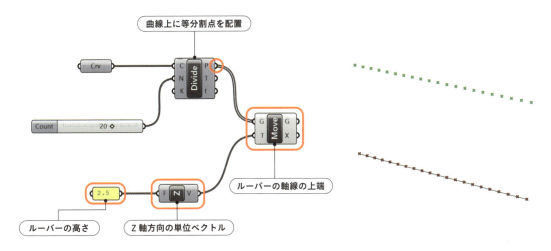

> 💡 **HINT**
>
> **Grasshopperの長さの単位**
> Grasshopperで長さを指定したとき、単位はRhinoファイルのモデル単位に従います。モデル単位の変更はRhino上で、「ファイル」＞「プロパティ」で開く、「ドキュメントのプロパティ」ダイアログの「単位」＞「モデル」＞「モデル単位」から設定できます。

⑤ 2点をつないでルーバーの軸線を作成する

曲線上に配置した点とZ軸方向に移動させた点から、ルーバーの軸線を作成します。
キャンバス上をダブルクリックして「**ln**」と検索し、2点をつないで線分を作成する［**Line**］コンポーネントを配置します。

下図のように［**Divide Curve**］コンポーネントの「**P**」を［**Line**］コンポーネントの「**A**」に接続します。また、［**Move**］コンポーネントの「**G**」を［**Line**］コンポーネントの「**B**」に接続します。これにより、曲線上に配置した点と、その点をZ軸方向に移動させた点からルーバーの軸線が作成されます。

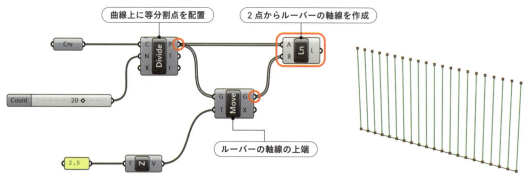

⑥ ルーバーの軸線を格納する

次の手順に進む前に、ここまでの手順で作成したオブジェクトを格納コンポーネントにまとめます。
キャンバス上をダブルクリックして「**curve**」と検索し、曲線を格納する［**Curve**］コンポーネントを配置します。

下図のように［**Line**］コンポーネントを［**Curve**］コンポーネントに接続することで、作成したルーバーの軸線を格納します。

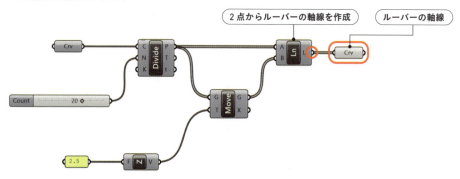

SECTION 3-2 | ルーバーの作成

> この節で学ぶこと
> ・オブジェクトを押し出す方法

3-2 | 作成手順

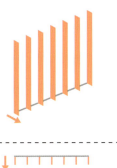

Perspective

Top

3-2 | 生成されるRhinoモデル

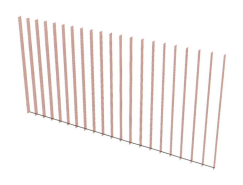

3-2 | 完成図

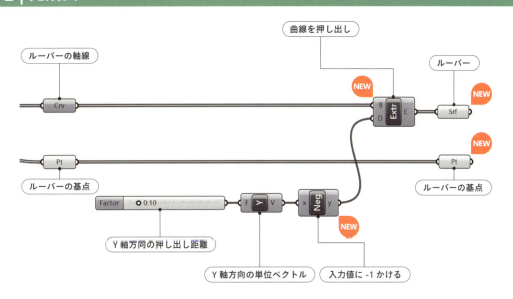

1　ルーバーの出幅を作成する

[Extrude] コンポーネントで軸線を押し出してルーバーを作成します。キャンバス上をダブルクリックして「extrude」と検索し、線や面を押し出す [Extrude] コンポーネントを配置します。

また、[Extrude] コンポーネントの「D」入力端子に接続するベクトルも作成します。
キャンバス上をダブルクリックして「y」と検索し、Y軸方向（ワールド座標系）のベクトルを作成する [Unit Y] コンポーネントを配置します。

キャンバス上をダブルクリックして「0<0.10<1」と入力し、範囲が「0.00〜1.00」、配置時の値が「0.10」の [Number Slider] を配置します。

キャンバス上をダブルクリックして「negative」と検索し、入力された値の符号を入れ替える [Negative] コンポーネントを配置します。

下図のように [Curve] コンポーネントを [Extrude] コンポーネントの「B」に接続します。また、[Number Slider] を [Unit Y] コンポーネントに、[Unit Y] コンポーネントを [Negative] コンポーネントに、[Negative] コンポーネントを [Extrude] コンポーネントの「D」に接続します。これにより、軸線がY軸方向の負の向きに押し出されてルーバーが作成されます。

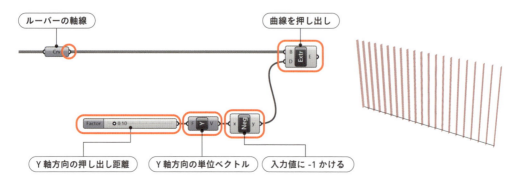

ルーバーとルーバーの軸線を格納する

次の手順に進む前に、ここまでの手順で作成したオブジェクトをまとめます。
キャンバス上をダブルクリックして「point」と検索し、点を格納する［Point］コンポーネントを配置します。

キャンバス上をダブルクリックして「surface」と検索し、サーフェスを格納する［Surface］コンポーネントを配置します。

配置した［Point］コンポーネントをコピーします。［Point］コンポーネントを選択し［Ctrl+C］キーでコピーした後、［Ctrl+V］キーで貼り付けます。

下図のように、3-1 で配置した［Divide Curve］コンポーネントの「P」入力端子を一方の［Point］コンポーネントに接続し、［Extrude］コンポーネントを［Surface］コンポーネントに接続します。また、ワイヤの重なりを防ぎ、Grasshopperを見やすくするために、［Point］コンポーネントを［Point］コンポーネントに接続します。

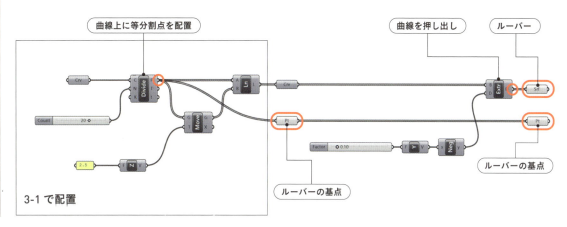

SECTION 3-3 | ルーバーの回転

> **この節で学ぶこと**
> ・複数のオブジェクトをそれぞれ回転させる方法
> ・モデルに着色する方法

3-3 | 作成手順

Perspective

Top

3-3 | 生成されるRhinoモデル

3-3 | 完成図

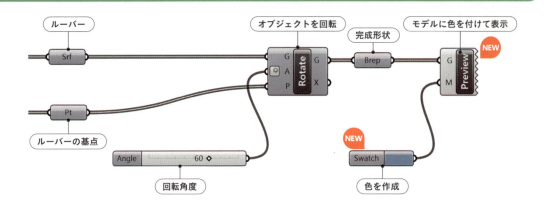

ルーバーを回転させる

[Rotate] コンポーネントでルーバーを回転させます。キャンバス上をダブルクリックして「rotate」と検索し、オブジェクトを回転させる [Rotate] コンポーネントを配置します。

キャンバス上をダブルクリックして「0<90」と入力し、範囲が「0〜90」の [Number Slider] を配置します。

下図のように 3-2 で格納した [Surface] コンポーネントを [Rotate] コンポーネントの「G」に接続し、[Number Slider] を [Rotate] コンポーネントの「A」に接続します。また、3-2 で格納した [Point] コンポーネントを [Rotate] コンポーネントの「P」に接続します。

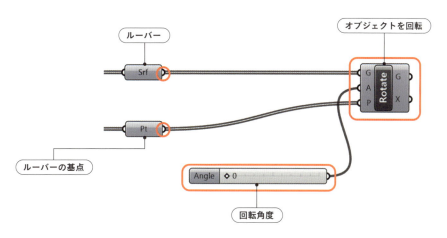

[Rotate] コンポーネントの「A」入力端子を右クリックして「Degrees」を選択し、弧度法から度数法に切り替えます。

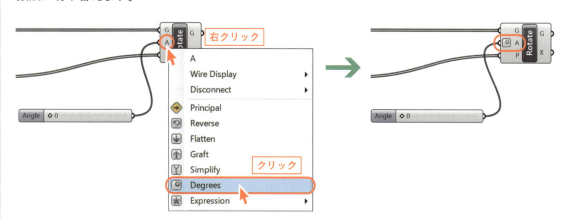

3-3 ルーバーの回転　65

> 💡 **HINT**

それぞれのルーバーの回転の様子

[Rotate] コンポーネントの「P」入力端子に点を入力すると、その点を原点としたXY平面として自動的に読み取ってくれることは、2章の知っておこう「入力値の読み替え」(P.52) で説明しました。ここでは [Divide Curve] コンポーネントで配置した点を入力しているので、それぞれの点は、それぞれの点を原点とするXY平面として読み取られています。

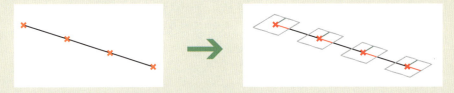

ルーバーは、それぞれのXY平面を基準にしてルーバーが回転します。また、ルーバーの軸線はXY平面のZ軸と重なっているので、回転の様子は以下のようになります。

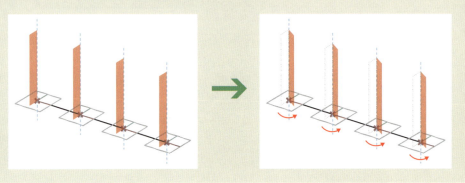

② [Number Slider] を動かしてルーバーを回転させる

[Rotate] コンポーネントに接続した [Number Slider] を動かして、[Number Slider] に連動してルーバーが回転することをRhinoビューで確認しましょう。

・[Number Slider]を「30」にした場合

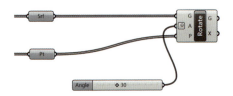

・[Number Slider]を「60」にした場合

③ 完成したルーバーを格納する

［Rotate］コンポーネントで回転させたルーバーを［Brep］コンポーネントに格納し、ここまで作成したオブジェクトがどこにあるのか、わかりやすくします。
キャンバス上をダブルクリックして「brep」と検索し、サーフェス、および立体等の複合サーフェスを格納する［Brep］コンポーネントを配置します。

下図のように［Rotate］コンポーネントの「G」を［Brep］コンポーネントに接続します。

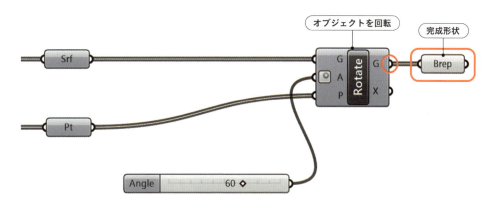

④ モデルに色を付ける

ルーバーの表示色を設定します。
キャンバス上をダブルクリックして「preview」と検索し、オブジェクトの表示を設定する［Custom Preview］コンポーネントを配置します。

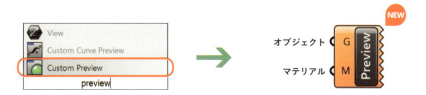

キャンバス上をダブルクリックして「swatch」と検索し、色を設定する［Colour Swatch］コンポーネントを配置します。

3-3 ルーバーの回転　67

下図のように [Brep] コンポーネントを [Custom Preview] コンポーネントの「G」に接続し、[Colour Swatch] コンポーネントを [Custom Preview] コンポーネントの「M」に接続します。

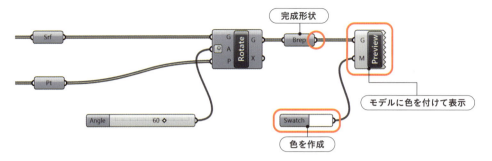

[Colour Swatch] コンポーネント右側をクリックすると、色の設定をするメニューが開きます。任意の色を設定してください。

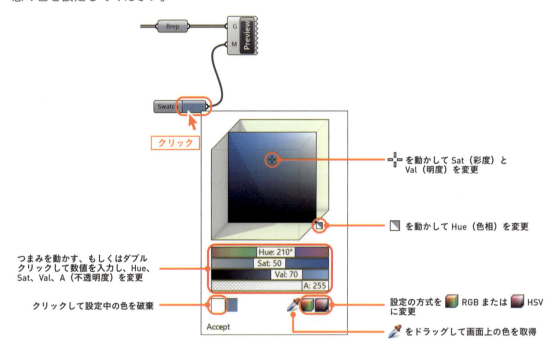

設定ができたら「Accept」、またはメニューの外側をクリックしてメニューを閉じます。

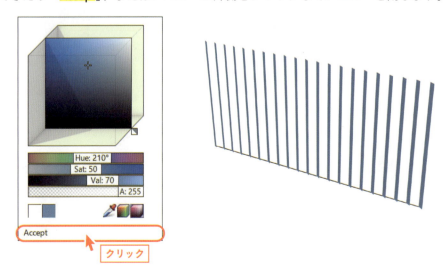

やってみよう
横ルーバーに変更する

3章で作成したGrasshopperに変更を加えて、横向きのルーバーを作成してみましょう。
サンプルファイル「**3_回転するルーバーを作成する**.3dm」のレイヤ「**やってみよう**」の中に、Z軸方向に伸びる曲線が用意してあるので、これを[Curve]コンポーネントに格納して使用してください。
作成したGrasshopperには2か所に変更を加えます。

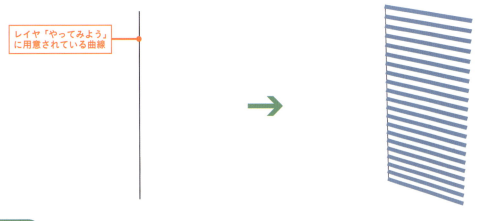

解説

変更点1　点の移動する方向を変更する

ルーバーの向きを横向きにするために、点の移動方向を変更する必要があります。ここでは[**Unit Z**]コンポーネントを削除し、[**Unit X**]コンポーネントを接続して、点の移動方向をX軸方向に変更します。　※コンポーネントの削除は、削除するコンポーネントを選択し、[Delete]キーを押すことで実行できます。

変更点2　ルーバーの回転の基準面を変更する

ルーバーの向きが変わったので、ルーバーの回転の基準面も変更する必要があります。ここでは[**YZ Plane**]コンポーネントを下図のように接続して、基準面をXY平面からYZ平面に変更します。

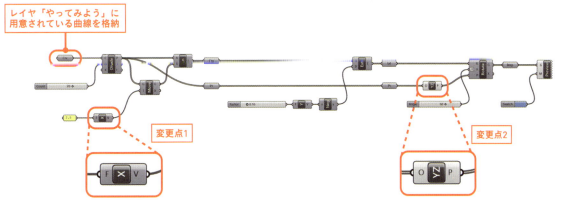

column 人に伝えるきれいな Grasshopper

完成データ：3_人に伝えるきれいなGrasshopper_完成.gh

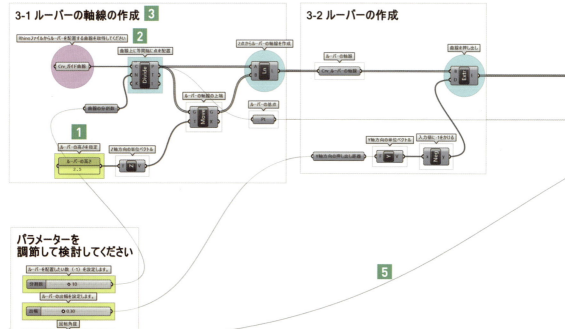

1 column 1　**コンポーネントに説明を追記する**

コンポーネント、[**Number Slider**]、[**Panel**] などの名称を変更します。

2 column 2　**グループ化する**

コンポーネントをグループ化します。
グループに説明を追加したり、グループの色や形状を変更したりすることができます。

3 column 3　**文字をキャンバス上に加える**

キャンバス上に文字を加えて、説明を書き足します。

この columnでは、ビジュアルプログラム言語の利点である、見える化を活用して他人が見ても理解しやすい Grasshopperキャンバスのつくり方を学びます。整理されていて可読性のある Grasshopperを作成すれば、複数の人と共同で作業する際や、あとから自分で確認するときなどに役立ちます。具体的には、コンポーネントの名称の変更、グループ化や色分け、キャンバス上への文字や図形の追加などをおこなって、キャンバスを見やすくします。

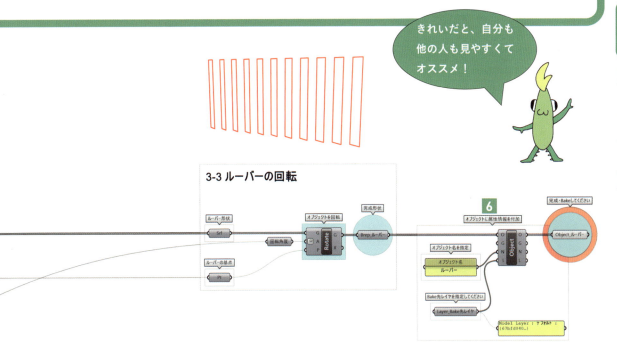

4 column 4 **図形をキャンバス上に加える**

落書きツールで説明を追加したり、Rhino上から図形をGrasshopperキャンバスに読み込んだりします。

5 column 5 **ワイヤの表示を変更する**

ワイヤの表示を変更してキャンバス上での見た目を整えます。

6 column 6 **Bakeを管理する**

[**Model Object**] コンポーネントを用いて、Grasshopperで作成したジオメトリにレイヤやオブジェクト名などの属性情報を付与します。これによりBakeの管理が簡単になります。

column 1 コンポーネントに説明を追記する

ここで学ぶこと
- コンポーネントの名称を変更する方法
- インプットやアウトプットに名称を付ける方法

1 コンポーネントに説明を追記する

コンポーネントに入力する情報を追記すると、相手に内容を伝えやすくなります。任意のコンポーネントを右クリックすると、表示されたメニューの上部にコンポーネント名の入力欄があります。この部分を書き換えるとコンポーネントに表示される名称を変更することができます。また、[Panel]や[Number Slider]の名称も同様に変更することができます。

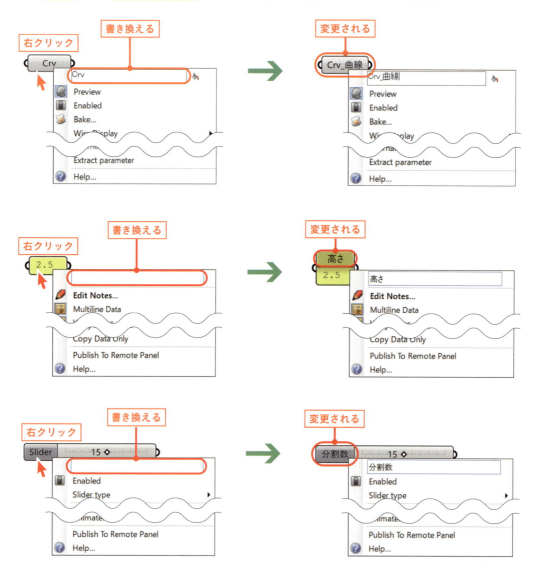

column 2 | グループ化する

● コンポーネントをグループ化する方法
● グループに説明や色を追加する方法

1 グループ化する

コンポーネントを選択し（複数選択も可）、キャンバス上を右クリックして「Group」を選択します。この操作により、キャンバス上で選択されたコンポーネントがグループ化されます。

他にも、コンポーネントを選択した後、[Ctrl+G]キーを押してグループ化させる方法や、マウスホイールを押してグループ化のアイコンを選択することでグループ化させる方法があります。

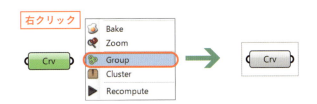

グループ上を右クリックして、テキストボックスに説明を入力することができます。

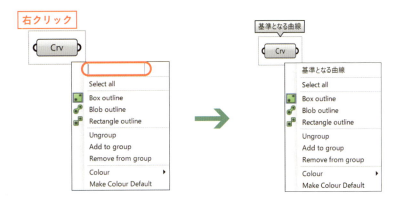

グループ上を右クリックし、「Colour」を選択してグループの色を好みの色に変更できます。

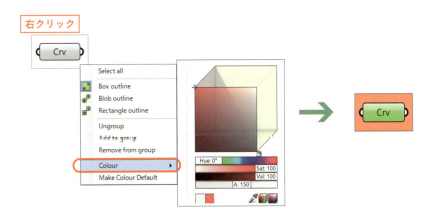

2 グループ解除・追加をする

コンポーネントのグループを解除する場合は、除外したいコンポーネントを選択した状態でグループを右クリックし、[Remove from group] を選択します。また、コンポーネントをグループに追加する場合は、追加したいコンポーネントを選択した状態でグループを右クリックし、[Add to group] で変更できます。

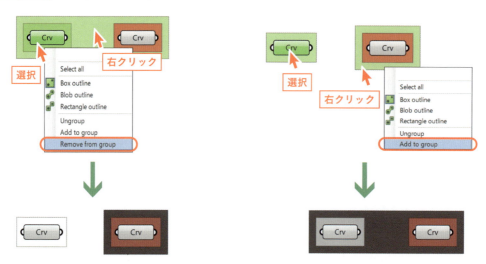

3 グループ化の形状を変更する

グループの形状を変更する場合は、グループを右クリックして [Box outline]、[Blob outline]、[Rectangle outline] のいずれかを選択します。

4 グループの前後関係を調整する

2重にグループを行う際、グループの前後関係が異なることがあります。黒グループを灰グループ、赤グループの前面に移動したい場合は、黒グループを選択して [Ctrl+F] キー、黒グループを灰グループ、赤グループの背面に移動したい場合は、黒グループを選択して [Ctrl+B] キーを押します。

column

5 役割ごとに色を変えてグループ化する

下図のように役割ごとに色を変えてグループ化すると便利です。グループと同様に［Panel］も色分けします。

❶ Panelの色の変更

［Panel］の色を変更します。［Panel］上を右クリックして、「Colour」を選択します。表示されたウィンドウの右下の設定がHSV色の設定になっていることを確認をして、その上部の数値を変更し、色を設定します。

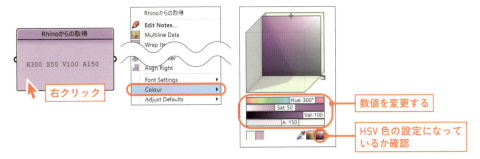

❷ Panel内の文字の大きさを変更

［Panel］に書き込まれている文字の大きさも調整できます。［Panel］上で右クリックし、「Font Settings」>「Custom Font...」をクリックします。表示されたダイアログの「Size」に数値を入力して文字の大きさを変更します。

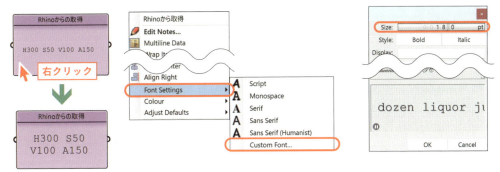

❸ デフォルトの色の設定（Make Colour Default）

［Panel］やグループのデフォルトの色を設定できます。一度設定をした色に今後グループ化する際の色を統一させたい場合は、色を設定したグループ上を右クリックして「Make Colour Default」を選択します。［Panel］の場合はパネル上で右クリックして「Adjust Defaults」>「Make Colour Default」を選択します。

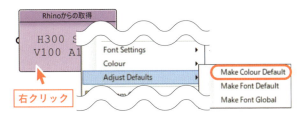

column 3 | 文字をキャンバス上に加える

ここで学ぶこと ● キャンバス上に文字を加えて、説明を追加する方法

1 Scribbleの生成

[Params] タブ ＞ [Util] ＞ [Scribble] を選択して [Scribble] コンポーネントを配置します。「Doubleclick Me!」をダブルクリックし、説明を入力します。

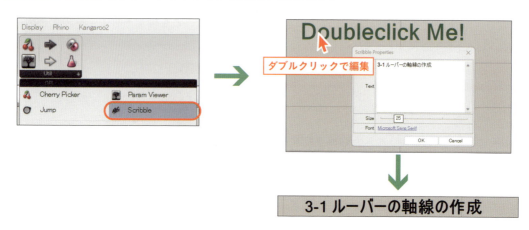

またはキャンバス上をダブルクリックし、「~（書き込みたいテキスト）」（~は半角チルダ）と入力して説明が書かれた [Scribble] コンポーネントを配置することもできます。

💡 HINT

テキストの編集を行う

作成したテキストをダブルクリックするとダイアログが開きます。ここでテキストの変更やフォントの大きさの調整、フォントの変更を行うことができます。

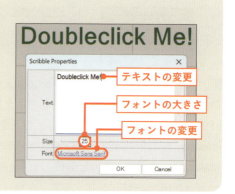

column 4　図形をキャンバス上に加える

ここで学ぶこと　●キャンバス上に図形を加える方法

1 落書きツール（「Create a new sketch object」）を用いる

キャンバス上部の鉛筆のアイコン「落書きツール」（「Create a new sketch object」）を使うと、キャンバス上に手書きで文字などが描けます。
落書きツールを選択し、Grasshopperのキャンバス上で適当な図形をペンカーソルを操作して描きます（詳細は1章のP.23を参照）。

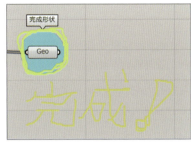

2 Rhino上の図形との連携（Rhinoの図形をGrasshopperキャンバスに読込む）

落書きツールで適当な図形を描きます。描いた図形を選択して右クリックし、「Load from Rhino」を選択します。
Rhino上のコマンドラインに従い、図形を選択して［Enter］キーを押すと、Grasshopperキャンバス上の手書き図形がRhinoの図形に置き換わります。ここでは、Grasshopper上の適当な図形がRhino上の長方形に置き換わっています。

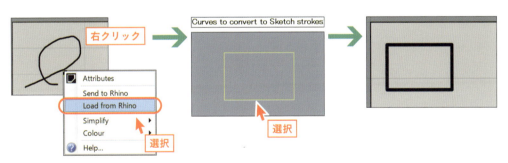

また、図形のサイズや色を変更することもできます。
適当に描いた図形を右クリックして「**Load from Rhino**」を選択し、ここでは図のようなRhino上の2次元曲線をすべて選択して［**Enter**］キーを押す、または右クリックをします。

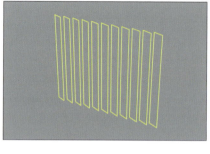

Grasshopperに図が取り込まれます。Rhinoの縮尺がGrasshopperに反映されるので、サイズを変更する場合は、Rhino上でスケール変更を行う必要があります。
色を変更する場合は、図を右クリックし、「**Colour**」を選択して変更することができます。

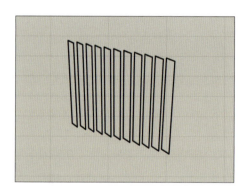
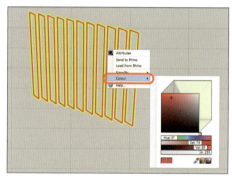

💡 HINT

Glasshopperキャンバスの手書き図形をRhinoに書き出す
落書きツールで描いた適当な図形を選択して右クリックし、「**Send to Rhino**」を選択します。
Grasshopperキャンバス上の手書き図形がRhino上に表示されます。

column 5 ワイヤの表示を変更する

ここで学ぶこと ● ワイヤの表示を変更してキャンバス上での見た目を整える方法

1 ワイヤの表示を変更する

Grasshopperでは、コンポーネント間をつなぐワイヤの表示を薄くしたり、隠したりできます。コンポーネントの入力部を右クリックし、「Wire Display」＞「Faint」または「Hidden」で変更できます（詳細は1章のP.33を参照）。Grasshopperはワイヤが煩雑になるとわかりにくくなるので、距離の長いワイヤは薄くすると見やすいGrasshopperになります。

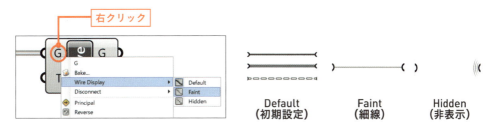

2 Relayを経由する

ワイヤ上をダブルクリックすると、ワイヤの分岐となる［Relay］コンポーネントを追加することができます。コンポーネント間をつなぐワイヤが重なって見にくい場合にワイヤを移動したり、まとめたりできます。また、テキストも入力できます。

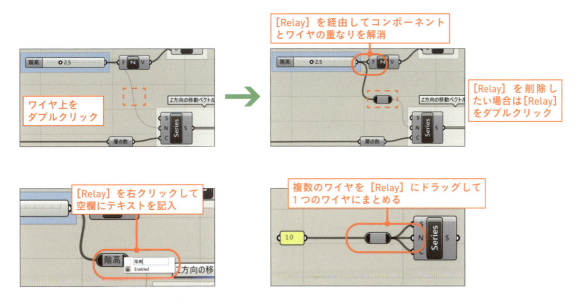

ワイヤ表示の変更や［Relay］を用いながら、Grasshopperをわかりやすく整えてみましょう。

column 6 Bakeを管理する

ここで学ぶこと ● [Model Object]を用いてGrasshopperで作成したジオメトリにレイヤやオブジェクト名などの属性情報を付与する方法

1 Grasshopperで作成したジオメトリに属性情報を付与する

[**Model Object**] コンポーネントは、Grasshopperで作成したジオメトリにRhinoプロパティで指定可能な属性情報を設定できるコンポーネントです。そのため、Bake時に属性情報を付与した状態でRhino上にオブジェクトを出力できます。特にレイヤ、オブジェクト名などをGrasshopper上で管理することにより、GrasshopperとRhino間の運用がスムーズになります。

※ここで登場する[Model Object]コンポーネントの形は、入力・出力端子ともに整理したものになります。配置時の形は、16章(P.289)で確認してください。なお、端子の整理については、HINT「端子の最小限表示/全表示」(P.290)を参照してください。

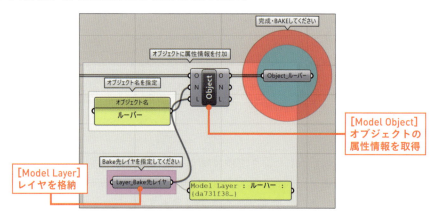

[**Model Layer**] コンポーネントを [**Model Object**] コンポーネントに入力することで、オブジェクトのレイヤの設定ができます。

レイヤを変更するには [**Model Layer**] コンポーネントを右クリックして「**Set Layer**」＞「**指定したいレイヤ名**」を選択します。

※[Model Object]コンポーネントは、[Rhino]タブというRhino-Grasshopper間のデータのやり取りに関するタブに含まれています。[Rhino]タブのコンポーネントについては16章の「[Rhino]タブ」(P.288)を参照してください。

chapter 4

断面曲線を指定したルーバーを作成する

使用データ：4_断面曲線を指定したルーバーを作成する.3dm　※長さの単位は[mm]です。
完成データ：4_断面曲線を指定したルーバーを作成する_完成.gh

この章の目的

この章では、断面曲線を利用して立体的なルーバーを作成します。また、Rhino上の任意の断面曲線に対応した形状のルーバーを作成する方法についても学びます。

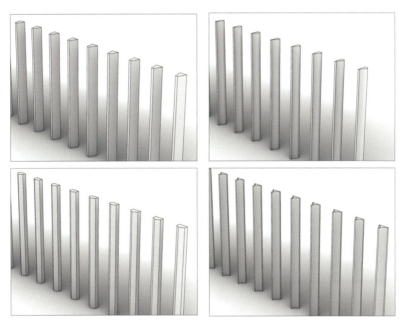

SECTION

4-1　ルーバーの断面曲線を配置 ——————— 84

4-2　ルーバーの断面曲線を押し出す ——————— 90

4-3　複数の断面曲線から選択 ——————— 94

4章作成手順

4-1 | ルーバーの断面曲線を配置

| 断面曲線の重心を取得する | → | 基準曲線上に等分点を配置する | → | 移動のためのベクトルを作成する | → | 断面曲線を等分点へ移動する |

4-2 | ルーバーの断面曲線を押し出す

| 断面曲線を押し出す | → | 断面曲線の押し出しにふたをする |

4-3 | 複数の断面曲線から選択

複数の断面曲線のデータを格納し、任意のデータを選択する

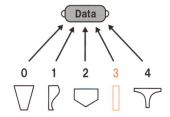

4章全体図

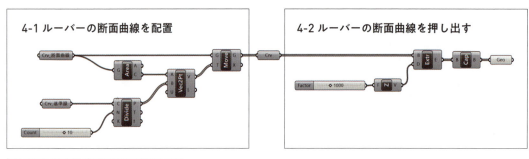

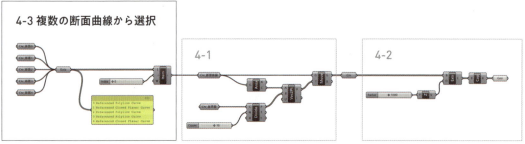

新たに使用するコンポーネント

※  のアイコンが付いているコンポーネントです。

4-1 | ルーバーの断面曲線を配置

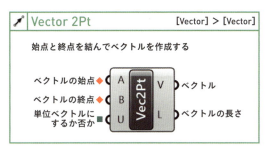

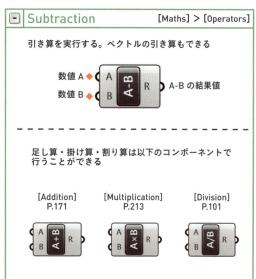

4-2 | ルーバーの断面曲線を押し出す

4-3 | 複数の断面曲線から選択

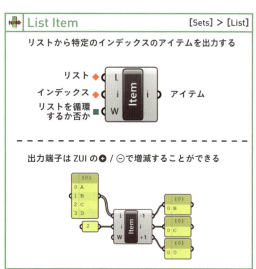

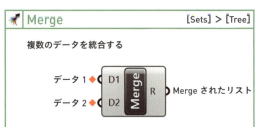

SECTION 4-1 | ルーバーの断面曲線を配置

この節で学ぶこと
- 2点間のベクトルを作成する方法
- オブジェクトを等間隔に配置する方法

4-1 | 作成手順

| 断面曲線の重心を取得する | → | 基準曲線上に等分点を配置する | → | 移動のためのベクトルを作成する | → | 断面曲線を等分点へ移動する |

4-1 | 生成されるRhinoモデル

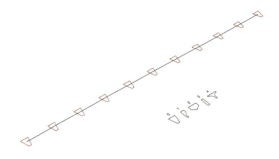

4-1 | 完成図

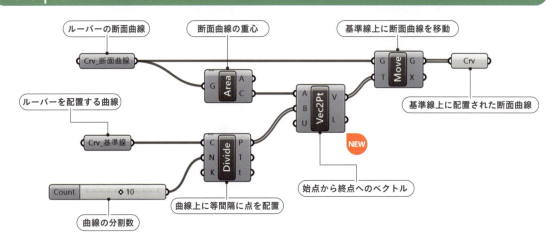

1 断面曲線を格納する

サンプルのRhinoファイル「4_断面曲線を指定したルーバーを作成する.3dm」を開き、Grasshopperを起動します。キャンバス上をダブルクリックして「curve」と検索し、[Curve]コンポーネントを配置します。

コンポーネントを右クリックして「Set one Curve」を選択します。[Curve]コンポーネントに格納する曲線を選択するようにRhino画面に切り替わるので、Rhino上で0番の断面曲線を選択します。

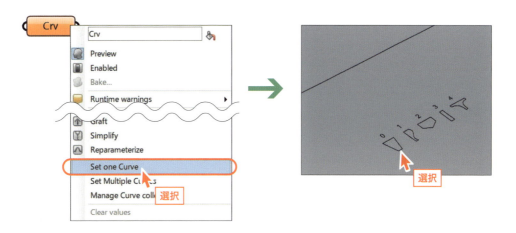

格納したRhinoオブジェクトをわかりやすくするために、[Curve]コンポーネントの名前を変更します。ここでは、コンポーネントを右クリックしてメニューの赤枠の部分に「Crv_断面曲線」と入力します。

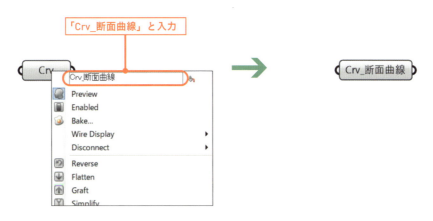

② 断面曲線の重心を取得する

断面曲線の重心を取得します。
キャンバス上をダブルクリックして「area」と検索し、[Area] コンポーネントを配置します。

下図のように、断面曲線を格納した [Curve] コンポーネントと [Area] コンポーネントの「G」を接続します。

> **💡 HINT**
>
> **重心の取得方法について**
> サーフェスの重心には以下の2通りの取得方法があります。
> ❶ [Area] コンポーネント：平坦な閉じた曲線/Brep/Meshの面積の数値とサーフェスの重心を取得
> ❷ [Polygon Center] コンポーネント：閉じたポリラインを構成する各部位の中心点を取得
>
> ❶ [Area] コンポーネント　　　　❷ [Polygon Center] コンポーネント
>
>

③ 基準線を格納する

Rhino 上の基準線を Grasshopper に読み込みます。
キャンバス上をダブルクリックして「curve」と検索し、[Curve] コンポーネントを配置します。

コンポーネントを右クリックして「Set one Curve」を選択し、ルーバーを配置する基準線を格納します。また、[Curve]コンポーネントの名前を「Crv_基準線」に変更します。

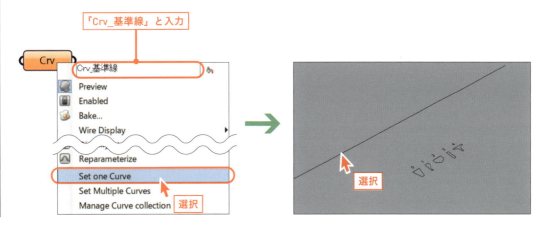

4 基準線上に点を配置する

基準線に等間隔の点を配置します。
キャンバス上をダブルクリックして「divide」と検索し、[Divide Curve]コンポーネントを配置します。

キャンバス上をダブルクリックして「1<10<20」と入力し、範囲が「1〜20」、配置時の値が「10」の[Number Slider]を配置します。

下図のように、基準線を格納した[Curve]コンポーネントを[Divide Curve]コンポーネントの「C」に接続し、[Number Slider]を[Divide Curve]コンポーネントの「N」に接続します。

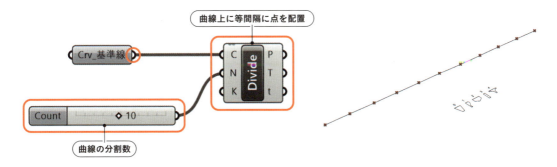

4-1 ルーバーの断面曲線を配置 87

5　2点間のベクトルを作成する

断面曲線を基準線上に移動するためのベクトルを作成します。
キャンバス上をダブルクリックして「vector2pt」と検索し、ベクトルを作成する［Vector 2Pt］コンポーネントを配置します。

下図のように［Area］コンポーネントを［Vector 2Pt］コンポーネントの「A」に接続し、［Divide Curve］コンポーネントを［Vector 2Pt］コンポーネントの「B」に接続します。これにより、断面曲線の重心と、基準線の分割点を結ぶベクトルを作成します。

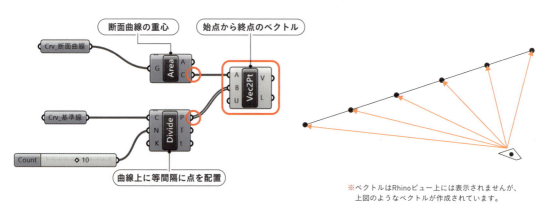

※ベクトルはRhinoビュー上には表示されませんが、上図のようなベクトルが作成されています。

💡 HINT

ベクトルの作成方法について

ベクトルの作成方法には以下の2通りの考え方があります。
❶ ［Vector 2Pt］：始点から終点へのベクトルを作成する
❷ ［Subtraction］：終点の座標から始点の座標を減算してベクトルを作成する

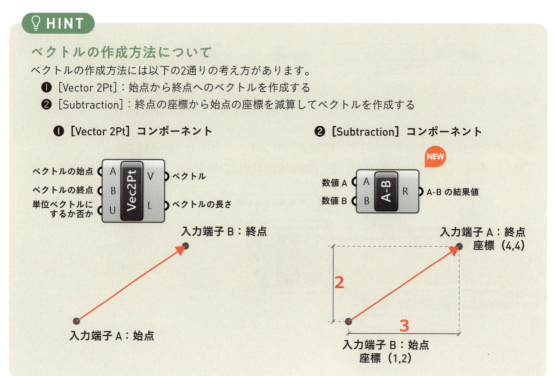

88

⑥ 断面曲線を移動する

断面曲線を基準線上に移動します。
キャンバス上をダブルクリックして「move」と検索し、[Move]コンポーネントを配置します。

下図のように、断面曲線を格納した[Curve]コンポーネントを[Move]コンポーネントの「G」に接続し、[Vector 2pt]コンポーネントを[Move]コンポーネントの「T」に接続します。

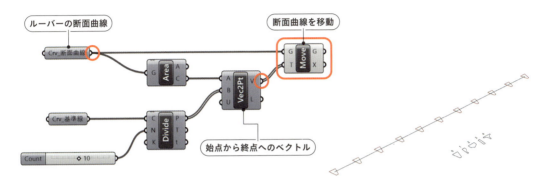

⑦ 配置した断面曲線を格納する

次の手順に進む前に、ここまでの手順で作成したオブジェクトを格納コンポーネントにまとめます。
キャンバス上をダブルクリックして「curve」と入力し、[Curve]コンポーネントを配置します。

下図のように[Move]コンポーネントの「G」を[Curve]コンポーネントに接続することで、移動した断面曲線が格納されます。

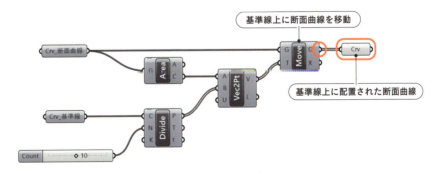

4-1 ルーバーの断面曲線を配置　89

SECTION 4-2 | ルーバーの断面曲線を押し出す

> この節で学ぶこと
> ・オブジェクトを押し出す方法
> ・オブジェクトにふたをする方法

4-2 | 作成手順

断面曲線を押し出す → 断面曲線の押し出しにふたをする

4-2 | 生成されるRhinoモデル

4-2 | 完成図

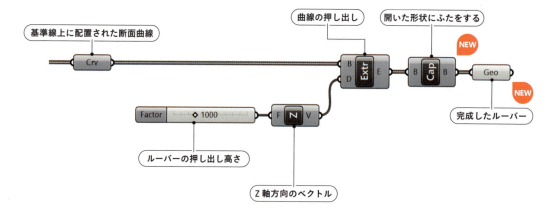

1 断面曲線を押し出す

断面曲線の押し出しを行います。
キャンバス上をダブルクリックして「**extrude**」と検索し、[**Extrude**] コンポーネントを配置します。

押し出し方向のベクトルを作成します。
キャンバス上をダブルクリックして「**z**」と検索し、[**Unit Z**] コンポーネントを配置します。

キャンバス上をダブルクリックして「**200<1000<3000**」と入力し、範囲が「**200〜3000**」、配置時の値が「**1000**」の [**Number Slider**] を配置します。

下図のように、4-1 で作成したオブジェクトを格納した [**Curve**] コンポーネントを [**Extrude**] コンポーネントの「**B**」に接続し、[**Number Slider**] を [**Unit Z**] コンポーネントに、[**Unit Z**] コンポーネントを [**Extrude**] コンポーネントの「**D**」に接続することで、断面曲線が高さ1000mm分、押し出されます。

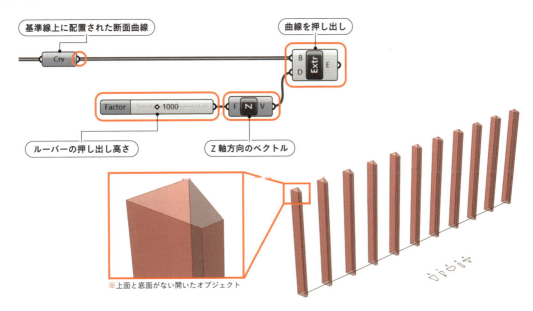

4-2 ルーバーの断面曲線を押し出す　91

2 筒状のオブジェクトにふたをする

断面曲線を押し出した筒状のオブジェクトにふたをします。
キャンバス上をダブルクリックして「capholes」と検索し、Brepの開口部を平坦な面でふたをする［Cap Holes］コンポーネントを配置します。

下図のように［Extrude］コンポーネントを［Cap Holes］コンポーネントに接続することで、筒状のオブジェクトにふたがされます。

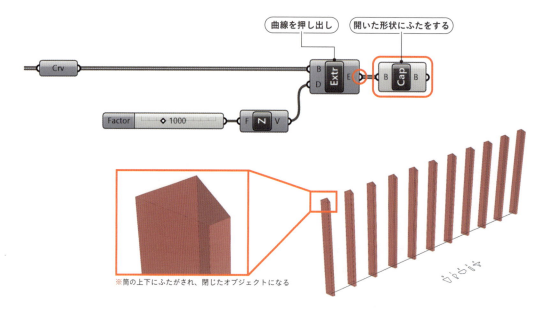

※筒の上下にふたがされ、閉じたオブジェクトになる

3 完成したルーバーを格納する

次の手順に進む前に、ここまでの手順で作成したオブジェクトを格納コンポーネントにまとめます。
キャンバス上をダブルクリックして「geometry」と検索し、あらゆる種類のオブジェクトを格納できる［Geometry］コンポーネントを配置します。

下図のように［Cap Holes］コンポーネントを［Geometry］コンポーネントに接続することで、完成したルーバーを格納します。

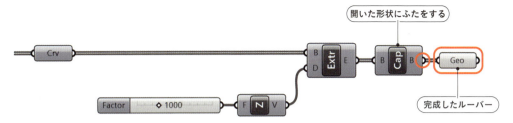

4 Rhino上で断面曲線を変形する

4-1の最初に格納した断面曲線を、Rhino上で変形してみましょう。変形すると、その変形に伴ってGrasshopperで作成したプレビューの形状が変更されているのがわかります。

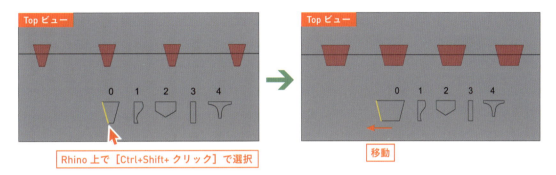

💡 HINT

閉じたオブジェクトの作成方法について

閉じたオブジェクトを作成する方法は、本節のように断面曲線を押し出してからふたをする方法のほか、以下のような「**断面曲線を面にしてから押し出す**」方法もあります。どちらの方法でも同じモデルが作成できますが、面にしてから押し出すことで、使用するコンポーネントを削減できます。

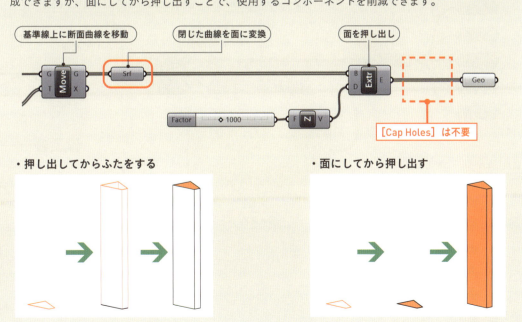

SECTION 4-3 | 複数の断面曲線から選択

この節で学ぶこと
- 複数のデータの中から1つのデータを選択する

4-3 | 作成手順

複数の断面曲線のデータを格納し、任意のデータを選択する

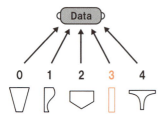

4-3 | 生成されるRhinoモデル

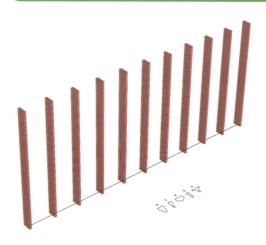

4-3 | 完成図

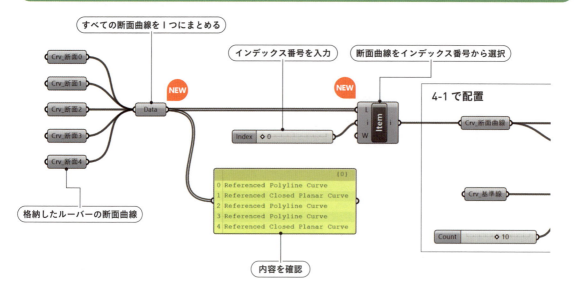

① 複数の断面曲線を格納する

Rhinoビュー上に置かれたすべての断面曲線を格納します。キャンバス上をダブルクリックして「curve」と検索し、[Curve]コンポーネントを上下に5つ配置します。

Rhinoビュー上に置かれた断面曲線を、0から順にそれぞれ格納していきます。
[Curve]コンポーネント上で右クリックして、「Set one Curve」を選択し、上のコンポーネントから順に断面曲線を格納していきます。また、コンポーネントの名前も「Crv_断面0」のように変更していきます。

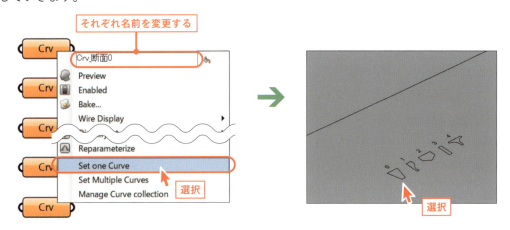

② 1つのコンポーネントにまとめる

格納した断面曲線を1つのコンポーネントにまとめます。
キャンバス上をダブルクリックして「data」と検索し、あらゆる種類のデータを格納できる[Data]コンポーネントを配置します。

先ほど格納した[Curve]コンポーネントを上から順に[Shift]キーを押しながら[Data]コンポーネントに接続していきます。

③ データを確認する

1つのコンポーネントにすべての曲線が格納されているかを確認します。
キャンバス上をダブルクリックして「**//**」と検索し、[**Panel**]を配置します。

下図のように[**Data**]コンポーネントに[**Panel**]を接続することにより、[**Data**]コンポーネントの内容が表示されます。

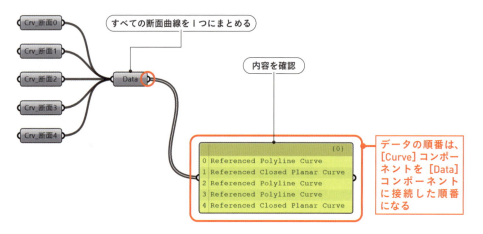

💡HINT

リストとは

リストとはデータの集まりのことで、Grasshopper上のデータ構造の構成要素です。[**Panel**]に接続することで出力データの構造を確認することができます。ここでは、リストに関連する用語を説明します。

アイテム（Item）　　：数値やオブジェクトなど、リストに含まれるのデータのこと
インデックス（Index）：アイテムに割り当てられる番号。0から順に割り当てられる
パス番号（Path）　　：リストに割り当てられる番号

※パス番号はデータツリーの構造に従って割り当てられます。データツリーについては 13-1「データ構造の基本」(P.243)を参照ください。

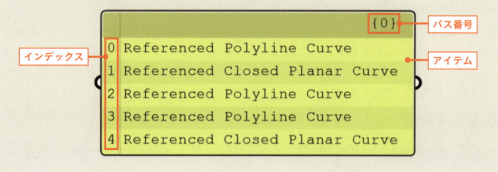

96

④ 複数の断面曲線から選択する

格納した複数の断面曲線から任意の断面曲線を選択します。
キャンバス上をダブルクリックして「listitem」と検索し、指定したインデックスのアイテムを出力する［List Item］コンポーネントを配置します。

キャンバス上をダブルクリックして「0<4」と入力し、範囲が「0〜4」の［Number Slider］を配置します。

下図のように、断面曲線を格納した［Data］コンポーネントを［List Item］コンポーネントの「L」に接続し、［Number Slider］を［List Item］コンポーネントの「i」に接続します。

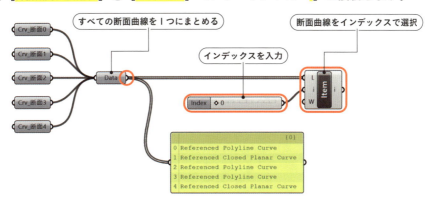

⑤ 選択した断面曲線からルーバーを作成する

選択した断面曲線を用いてルーバーを生成します。下図のように、［List Item］コンポーネントを4-1で断面曲線を格納した［Curve］コンポーネントに接続します。このとき、4-1で［Curve］コンポーネントに格納したデータは［List Item］コンポーネントのものに上書きされます。

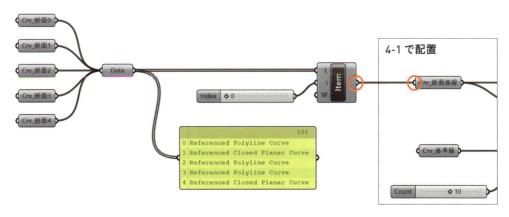

4-3 複数の断面曲線から選択　97

6　インデックスの値を変更してルーバーの断面曲線を切り替える

［List Item］コンポーネントに接続した［Number Slider］のスライダーを動かして、インデックスを変更してみましょう。［Number Slider］に連動してルーバーの断面曲線が切り替わることが確認できます。

・［Number Slider］を「1」にした場合

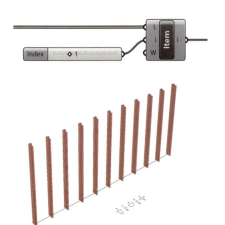

・［Number Slider］を「4」にした場合

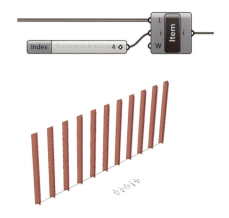

💡 HINT

複数のデータの格納方法

今回は断面曲線をまとめる際に［Data］コンポーネントを用いましたが、［Merge］コンポーネントでも代用できます。キャンバス上をダブルクリックして「merge」と入力し、［Merge］コンポーネントを配置すると、入力端子が2つ確認できます。［Merge］コンポーネントにズームすると、端子を増やすためのZUIの ➕ ボタンが出てくるので、格納したいデータ分だけ増やし、上から順に接続します。この場合、［Shift］キーを押さずにデータを格納できます。また、上から順に対応するため、データの順番も確認しやすくなります。

※ ➖ ボタンを押すと入力端子を削除できます。

以下は、4章において［Data］コンポーネントの代わりに［Merge］コンポーネントを使用した接続例です。

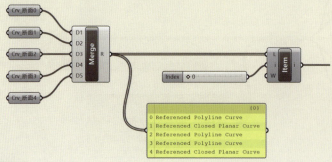

chapter 5

曲線に合わせた向きでルーバーを作成する

使用データ：5_曲線に合わせた向きでルーバーを作成する.3dm　※長さの単位は[mm]です。
完成データ：5_曲線に合わせた向きでルーバーを作成する_完成.gh

この章の目的

この章では、作業平面を利用して曲線に沿ってルーバーを配置します。5-1で作業平面を作成した後、5-2ではRhinoの断面曲線からルーバーを作成、5-3ではやや発展的な内容としてGrasshopperで0から作成した断面曲線で、Grasshopper上で断面を変形できるルーバーを作成します。

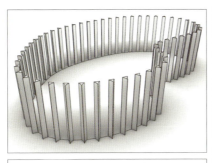
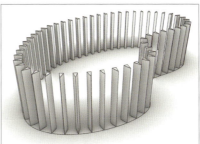

SECTION
5-1　曲線上に作業平面を作成 ─────── 102
5-2　Rhinoの断面曲線からルーバーを作成 ─── 107
5-3　Grasshopperで断面曲線を作成 ────── 112

POINT　[Point] コンポーネントの3つの格納方法 ── 120

> 5章作成手順

5-1 | 曲線上に作業平面を作成

| 曲線を等分割する | → | 曲線に合わせて作業平面を配置する | → | 作業平面を回転させる |

 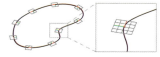

5-2 | Rhinoの断面曲線からルーバーを作成

| 断面曲線と基準点を格納する | → | 曲線上の作業平面に断面曲線を配置する | → | 断面曲線を面にする | → | 面を押し出す |

5-3 | Grasshopperで断面曲線を作成

| 成分からベクトルを作成 | → | 基準の点を作成したベクトルで移動 | → | 3点をつないで断面曲線を作成 | → | 断面曲線を切り替えてルーバーを作成 |

5-2　　5-3

> 5章全体図

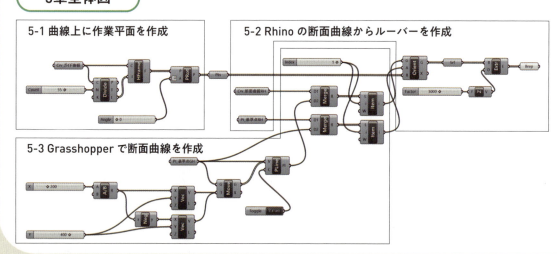

新たに使用するコンポーネント

※ NEW のアイコンが付いているコンポーネントです。

5-1 | 曲線上に作業平面を作成

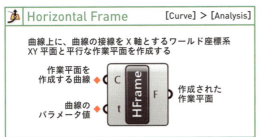

5-2 | Rhinoの断面曲線からルーバーを作成

5-3 | Grasshopperで断面曲線を作成

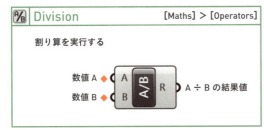

SECTION 5-1 | 曲線上に作業平面を作成

この節で学ぶこと
・曲線のパラメータの利用方法
・曲線に沿って作業平面を配置する方法

5-1 | 作成手順

曲線を等分割する	曲線に合わせて作業平面を配置する	作業平面を回転させる

  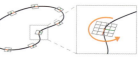

5-1 | 生成されるRhinoモデル

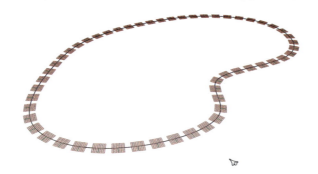

5-1 | 完成図

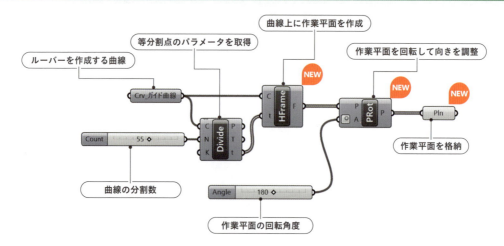

- ルーバーを作成する曲線
- 等分割点のパラメータを取得
- 曲線上に作業平面を作成
- 作業平面を回転して向きを調整
- 作業平面を格納
- 曲線の分割数
- 作業平面の回転角度

ルーバーを作成するための基準となる曲線を格納する

サンプルのRhinoファイル「**5_曲線に合わせた向きでルーバーを作成する.3dm**」を開き、Grasshopperを立ち上げます。
キャンバス上をダブルクリックして「**curve**」と検索し、[**Curve**]コンポーネントを配置します。

コンポーネントを右クリックして「**Set one Curve**」を選択します。下図のようにRhino上でルーバーを配置する曲線を選択します。また、ここではわかりやすくするためにコンポーネントの名前を「**Crv_ガイド曲線**」に変更します。

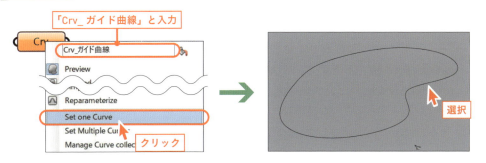

② **曲線の等分割点のパラメータを取得する**

[**Divide Curve**]コンポーネントを利用して、曲線の等分割点の**パラメータ**を取得します。キャンバス上をダブルクリックして「**divide**」と検索し、[**Divide Curve**]コンポーネントを配置します。

キャンバス上をダブルクリックして「**0<55<100**」と入力し、範囲が「**0〜100**」、配置時の値が「**55**」の[**Number Slider**]コンポーネントを配置します。

下図のように[**Curve**]コンポーネントを[**Divide Curve**]コンポーネントの「**C**」に接続し、[**Number Slider**]を[**Divide Curve**]コンポーネントの「**N**」に接続します。なお、この章では「**t**」から出力される**パラメータ**を利用します。

5-1 曲線上に作業平面を作成　103

HINT

曲線のパラメータ

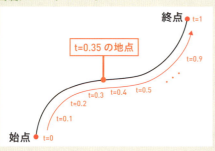

Rhinoの曲線はNURBSという数式で表現されています。パラメータtはNURBSの1つの変数で、パラメータtが定義された範囲を動く軌跡がNURBS曲線となります。
そのため、**曲線上の任意の1地点を、始点から終点にかけて増加する数値であるパラメータtによって表すことができます。**

3 ルーバーを作成する基準となる作業平面を作成する

ルーバーを作成する基準となる作業平面を作成します。キャンバス上をダブルクリックして「**horizontalframe**」と検索し、パラメータを指定して曲線に沿った水平な作業平面を配置する[**Horizontal Frame**]コンポーネントを配置します。

下図のように[**Curve**]コンポーネントを[**Horizontal Frame**]コンポーネントの「**C**」に、[**Divide Curve**]コンポーネントの「**t**」を[**Horizontal Frame**]コンポーネントの「**t**」に接続することで、曲線上に作業平面を作成することができます。

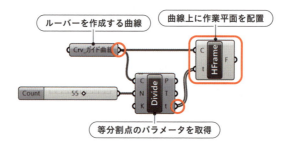

配置した作業平面が小さすぎて、または作業平面が大きすぎて作業平面が見づらい場合、メニューバーから作業平面のプレビューサイズを変更できます。

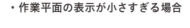

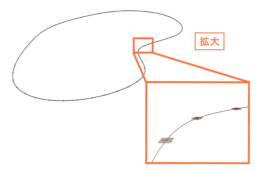

メニューバーの「Display」>「Preview Plane Size」に作業平面のプレビューサイズを入力します。ここでは、「400」と入力し[Enter]キーを押して入力を完了して、以下のように作業平面のプレビューサイズを変更します。

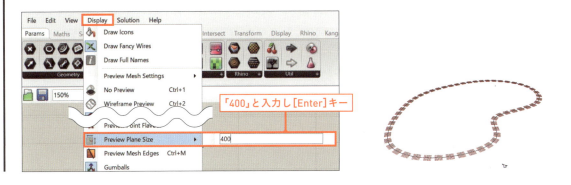

④ 作業平面を回転させる

曲線上に作成した作業平面を回転させ、好みに合わせて位置の調整を行います。
キャンバス上をダブルクリックして「rotateplane」と検索し、作業平面をその作業平面自身のZ軸を軸として回転する[Rotate Plane]コンポーネントを配置します。

キャンバス上をダブルクリックして「0<180<360」と入力し、範囲が「0〜360」、配置時の値が「180」の[Number Slider]を配置します。

下図のように[Horizontal Frame]コンポーネントを[Rotate Plane]コンポーネントの「P」に接続し、[Number Slider]を[Rotate Plane]コンポーネントの「A」に接続します。また、[Rotate Plane]コンポーネントの「A」を「Degrees」に設定します。

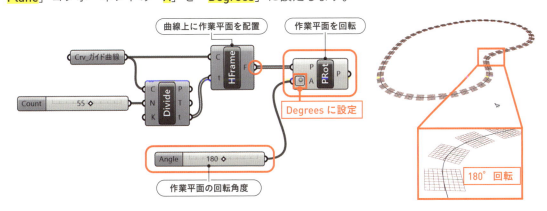

5-1 曲線上に作業平面を作成　105

5 回転させた作業平面を格納する

次の手順に進む前に、ここまでの手順で作成したデータをまとめます。
キャンバス上をダブルクリックして「plane」と検索し、作業平面を格納する［Plane］コンポーネントを配置します。

下図のように［Rotate Plane］コンポーネントを［Plane］コンポーネントに接続します。

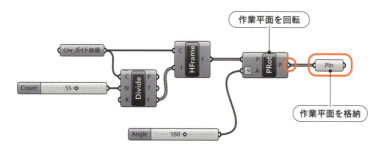

💡 HINT

作業平面について

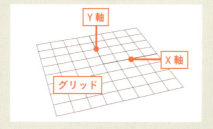

・作業平面とは
作業平面は座標系のデータで、ワールド座標系とは別に定義される原点0、X軸方向ベクトル、Y軸方向ベクトル、Z軸方向ベクトルの4つの情報を持ちます。プレビューではグリッドとX軸（赤い太線）とY軸（緑の太線）で表示されます。

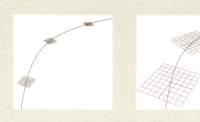

・作業平面のプレビューサイズの変更方法
メニューバーの「Display」＞「Preview Plane Size」に数値を入力し［Enter］キーを押して変更します。

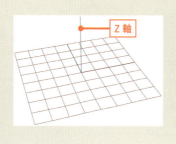

・Z軸の表示方法
RhinoのビューのZ軸を表示するよう設定すると、Grasshopperの作業平面のプレビューもZ軸が表示されます。
Z軸の表示設定はRhino上で「ファイル」＞「プロパティ」で開く「ドキュメントのプロパティ」ダイアログから「ビュー」＞「表示モード」の任意の表示モードの「グリッド」から変更できます。

SECTION 5-2 | Rhinoの断面曲線からルーバーを作成

> この節で学ぶこと
- 作業平面を利用し、曲線に合わせた向きでオブジェクトを配置する方法

5-2 | 作成手順

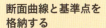 ➡ ➡ ➡

断面曲線と基準点を格納する → 曲線上の作業平面に断面曲線を配置する → 断面曲線を面にする → 面を押し出す

5-2 | 生成されるRhinoモデル

5-2 | 完成図

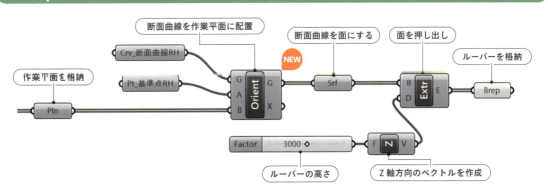

5-2 Rhinoの断面曲線からルーバーを作成 107

1　Rhino上の断面曲線を格納する

Rhinoからルーバーの断面曲線を［**Curve**］コンポーネントに格納します。
キャンバス上をダブルクリックして「**curve**」と検索し、［**Curve**］コンポーネントを配置します。

コンポーネントを右クリックして「**Set one Curve**」を選択します。下図のようにRhino上で断面曲線を選択します。また、ここではわかりやすくするためにコンポーネントの名前を「**Crv_断面曲線RH**」に変更します。

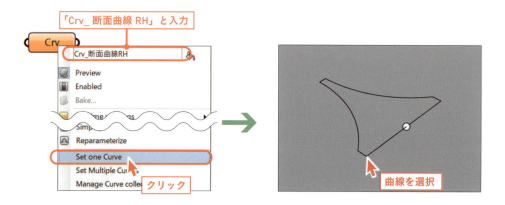

2　Rhino上の基準点を格納する

Rhinoからルーバーの基準点を［**Point**］コンポーネントに格納します。
キャンバス上をダブルクリックして「**point**」と検索し、［**Point**］コンポーネントを配置します。

コンポーネントを右クリックして「**Set one Point**」を選択します。［**Point**］コンポーネントに格納する曲線を選択するようにRhino画面に切り替わるので、下図のようにRhino上でルーバーを配置する点を選択します。また、［**Point**］コンポーネントの名前を「**Pt_基準点RH**」に変更します。

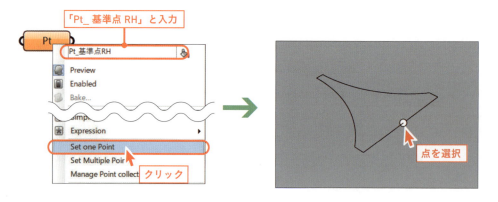

③ 作成した作業平面に断面曲線を配置する

ルーバーの断面曲線を、基準点を原点とするXY平面から、曲線上の作業平面に配置します。キャンバス上をダブルクリックして「orient」と検索し、オブジェクトを基準とする作業平面から別の作業平面へ配置する［Orient］コンポーネントを配置します。

下図のように、［Curve］コンポーネントを［Orient］コンポーネントの「G」に接続し、［Point］コンポーネントを［Orient］コンポーネントの「A」に接続します。さらに、5-1で配置した［Plane］コンポーネントを［Orient］コンポーネントの「B」に接続します。

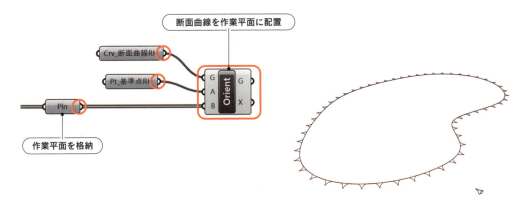

※このとき［Orient］コンポーネントの「A」において、基準点は自身を原点とするXY平面として読み換えられています。

> **HINT**
>
> ### ［Orient］コンポーネントによる移動と回転の様子
>
> ［Orient］コンポーネントを利用してオブジェクトを配置すると、［Move］コンポーネントで移動させる場合とは異なり、位置だけでなく向きも作業平面に合わせて変更されます。そのため、オブジェクトを向きも考慮して配置したいときは［Orient］コンポーネントが便利です。
>
>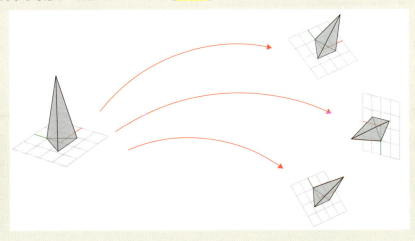

5-2 Rhinoの断面曲線からルーバーを作成 109

4 配置した断面曲線を面にする

［Orient］コンポーネントで配置した断面曲線を面にします。
キャンバス上をダブルクリックして「surface」と検索し、［Surface］コンポーネントを配置します。

下図のように［Orient］コンポーネントを［Surface］コンポーネントに接続します。

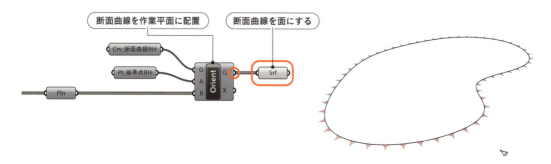

5 断面を押し出してルーバーを作成する

作成した断面を押し出して、ルーバーを作成します。
キャンバス上をダブルクリックして「1000<3000<5000」と入力し、範囲が「1000~5000」、配置時の値が「3000」の［Number Slider］を配置します。

キャンバス上をダブルクリックして「z」と検索し、［Unit Z］コンポーネントを配置します。

キャンバス上をダブルクリックして「extrude」と検索し、［Extrude］コンポーネントを配置します。

下図のように［Surface］コンポーネントを［Extrude］の「B」に接続し、［Number Slider］を［Unit Z］コンポーネントに、［Unit Z］コンポーネントを［Extrude］の「D」に接続します。これにより、作成した断面が押し出されます。

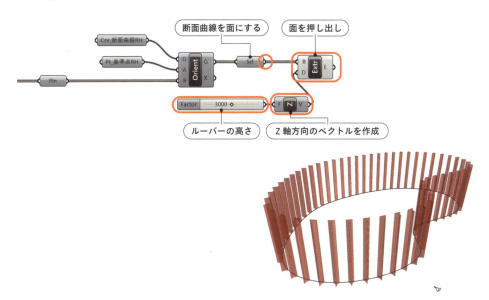

6 作成したルーバーを格納する

作成したルーバーを［Brep］コンポーネントに格納し、ここまで作成したオブジェクトがどこにあるのか、わかりやすくします。
キャンバス上をダブルクリックして「brep」と検索し、［Brep］コンポーネントを配置します。

下図のように［Extrude］コンポーネントを［Brep］コンポーネントに接続します。

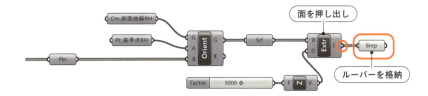

これで、曲線に合わせてルーバーを作成することができました。

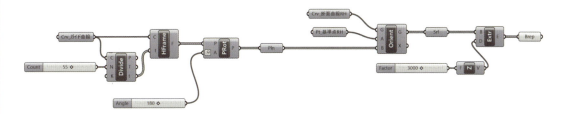

5-2 Rhinoの断面曲線からルーバーを作成 111

SECTION 5-3 | Grasshopperで断面曲線を作成

この節で学ぶこと
- 成分からベクトルを作成する方法
- 点をつないでポリラインを作成する方法

5-3 | 作成手順

成分からベクトルを作成 → 基準の点を作成したベクトルで移動 → 3点をつないで断面曲線を作成 → 断面曲線を切り替えてルーバーを作成

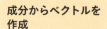

5-3 | 生成されるRhinoモデル

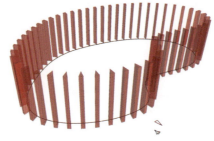

5-3 | 完成図

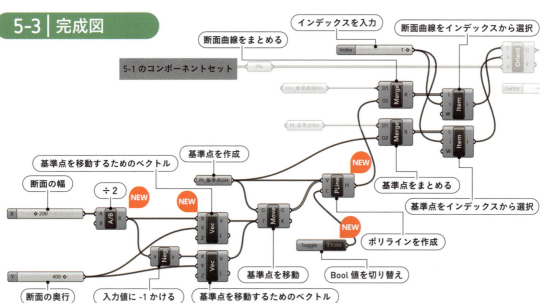

> この節で作成する断面曲線

右図のように、幅がX、高さがYの二等辺三角形をGrasshopperで作成します。

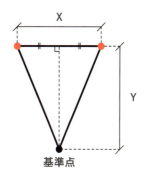

① X・Y成分からベクトルを作成する

断面曲線の頂点を作成するために、基準点を移動するためのベクトルを2つ作成します。作成するベクトルは成分で表すと、それぞれ **(X/2 , Y)** と **(-X/2 , Y)** です。

まず、ルーバーの幅Xとルーバーの奥行Yの2つの数値からベクトルの成分を作成します。キャンバス上をダブルクリックして「**100<200<500**」と入力し、範囲が「**100〜500**」、配置時の値が「**200**」の［Number Slider］を配置します。また、何を意味する数値かわかりやすくするために［Number Slider］の名前を「**X**」に変更します（2章のP.50参照）。

キャンバス上をダブルクリックして「**100<400<500**」と入力し、範囲が「**100〜500**」、配置時の値が「**400**」の［Number Slider］を配置します。こちらも同様の理由で、［Number Slider］の名前を「**Y**」に変更します。

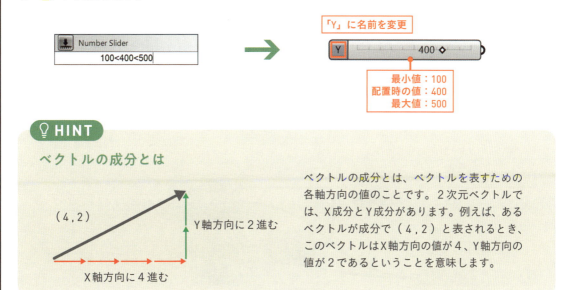

5-3 Grasshopperで断面曲線を作成

キャンバス上をダブルクリックして「/2」と入力し、割り算を実行する［Division］コンポーネントを、「B」に「2」があらかじめ入力された状態で配置します。「B」に「2」が格納されていることは、「B」にカーソルを重ねると表示されるツールチップから確認できます。

キャンバス上をダブルクリックして「negative」と検索し、［Negative］コンポーネントを配置します。

下図のように、「X」と名前を付けた［Number Slider］を［Division］コンポーネントに接続、［Division］コンポーネントを［Negative］コンポーネントに接続します。

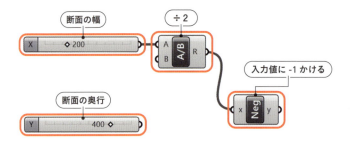

キャンバス上をダブルクリックして「vectorxyz」と検索し、X・Y・Zの成分を入力してベクトルを作成する［Vector XYZ］コンポーネントを2つ配置します。

下図のように［Division］コンポーネントを［Vector XYZ］コンポーネントの「X」に接続し、［Negative］コンポーネントをもう1つの［Vector XYZ］コンポーネントの「X」に接続します。また、「Y」と名前を付けた［Number Slider］を［Vector XYZ］コンポーネントの「Y」（2つとも）に接続します。

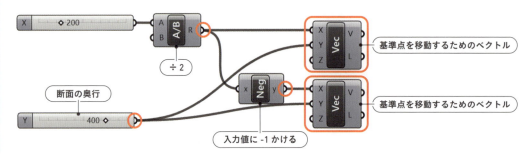

② 基準点を作成する

基準とする点を［Point］コンポーネントで作成します。
キャンバス上をダブルクリックして「point」と検索し、［Point］コンポーネントを配置します。

コンポーネントを右クリックし、「Set one Point」を選択します。Rhinoのコマンドラインで「Coordinate (C)」が選択されていることを確認し、点を配置したい場所（座標値）をクリックします。また［Point］コンポーネントの名前を「Pt_基準点GH」に変更します。

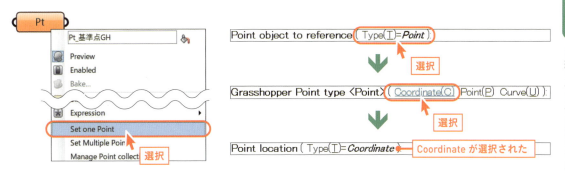

③ 2・3点目を作成する

［Vector XYZ］コンポーネントで作成した2つのベクトルを使って基準点を移動し、2・3点目を作成します。
キャンバスをダブルクリックして「move」と検索し、［Move］コンポーネントを配置します。

下図のように［Point］コンポーネントを［Move］コンポーネントの「G」に接続します。また、［Vector XYZ］コンポーネントの「V」を［Move］コンポーネントの「T」に［Shift］キーを押しながら接続します。

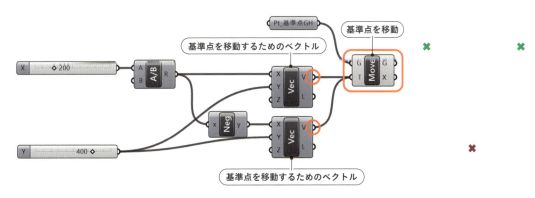

5-3　Grasshopperで断面曲線を作成　115

4 点をつないでポリラインを作成する

3点をつなぎ、閉じたポリラインを作成して断面曲線を作成します。
キャンバス上をダブルクリックして「polyline」と検索し、入力された点をつないでポリラインを作成する［Polyline］コンポーネントを配置します。

キャンバス上をダブルクリックして「toggle」と検索し、ブール値を出力する［Boolean Toggle］コンポーネントを配置します。

下図のように［Point］コンポーネントを［Polyline］コンポーネントの「V」に接続し、［Move］コンポーネントを［Polyline］コンポーネントの「V」に接続します。また、［Boolean Toggle］コンポーネントを［Polyline］コンポーネントの「C」に接続します。

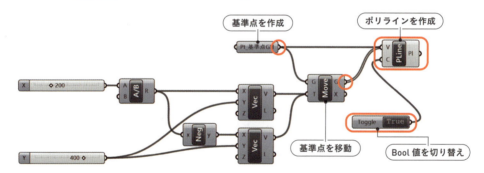

下図のように［Boolean Toggle］コンポーネントの黒い部分をダブルクリックすると「False」が「True」に切り替わり、ポリラインが閉じます。

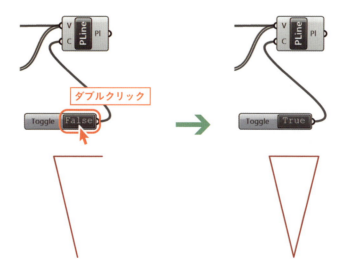

💡 HINT

[Polyline]コンポーネントの点をつなぐ順番

[Polyline] コンポーネントはインデックス0番の点を始点として、リストの上から順につなぎポリラインを作成します。

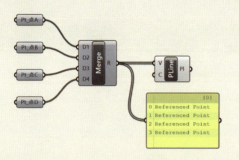
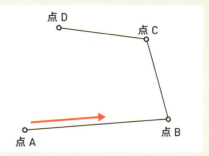

・曲線の向き

点A→点B→点C→点D（反時計回り）の順でつなぐのと、点D→点C→点B→点A（時計回り）の順でつなぐのとでは、作成されるポリラインの見た目は変わりませんが、曲線の向きが異なります。曲線の向きは曲線上に作業平面を作成したときの軸の向きに影響します。下図は、同じ形で向きの異なるポリライン上に［Horizontal Frame］コンポーネントで作業平面を作成した際の軸の向きの様子です。

・点A→点B→点C→点D　　　　　　　　・点D→点C→点B→点A

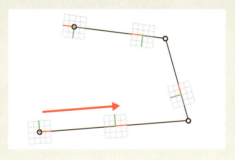
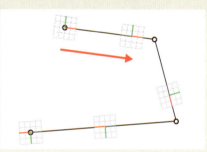

💡 HINT

Bool値について

Bool値（ブール値）🔷とは、真か偽のどちらかを示す値です。Grasshopperでは真は「True」、偽は「False」と表記されます。条件を満たしているか否かを示す際や、左ページの一番下の図のようにオン/オフを切り替える際に使われます。

Bool値を数字として、また逆に数字をBool値としてコンポーネントに読み込ませることも可能で、Bool値の「True」は数字の0以外の数値、Bool値の「False」は数字の0と対応しています。また、<empty>（空のデータ）は「False」として読み込まれます。

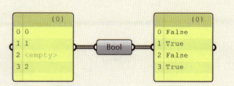

5　5-2と5-3のデータをまとめる

5-2 と 5-3 の断面曲線と基準点をそれぞれまとめます。
まず下図のように 5-2 の [Curve] コンポーネントと [Point] コンポーネントを [Orient] コンポーネントから接続を解除して、スペースを空けます。

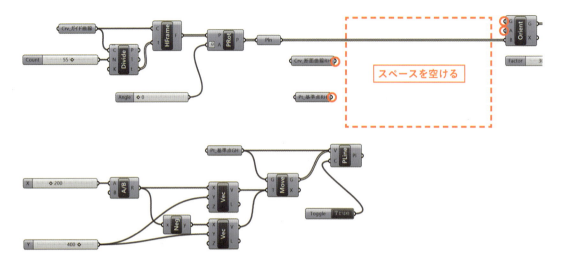

キャンバス上をダブルクリックして「merge」と検索し、[Merge] コンポーネントを 2 つ配置します。

下図のように接続します。一方の [Merge] コンポーネントに断面曲線を、もう一方の [Merge] コンポーネントに基準点をまとめます。このとき、5-2 の断面曲線・基準点はそれぞれ「D1」に、5-3 の断面曲線・基準点はそれぞれ「D2」に接続するようにします。

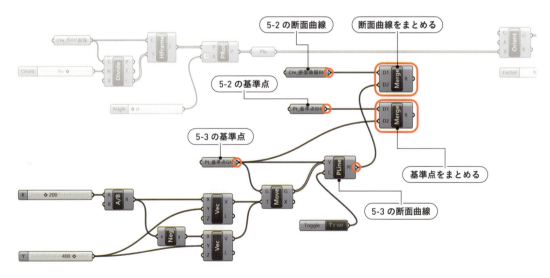

6 5-3で作成した断面曲線でルーバーを作成する

下図のように、1 接続し、2 作業平面の向きを調整します。

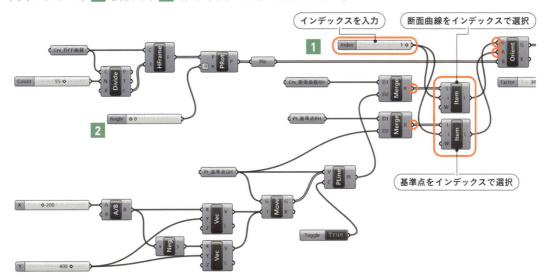

1 断面曲線と基準点を、5-2のものと5-3のもので切り替える

キャンバス上をダブルクリックして「listitem」と検索し、[List Item]コンポーネントを2つ配置します。

キャンバス上をダブルクリックして「1」と入力し、範囲が「0～1」、配置時の値が「1」の[Number Slider]を配置します。

配置したコンポーネントを上図のように接続します。

2 作業平面を回転させてルーバーの向きを調整

5-1で[Rotate Plane]コンポーネントの「A」に接続した[Number Slider]でルーバーの配置される角度を調整します。

・180°の場合

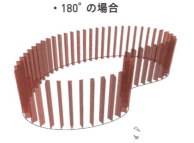

・0°の場合

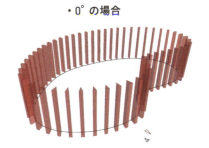

5-3　Grasshopperで断面曲線を作成　119

! POINT

[Point]コンポーネントの3つの格納方法

[**Point**]コンポーネントには、点の格納方法が3つ用意されています。格納方法の変更は、「**Set one Point**」（または「**Set Multiple Points**」）を実行してRhino画面で点を選択するとき、コマンドライン内で以下のようにして行うことができます。

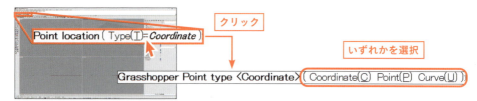

1 Coordinate（座標値）

点の位置を指定し、新たに点を生成して格納する方法です。点の位置の指定方法は、カーソルで点を配置する場所をクリックする方法と、座標をコマンドラインに入力する方法の2つがあります。

「**Coordinate**」で格納した点は、[**Point**]コンポーネントを選択するとガムボールが表示され、Rhino上で動かすことができます。

2 Point（点オブジェクト）

Rhino上の点を選択して格納する方法です。

3 Curve（線上の1点）

Rhino上の曲線の上に点を配置する方法です。Rhinoの曲線を動かしたり変形したりすると、配置した点も追従します。

コマンドラインの「**Method**」からは、曲線が変形した場合の追従方法が選択できます。

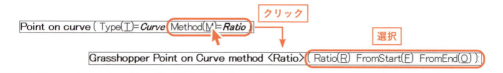

chapter 6

数列を利用してねじれた建物を作成する

| 完成データ：6_数列を利用してねじれた建物を作成する_完成.gh

この章の目的

この章では、ねじれた形状の建物の作成を通して、[Series]コンポーネントで作成した等差数列を移動や回転のパラメータとして利用する方法を学びます。

SECTION

6-1　各階の外形線の作成 ——————————— 124

6-2　建物のボリュームの作成 ——————————— 132

6章作成手順

6-1 | 各階の外形線の作成

| 基準となる長方形を作成 | → | 等差数列で指定した高さに各階の基準曲線を作成 | → | 等差数列で指定した角度で各階の曲線を回転させる |

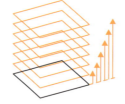
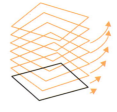

6-2 | 建物のボリュームの作成

| 各階の曲線を押し出して壁面を作成 | → | 曲線をオフセットする | → | オフセットした曲線を押し出して床を作成 | → | 色付けする |

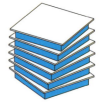

6章全体図

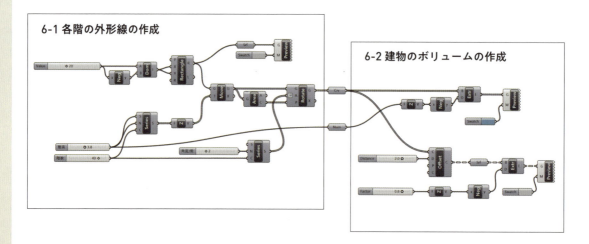

122

新たに使用するコンポーネント

※ NEW のアイコンが付いているコンポーネントです。

6-1 | 各階の外形線の作成

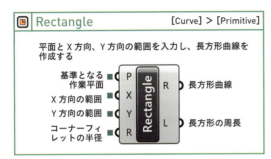

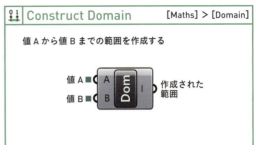

6-2 | 建物のボリュームの作成

> 💡 **HINT**
>
> **等差数列**
>
> 等差数列とは、ある数に一定の数を次々に加えることでできる数列です。等しい間隔で変化する数値を扱いたい場合、[**Series**]コンポーネントなどを用いて等差数列を作成すると便利です。
>
> (例) 初項：0、公差：10、項数：5の場合
>
>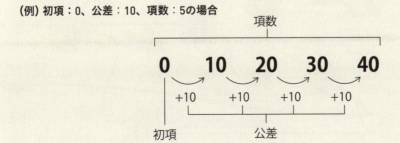

SECTION 6-1 | 各階の外形線の作成

この節で学ぶこと
- 等差数列を作成する方法
- 等差数列を利用したオブジェクトの移動・回転

6-1 | 作成手順

| 基準となる長方形を作成 | → | 等差数列で指定した高さに各階の基準曲線を作成 | → | 等差数列で指定した角度で各階の曲線を回転させる |

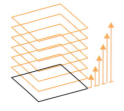
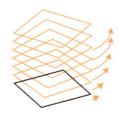

6-1 | 生成されるRhinoモデル

6-1 | 完成図

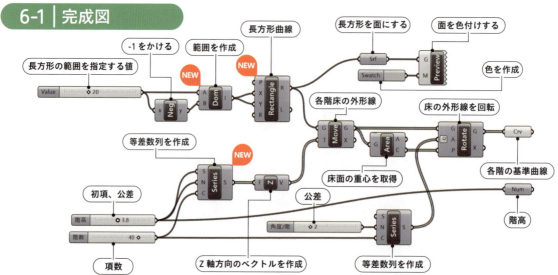

1 長方形曲線を作成する

キャンバス上をダブルクリックして「rectangle」と検索し、平面とX方向、Y方向の範囲を入力することで、長方形曲線を作成する［Rectangle］コンポーネントを配置します。

［Rectangle］コンポーネントは、X方向、Y方向の範囲から長方形を作成するため、長方形のXY方向の範囲を作成します。ここでは「- x 〜 x」（xはNumber Sliderの値）の範囲を作成します。キャンバス上をダブルクリックして「constructdomain」と検索し、値Aから値Bまでの範囲を作成する［Construct Domain］コンポーネントを配置します。

キャンバス上をダブルクリックして「0<20<60」と入力し、範囲が「0〜60」、配置時の値が「20」の［Number Slider］を配置します。

キャンバス上をダブルクリックして「negative」と検索し、［Negative］コンポーネントを配置します。

下図のように［Number Slider］を［Negative］コンポーネントに接続し、正負を反転した値を作成します。また、［Number Slider］を［Construct Domain］コンポーネントの「A」に接続し、［Negative］コンポーネントを［Construct Domain］コンポーネントの「B」に接続します。［Construct Domain］コンポーネントを［Panel］に接続すると、「20 To -20」と範囲が作成されたことが確認できます。

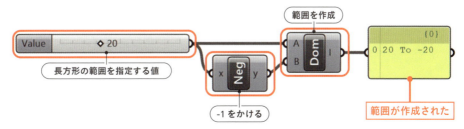

6-1 各階の外形線の作成　125

続いて、長方形曲線を作成します。下図のように［Construct Domain］コンポーネントを［Rectangle］コンポーネントの「X」、「Y」に接続します。

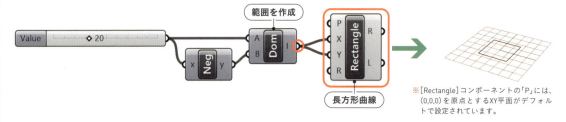

2　曲線を面にして1階床面を作成する

ここまでで作成した長方形曲線から、1階床面のプレビューを作成します。
キャンバス上をダブルクリックして「surface」と検索し、［Surface］コンポーネントを配置します。

キャンバス上をダブルクリックして「preview」と検索し、［Custom Preview］コンポーネントを配置します。また、「swatch」と検索し、［Colour Swatch］コンポーネントを配置します。

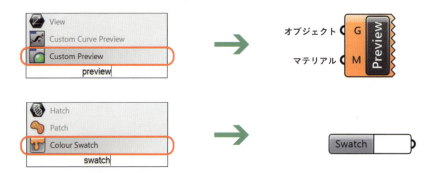

下図のように［Rectangle］コンポーネントを［Surface］コンポーネントに接続し、［Surface］コンポーネントを［Custom Preview］コンポーネントの「G」に接続します。また、［Colour Swatch］コンポーネントを［Custom Preview］コンポーネントの「M」に接続します。
ここでは床面を見やすくするため、［Colour Swatch］コンポーネントの色を灰色に設定します（色の設定は3章のP.68を参照）。

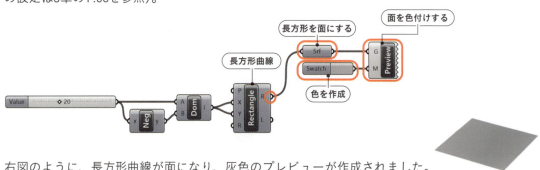

右図のように、長方形曲線が面になり、灰色のプレビューが作成されました。

> **💡 HINT**
>
> **[Rectangle]コンポーネントにおける範囲入力**
> [Rectangle] コンポーネントは、基準となる作業平面の原点を中心として、X、Y方向の範囲を入力することで、長方形曲線を作成します。数値を入力することもでき、その場合は「**0〜入力値**」の範囲に長方形が作成されます。数値の範囲のつくり方については、7章（P.144）で詳しく説明しています。
>
> ・X、Y方向の範囲を入力する場合　　・数値を入力する場合

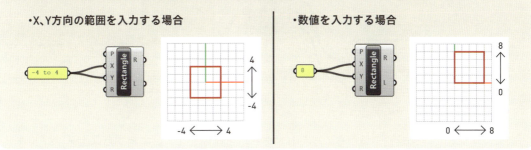

③ 曲線を移動する

曲線を高さ方向に移動して、各階の基準となる曲線を作成します。高さ方向の移動距離は、等差数列を作成して指定します。まず、等差数列の値を作成します。キャンバス上をダブルクリックして「series」と検索し、等差数列を作成する [Series] コンポーネントを配置します。

[Series] コンポーネントの入力値を設定します。初項ははじめの移動距離となるため2階のフロアレベル（ここでは1階のフロアレベルが0なので階高に等しい）となり、公差はその後の階高となります。また、項数は階数（2階〜屋上階）となります。

続いて、キャンバス上をダブルクリックして「3<3.8<5」と入力し、範囲が「3.0〜5.0」、配置時の値が「3.8」の [Number Slider] を配置します。また、何を意味する数値かわかりやすくするために [Number Slider] の名前を「階高」に変更します（2章のP.50を参照）。

同様に、キャンバス上をダブルクリックして「0<40<50」と入力し、範囲が「0〜50」、配置時の値が「40」の [Number Slider] を配置します。こちらも同様の理由で、[Number Slider] の名前を「階数」に変更します。

下図のように「階高」の[Number Slider]を[Series]コンポーネントの「S」、「N」に接続し、「階数」の[Number Slider]を[Series]コンポーネントの「C」に接続します。[Series]コンポーネントを[Panel]に接続すると、初項「3.8」、公差「3.8」、項数「40」の等差数列が作成されたことが確認できます。

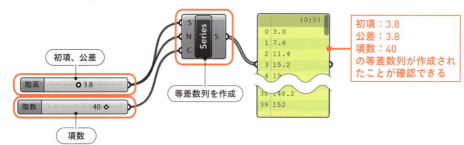

次に、作成した等差数列の値からZ方向のベクトルを作成します。キャンバス上をダブルクリックして「z」と検索し、[Unit Z]コンポーネントを配置します。

下図のように[Series]コンポーネントを[Unit Z]コンポーネントに接続します。

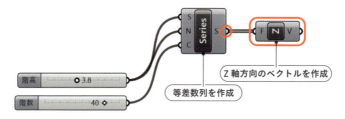

さらに、各階の基準となる曲線を作成します。キャンバス上をダブルクリックして「move」と検索し、[Move]コンポーネントを配置します。

下図のように[Rectangle]コンポーネントを[Move]コンポーネントの「G」に、[Unit Z]コンポーネントを、[Move]コンポーネントの「T」に接続することにより、長方形曲線が各階のフロアレベルに移動されます。

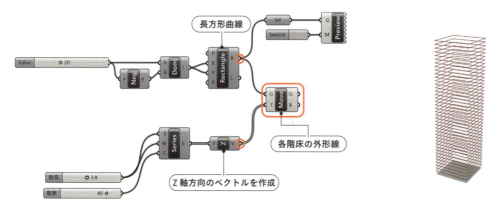

4 各階の重心を取得する

キャンバス上をダブルクリックして「area」と検索し、[Area]コンポーネントを配置します。

回転の中心として、各階の床の外形線から重心を取得します。
下図のように[Move]コンポーネントを[Area]コンポーネントに接続します。

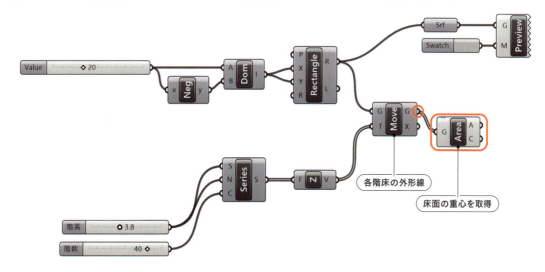

5 各階の外形線を回転させる

各階の曲線の回転角を指定する等差数列を作成します。
まず、等差数列の値を作成します。キャンバス上をダブルクリックして「series」と検索し、[Series]コンポーネントを配置します。

[Series]コンポーネントの入力値を設定します。
初項は0として設定するため、入力は不要です。公差は1階分の回転角、項数は階数となります。
続いて、キャンバス上をダブルクリックして「2」と入力し、範囲が「0〜10」、配置時の値が「2」の[Number Slider]を配置します。ここで、配置した[Number Slider]の名称をわかりやすくするために「角度/階」と変更しておきます。

6-1 各階の外形線の作成　129

下図のように「**角度/階**」の［Number Slider］を［Series］コンポーネントの「**N**」に接続し、手順3で作成した「**階数**」の［Number Slider］を［Series］コンポーネントの「**C**」に接続します。［Series］コンポーネントを［Panel］に接続すると、初項「**0**」、公差「**2**」、項数「**40**」の等差数列が作成されたことが確認できます。

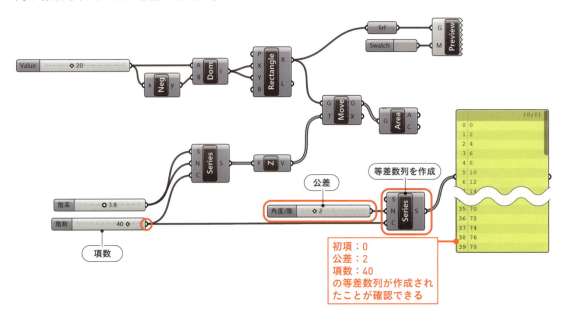

次に、各階の曲線を回転させます。キャンバス上をダブルクリックして「**rotate**」と検索し、［Rotate］コンポーネントを配置します。

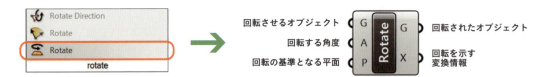

下図のように［Move］コンポーネントを［Rotate］コンポーネントの「**G**」に、［Series］コンポーネントを［Rotate］コンポーネントの「**A**」に、［Area］コンポーネントを［Rotate］コンポーネントの「**P**」に接続します。また、［Rotate］コンポーネントの「**A**」を右クリックして「**Degrees**」に設定します。

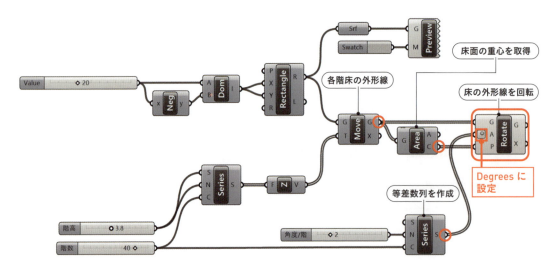

各階の曲線が数列で指定された角度で回転されました。

6 各階の基準曲線と階高を格納する

次の手順に進む前に、ここまでの手順で作成したデータを格納コンポーネントにまとめます。
キャンバス上をダブルクリックして「curve」と検索し、[Curve]コンポーネントを配置します。

続いて、キャンバス上をダブルクリックして「number」と検索し、数値を格納する[Number]コンポーネントを配置します。

下図のように[Rotate]コンポーネントを[Curve]コンポーネントに接続し、「階高」の[Number Slider]を[Number]コンポーネントに接続します。

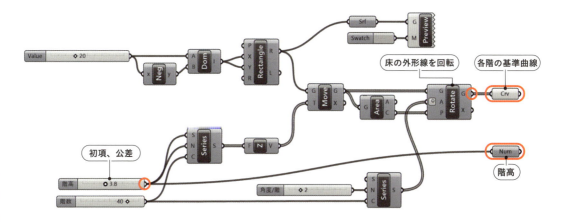

SECTION 6-2 建物のボリュームの作成

> **この節で学ぶこと**
> ・曲線をオフセットする方法

6-2 | 作成手順

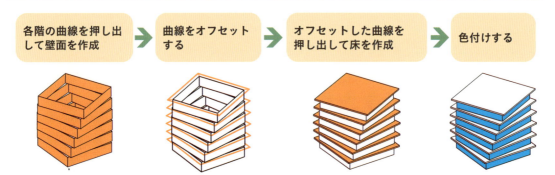

6-2 | 生成されるRhinoモデル

6-2 | 完成図

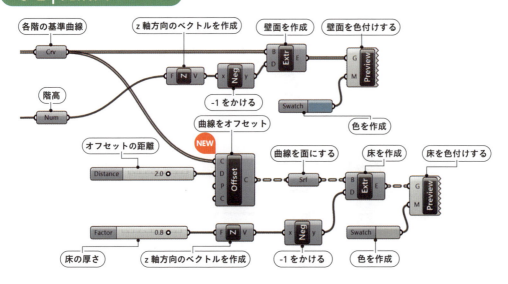

1 各階の曲線を押し出して壁面を作成する

Z軸のマイナス方向に各階の曲線を押し出して壁面を作成します。
キャンバス上をダブルクリックして「**negative**」と検索し、[**Negative**] コンポーネントを配置します。

キャンバス上をダブルクリックして「**extrude**」と検索し、[**Extrude**] コンポーネントを配置します。

キャンバス上をダブルクリックして「**z**」と検索し、[**Unit Z**] コンポーネントを配置します。

下図のように、6-1 で作成した「**階高**」の [Number] コンポーネントを [**Unit Z**] コンポーネントに接続し、[**Unit Z**] コンポーネントを [**Negative**] コンポーネントに接続します。
また、「**各階の基準曲線**」を格納した [Curve] コンポーネントを [Extrude] コンポーネントの「**B**」に、[Negative] コンポーネントを [Extrude] コンポーネントの「**D**」に接続します。

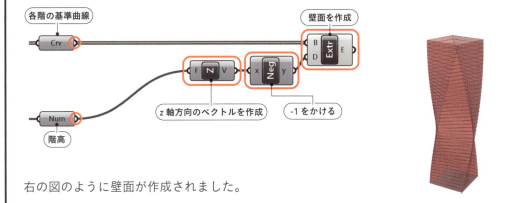

右の図のように壁面が作成されました。

ここで、壁面のプレビューを作成します。
キャンバス上をダブルクリックして「preview」と検索し、[Custom Preview] コンポーネントを配置します。また、「swatch」と検索し、[Colour Swatch] コンポーネントを配置します。

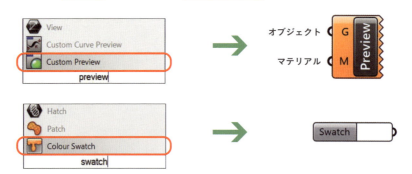

下図のように [Colour Swatch] コンポーネントを [Custom Preview] コンポーネントの「M」に接続し、[Extrude] コンポーネントを [Custom Preview] コンポーネントの「G」に接続します。ここではガラス面を想定してプレビューを作成するため、[Colour Swatch] コンポーネントの色を水色に設定します（色の設定は3章のP.68を参照）。

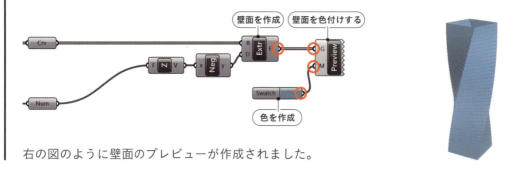

右の図のように壁面のプレビューが作成されました。

② 各階の曲線をオフセットする

各階の曲線をオフセットして、バルコニーを含めた床面を作成するための基準線を用意します。
キャンバス上をダブルクリックして「offsetcurve」と検索し、オフセットする [Offset Curve] コンポーネントを配置します。

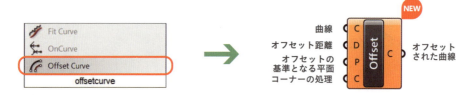

オフセット距離を指定する [Number Slider] を配置します。
キャンバス上をダブルクリックして「0<2.0<3」と入力し、範囲が「0.0〜3.0」、配置時の値が「2.0」の [Number Slider] を配置します。

下図のように［Curve］コンポーネントを［Offset Curve］コンポーネントの「C」に、［Number Slider］を［Offset Curve］コンポーネントの「D」に接続することにより、各階の曲線が指定した距離だけオフセットされます。

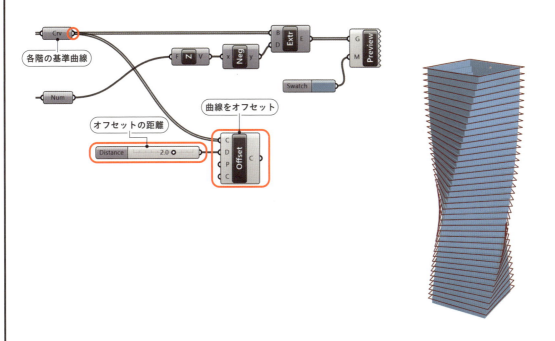

💡 HINT

コーナータイプの設定

［Offset Curve］コンポーネントの「C」（一番下の入力端子）に「0〜4」の値を入力することで、オフセット時のコーナーの種類を設定することができます。
なお、事前に設定されている標準の状態では、「1」に設定されています。

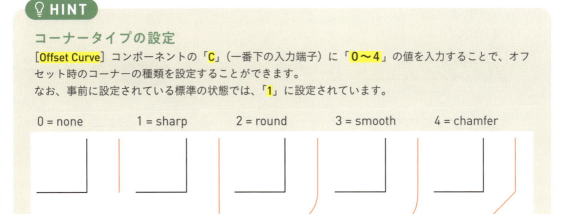

③ オフセットした曲線を面にする

オフセットした曲線を面にします。
キャンバス上をダブルクリックして「surface」と検索し、［Surface］コンポーネントを配置します。

6-2 建物のボリュームの作成　135

下図のように［Offset Curve］コンポーネントを［Surface］コンポーネントに接続し、オフセットされた曲線を面にします。

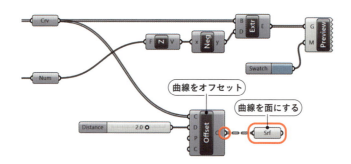

※「Draw Fancy Wire」の設定がオンになっている場合、接続したワイヤが破線表示になります。これは伝えているデータがツリー構造であることを示しています。ツリー構造については、13章（P.243）で詳しく説明します。

④ 面を押し出して床面を作成する

各階の面を押し出して床面を作成します。
キャンバス上をダブルクリックして「z」と検索し、［Unit Z］コンポーネントを配置します。また「0<0.8<1」と検索し、範囲が「0.0～1.0」、配置時の値が「0.8」の［Number Slider］を配置します。

さらに、ここでは押し出し方向をZ軸のマイナス方向にしたいため、キャンバス上をダブルクリックして「negative」と検索し、［Negative］コンポーネントを配置します。

下図のように［Number Slider］を［Unit Z］コンポーネントに接続し、［Unit Z］コンポーネントを［Negative］コンポーネントに接続します。

続いて、キャンバス上をダブルクリックして「extrude」と検索し、［Extrude］コンポーネントを配置します。

下図のように［Surface］コンポーネントを［Extrude］コンポーネントの「B」に、［Negative］コンポーネントを［Extrude］コンポーネントの「D」に接続します。

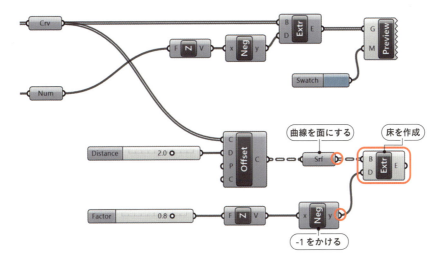

曲線が押し出されて、床面が作成されました。

6-2 建物のボリュームの作成

5 床面のプレビューを作成する

最後に、作成した床面のプレビューを作成します。
キャンバス上をダブルクリックして「preview」と検索し、[Custom Preview]コンポーネントを配置します。また、同様に「swatch」と検索し、[Colour Swatch]コンポーネントを配置します。

下図のように[Colour Swatch]コンポーネントを[Custom Preview]コンポーネントの「M」に接続し、[Extrude]コンポーネントを[Custom Preview]コンポーネントの「G」に接続します。ここでは床面をわかりやすくするため、[Colour Swatch]コンポーネントの色をグレーに設定します（色の設定は3章のP.68を参照）。

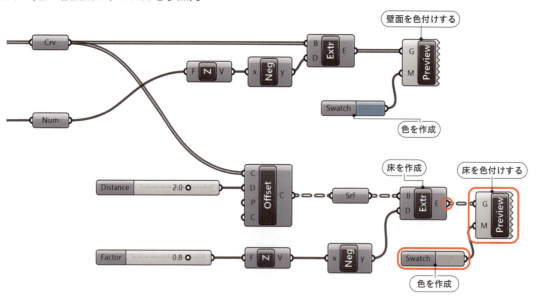

床面のプレビューが作成されました。

chapter 7

面積に応じた高さのボリュームを立ち上げる

使用データ：7_面積に応じた高さのボリュームを立ち上げる.3dm　※長さの単位は[m]です。
完成データ：7_面積に応じた高さのボリュームを立ち上げる_完成.gh

この章の目的

この章では、[Remap Numbers] コンポーネントの扱い方とグラデーションを設定してオブジェクトに色付けをする方法について学習していきます。

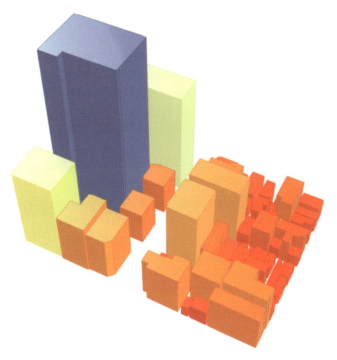

SECTION
7-1　面積に応じた高さの作成 ──────── 142
7-2　ボリュームを立ち上げる ──────── 147
7-3　ボリュームを高さに応じて色付けする ─── 150

7章作成手順

7-1 | 面積に応じた高さの作成

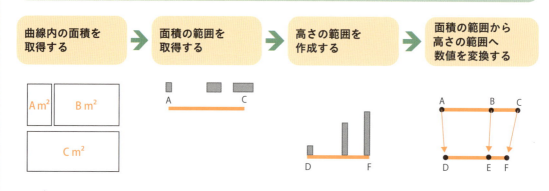

7-2 | ボリュームを立ち上げる

7-3 | ボリュームを高さに応じて色付けする

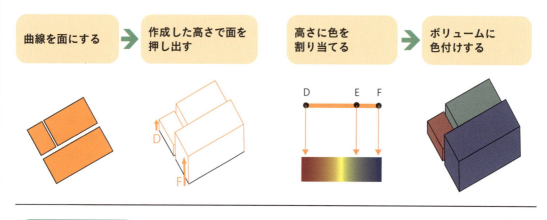

7章全体図

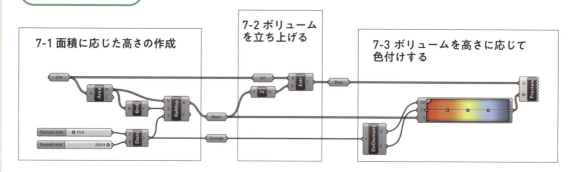

新たに使用するコンポーネント

※ のアイコンが付いているコンポーネントです。

7-1 | 面積に応じた高さの作成

Remap Numbers [Maths] > [Domain]

2つの範囲を用いて、数値を変換する

- 数値 → V / R → 変換された数値
- 元となる範囲 → S
- 変換先の範囲 → T / C → 変換先の範囲内に変換された数値

・コンポーネント使用例

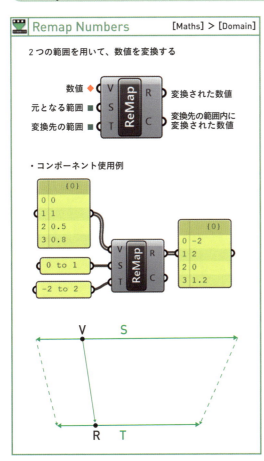

Bounds [Maths] > [Domain]

入力された値の最小値から最大値までの範囲を出力する

- 数値 → N / I → 数値の範囲

・コンポーネント使用例

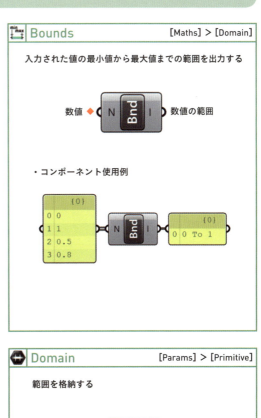

Domain [Params] > [Primitive]

範囲を格納する

7-3 | ボリュームを高さに応じて色付けする

Gradient [Params] > [Input]

数値に応じてグラデーションで色付けを行う

- グラデーションの左にあたる数値 → L0
- グラデーションの右にあたる数値 → L1 → 色（RGB）
- パラメータ → t

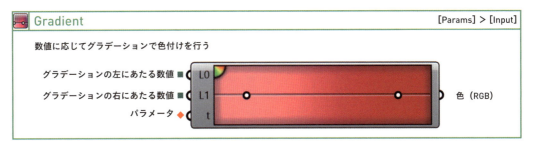

Deconstruct Domain [Maths] > [Domain]

入力された範囲の始点と終点を出力する

- 範囲 → I
  - S → 範囲の始点となる数値
  - E → 範囲の終点となる数値

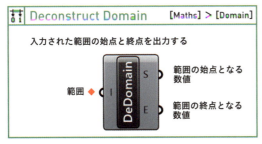

SECTION 7-1 | 面積に応じた高さの作成

この節で学ぶこと
・数値のリストから範囲を取得する方法
・ある範囲から別の範囲へ数値を変換する方法

7-1 | 作成手順

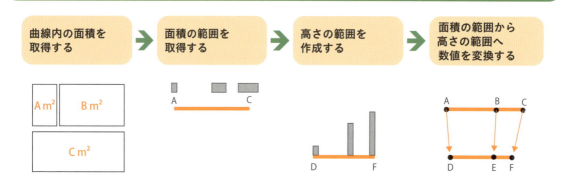

7-1 | 完成図

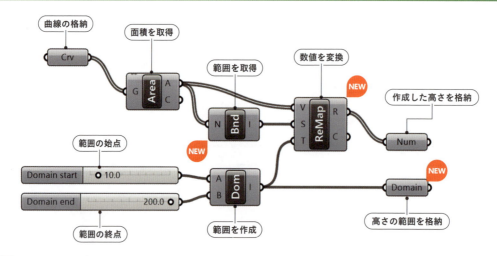

① 曲線を格納する

サンプルのRhinoファイル「7_面積に応じた高さのボリュームを立ち上げる.3dm」を開き、Grasshopperを起動します。
キャンバス上をダブルクリックして「curve」と検索し、[Curve]コンポーネントを配置します。

コンポーネントを右クリックして「Set Multiple Curves」を選択します。[Curve] コンポーネントに格納する曲線を選択するようにRhino画面に切り替わるので、Rhino上の曲線をすべて選択し、右クリックまたは [Enter] キーを押します。

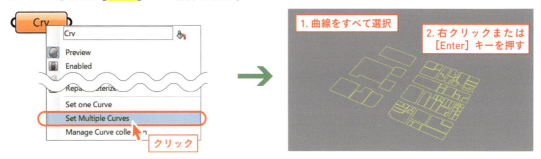

2　面積を取得する

キャンバス上をダブルクリックして「area」と検索し、[Area] コンポーネントを配置します。

下図のように [Curve] コンポーネントを [Area] コンポーネントに接続し、面積を取得します。[Area] コンポーネントを [Panel] に接続すると、格納した曲線の面積が取得されたことが確認できます。

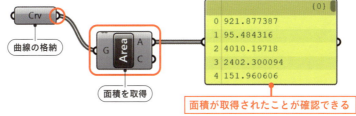

3　面積の範囲を取得する

キャンバス上をダブルクリックして「bounds」と検索し、入力された値の最小値から最大値までの範囲を出力する [Bounds] コンポーネントを配置します。

下図のように [Area] コンポーネントを [Bounds] コンポーネントに接続し、面積の範囲を取得します。[Bounds] コンポーネントを [Panel] に接続すると、最小値から最大値の範囲が作成されたことが確認できます。

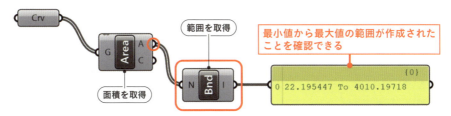

7-1　面積に応じた高さの作成　143

4 [Remap Numbers] コンポーネントを配置する

キャンバス上をダブルクリックして「remap」と検索し、2つの範囲を用いて数値を変換する[Remap Numbers]コンポーネントを配置します。

下図のように[Area]コンポーネントを[Remap Numbers]コンポーネントの「V」に、[Bounds]コンポーネントを[Remap Numbers]コンポーネントの「S」に接続します。

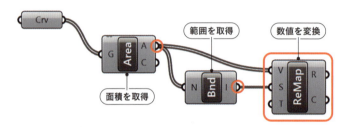

変換される面積の数値、元となる範囲を入力することができました。これから、変換先の高さの範囲を入力し、数値の変換を行います。

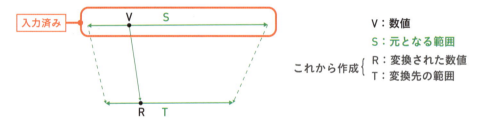

V：数値
S：元となる範囲
R：変換された数値
T：変換先の範囲

5 変換先の範囲を作成する

[Remap Numbers]コンポーネントの「T」に入力する、変換先の範囲を作成します。
範囲を作成するには以下の2つの方法があります。

1 [Construct Domain]コンポーネントを用いる方法

キャンバス上をダブルクリックして「constructdomain」と検索し、[Construct Domain]コンポーネントを配置します。

範囲の始点と終点となる値を設定する[Number Slider]を配置します。キャンバス上をダブルクリックして「0<10.0<100」と入力し、範囲が「0.0〜100.0」、配置時の値が「10.0」の[Number Slider]を配置、「0<200.0<200」と入力し、範囲が「0.0〜200.0」、配置時の値が「200.0」の[Number Slider]を配置します。

144

下図のように「**範囲の始点**」の［Number Slider］を［Construct Domain］コンポーネントの「A」に、「**範囲の終点**」の［Number Slider］を［Construct Domain］コンポーネントの「B」に接続することにより、始点Aから終点Bの範囲が出力されます。［Construct Domain］コンポーネントを［Panel］に接続すると、範囲を定義する文字「A to B」（下図の［Panel］の場合は、「10 To 200」）として確認できます。

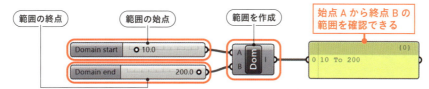

2 ［Panel］を用いる方法

キャンバス上をダブルクリックして「**//10 to 200**」と入力し、「**10 to 200**」と入力された［Panel］を配置します。このとき10とtoの間、toと200の間にそれぞれ**半角スペース**を入れて入力します。

💡 HINT

［Panel］とドメイン

範囲（ドメイン）は文字「A to B」と定義され、数字としてはB-Aを出力します。［Panel］で生成したものはあくまで定義するための文字で、ドメイン系のコンポーネントが受け取って初めてドメインとなります。

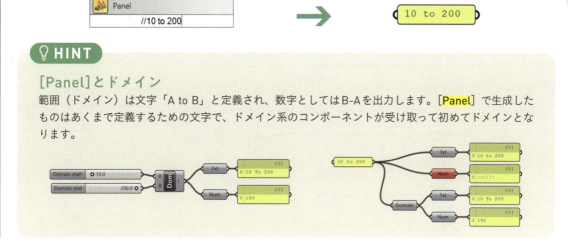

6 ボリュームの高さの決定

下図のように［Construct Domain］コンポーネントを［Remap Numbers］コンポーネントの「T」に接続します。［Remap Numbers］コンポーネントを［Panel］に接続すると、10から200の範囲で面積が再配置されたことが確認できます。

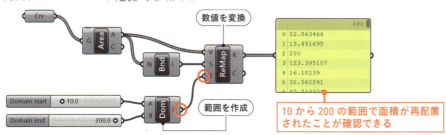

7-1 面積に応じた高さの作成　145

> 💡 **HINT**

[Remap Numbers]コンポーネントのイメージと範囲外の数値の扱いについて

入力された数値Vは以下の式によって出力される数値Rへ再配置されます。ここで、元となる範囲（ソースドメイン）の始点、終点をそれぞれAs、Bs、変換先の範囲（ターゲットドメイン）の始点、終点をそれぞれAt、Btとします。

$$R = (V - As) \times \frac{(Bt - At)}{(Bs - As)} + At$$

入力した数値がソースドメインの外にあるとき、[Remap Numbers]コンポーネントの出力端子「R（Remapped）」では上の式にしたがってターゲットドメインの外に再配置されます。出力端子「C（Clipped）」ではターゲットドメインの始点/終点に再配置されます。

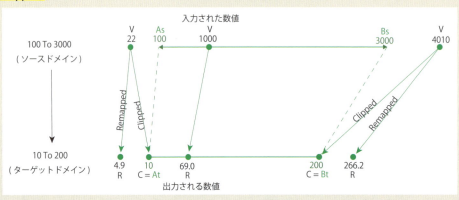

7　作成したボリュームと高さを格納する

次の手順に進む前に、ここまでの手順で作成したデータをまとめます。

キャンバス上をダブルクリックして「number」と検索し、[Number]コンポーネントを配置します。また「domain」と検索し、範囲を格納する[Domain]コンポーネントを配置します。

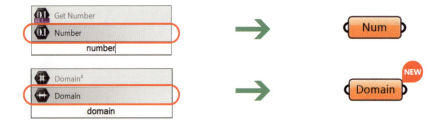

下図のように[Remap Numbers]コンポーネントを[Number]コンポーネントに接続します。また[Construct Domain]コンポーネントを[Domain]コンポーネントに接続します。

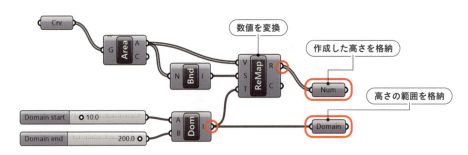

SECTION 7-2 ボリュームを立ち上げる

> この節で学ぶこと
> ・作成した高さ情報でボリュームを立ち上げる方法

7-2 | 作成手順

 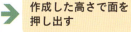

7-2 | 生成されるRhinoモデル

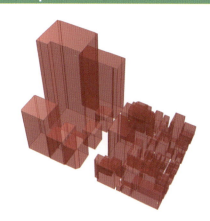

7-2 | 完成図

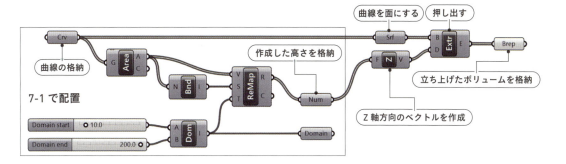

1 曲線を面にする

キャンバス上をダブルクリックして「surface」と検索し、[Surface] コンポーネントを配置します。

7-2 ボリュームを立ち上げる 147

7-1で曲線を格納した［**Curve**］コンポーネントを［**Surface**］コンポーネントに接続することで、曲線を面にすることができます。

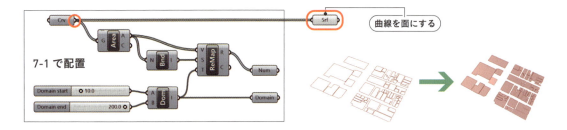

② ボリュームを立ち上げる

キャンバス上をダブルクリックして「**z**」と検索し、［**Unit Z**］コンポーネントを配置します。また、「**extrude**」と検索し、［**Extrude**］コンポーネントを配置します。

下図のように配置したコンポーネントを接続し、ボリュームを立ち上げます。
［**Number**］コンポーネントを［**Unit Z**］コンポーネントに接続することで、**7-1**で取得した高さの数値を長さとするZ軸方向のベクトルが作成されます。
底面として［**Surface**］コンポーネントを［**Extrude**］コンポーネントの「**B**」に接続します。
押し出す方向・長さのベクトルとして［**Unit Z**］コンポーネントを［**Extrude**］コンポーネントの「**D**」に接続します。

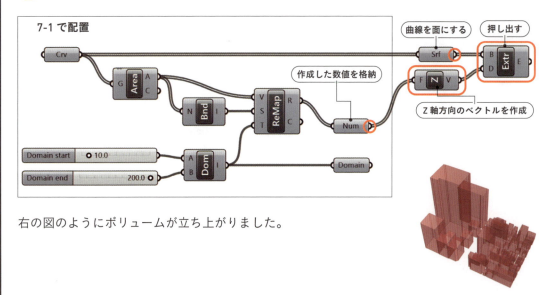

右の図のようにボリュームが立ち上がりました。

148

③ 立ち上げたボリュームを格納する

次の手順に進む前に、ここまでの手順で作成したデータをまとめます。
キャンバス上をダブルクリックして「brep」と検索し、[Brep] コンポーネントを配置します。

下図のように [Extrude] コンポーネントを [Brep] コンポーネントに接続します。

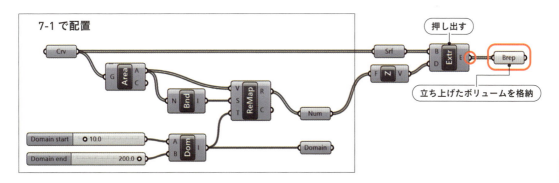

💡 HINT

面がそれぞれ異なる高さで押し出される理由

[Surface] コンポーネントと [Unit Z] コンポーネントの「V」をそれぞれマウスオーバーして詳細を見てみると、ここには65個の面と65個のベクトルがあり、同数であることがわかります。

[Extrude] コンポーネントに接続されると、これらのデータ群は同一インデックスでマッチングされます。
つまり、0番目の面が0番目のベクトルで押し出され、1番目の面が1番目のベクトルで押し出され、というように面とベクトルが個別に対応しているため、面がそれぞれ異なる高さで押し出されます。

※複数のデータの対応の仕方など、詳しくは「13-1 データ構造の基本」(P.243) を参照してください。

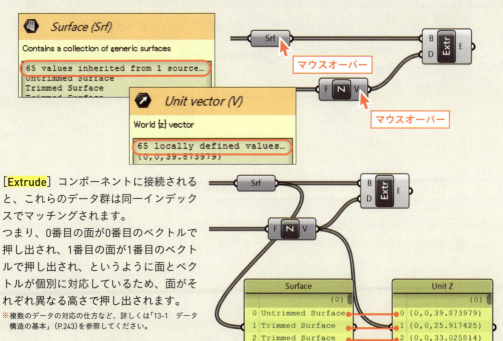

SECTION 7-3 | ボリュームを高さに応じて色付けする

> **この節で学ぶこと**
> ・数値の大きさに合わせて色を割り当てる方法

7-3 | 作成手順

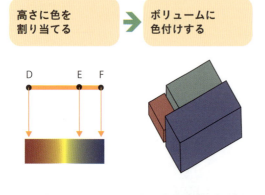

7-3 | 生成されるRhinoモデル

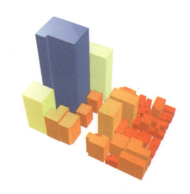

7-3 | 完成図

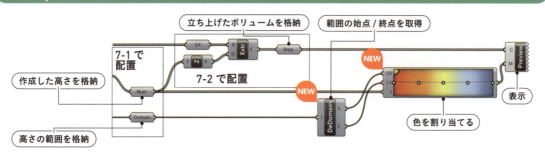

① 範囲を分解して始点と終点を取得する

キャンバス上をダブルクリックして「**dedomain**」と検索し、入力された範囲の始点と終点を出力する[**Deconstruct Domain**]コンポーネントを配置します。

7-1で配置した[**Domain**]コンポーネントを[**Deconstruct Domain**]コンポーネントに接続します。[**Deconstruct Domain**]コンポーネントを[**Panel**]に接続すると、範囲の始点と終点としてボリュームの高さの最小値と最大値が取得できたことが確認できます。

150

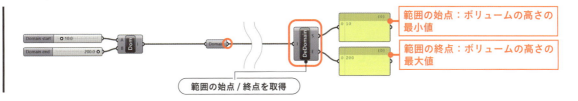

② 色付けする

キャンバス上をダブルクリックして「preview」と検索し、[Custom Preview] コンポーネントを配置します。また、「gradient」と検索し、カラーグラデーションを設定する [Gradient] コンポーネントを配置します。

[Gradient] コンポーネントを右クリックし、「Presets」を選択することで、カラーグラデーションの色や割合を変更できます。

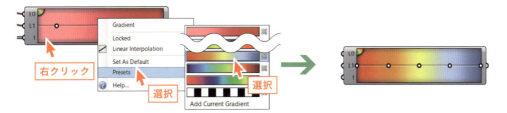

下図のように [Deconstruct Domain] コンポーネントを [Gradient] コンポーネントの「L0」、「L1」に接続し、高さの最小値〜最大値の色を取得します。また、[Number] コンポーネントを [Gradient] コンポーネントの「t」に接続することにより、対応する色データ（RGB値）が出力されます。

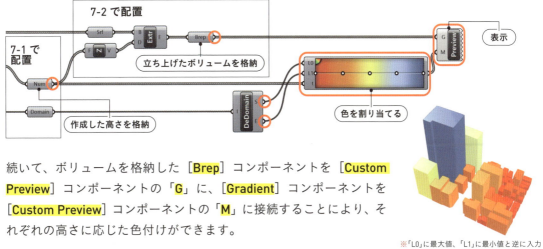

続いて、ボリュームを格納した [Brep] コンポーネントを [Custom Preview] コンポーネントの「G」に、[Gradient] コンポーネントを [Custom Preview] コンポーネントの「M」に接続することにより、それぞれの高さに応じた色付けができます。

※「L0」に最大値、「L1」に最小値と逆に入力することで、色と高さの関係を反転させることもできます。

7-3 ボリュームを高さに応じて色付けする 151

> 知っておこう

［Find Domain］を利用して面積情報を高さ情報に変える

面積情報を高さ情報に変える方法として［Remap Numbers］コンポーネントとは別に［Find Domain］コンポーネントを用いる方法を紹介します。

［Remap Numbers］コンポーネントを用いる方法では、面積の個々の値を高さに変換しました。つまり、高さの取りうる値は連続値です。

対して［Find Domain］コンポーネントを用いる方法では、面積の値が、あらかじめ用意された範囲の中でどれに含まれるか調べ、その範囲を高さに置き換えます。つまり、高さの取りうる値は離散値です。例えば、面積10m²〜50m²のものはすべて高さ3m、50m²〜200m²のものはすべて10mなど、固定の高さを決めたいときに有効です。

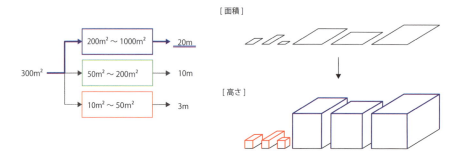

リストの範囲を確認しながら面積情報を高さ情報に変える

下図のように 1 ［Panel］の配置・入力、2 面積の範囲のリストを作成、3 高さ情報の割り当てをします。

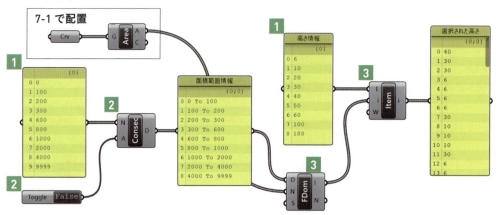

> 新たに使用するコンポーネント

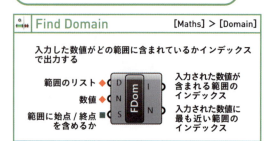

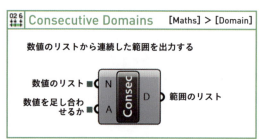

1 [Panel]の配置・入力

キャンバス上をダブルクリックして「**//**」と入力し、[**Panel**]コンポーネントを2つ配置し、下図のように入力します。これが面積の範囲の元となる数値のリスト❶、高さの数値のリスト❷となります。

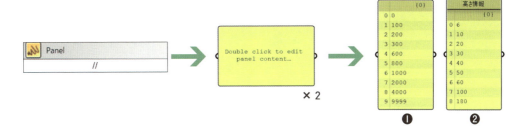

2 面積の範囲のリストを作成

キャンバス上をダブルクリックして「**consecutivedomains**」と検索し、数値のリストから連続した範囲を出力する[**Consecutive Domains**]コンポーネントを配置します。また、「**toggle**」と検索し、[**Boolean Toggle**]コンポーネントを配置します。

下図のように配置したコンポーネントを接続して、数値のリストから面積の範囲のリストを生成します。

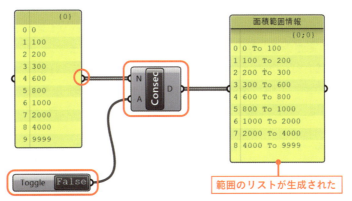

3 高さ情報を割り当てる

キャンバス上をダブルクリックして「**finddomain**」と検索し、範囲のリストから、入力された数値を含む範囲のインデックスを出力する[**Find Domain**]コンポーネントを配置します。また、「**listitem**」と検索し、[**List Item**]コンポーネントを配置します。

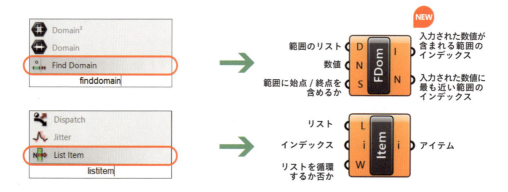

配置したコンポーネントを下図のように接続して、各曲線の面積を含む範囲のインデックスを取得し、高さ情報を割り当てます。[Consecutive Domains]コンポーネントで生成した面積の範囲のリストを[Find Domain]コンポーネントの「D」に、7-1で配置した[Area]コンポーネントを[Find Domain]コンポーネントの「N」に接続します。また、[Find Domain]コンポーネントを[List Item]コンポーネントの「i」に接続します。

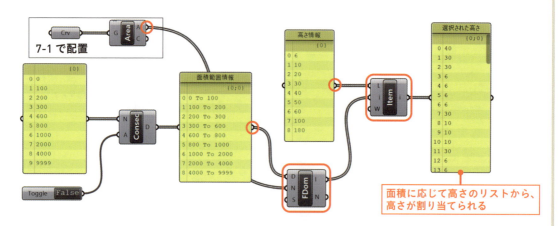

[Find Domain]の入力端子「S」について

[Find Domain]の出力「I」と「N」は、最も近い範囲のうち、最小のインデックスを出力します。入力「N」が「D」の範囲外のとき、出力「I」のみ、-1を出力します。
オプションの入力「S」は、入力「D」の範囲設定です。初期設定はFalseで、入力「D」が始点/終点の値を範囲に含みます。[Boolean Toggle]などで入力「S」にTrueを入力した場合、入力「D」の始点/終点は、範囲に含まれません（下図右の数直線の白丸のイメージ）。

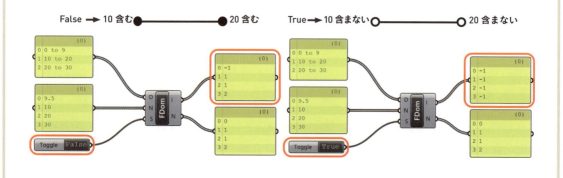

chapter 8

アトラクターを用いてルーバーを回転させる

使用データ：8_アトラクターを用いてルーバーを回転させる.3dm　※長さの単位は[mm]です。
完成データ：8_アトラクターを用いてルーバーを回転させる_完成.gh

この章の目的

この章では、アトラクターを用いて、ルーバーを回転します。距離のデータから回転角のデータに変換し、アトラクターの変更による形状変更の方法を学びます。

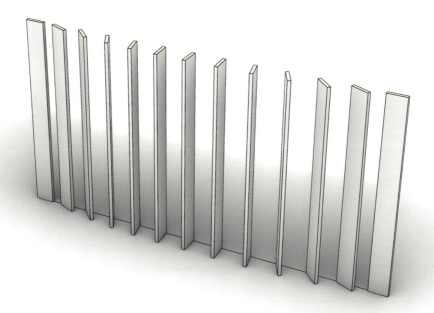

SECTION
8-1　長方形断面のルーバーの作成 ——— 158
8-2　アトラクターによる回転 ——— 164
やってみよう　高さが変わるルーバーを作成する ——— 168

> 8章作成手順

8-1 | 長方形断面のルーバーの作成

| 基準線を分割する | ➡ | 断面曲線を作成する | ➡ | 断面曲線を押し出す |

8-2 | アトラクターによる回転

| アトラクターを作成 | ➡ | アトラクターとの距離を取得 | ➡ | アトラクターとの距離に応じて回転 |

> 8章全体図

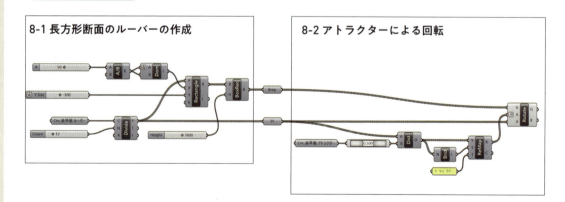

新たに使用するコンポーネント

※ NEW のアイコンが付いているコンポーネントです。

8-1 | 長方形断面のルーバーの作成

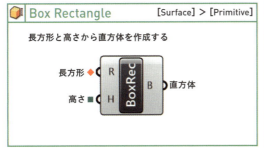

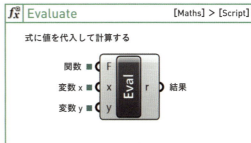

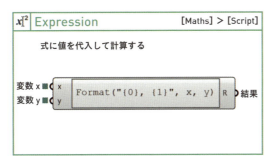

8-2 | アトラクターによる回転

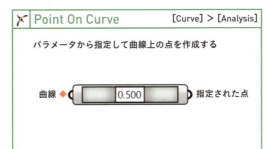

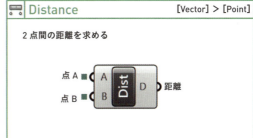

> **HINT**
>
> **アトラクターについて**
>
> アトラクターとは、Grasshopperでは「attractor」の日本語訳「引き付ける」に通じるように空間の形状、また場に影響を及ぼすものとして表現されることがあります。
> アトラクターには、点・曲線・面などがあり、形態に制約はありません。本章において、曲線上の点はアトラクターとして、各ルーバーの回転角度に影響を及ぼします。

SECTION 8-1 | 長方形断面のルーバーの作成

この節で学ぶこと
・曲線を押し出す方法
・端子に計算式を書き込む方法

8-1 | 作成手順

基準線を分割する → 断面曲線を作成する → 断面曲線を押し出す

8-1 | 生成されるRhinoモデル

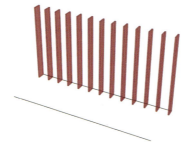

8-1 | 完成図

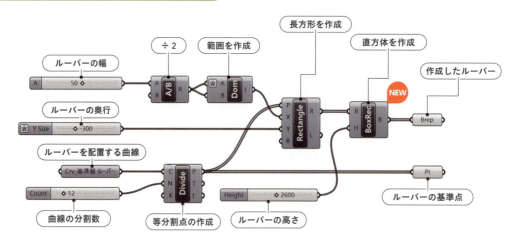

158

1 基準となる曲線上に等分割点を作成する

基準となる曲線上に等分割点を作成します。まず、サンプルのRhinoファイル「9_アトラクターを用いてルーバーを回転させる.3dm」を開きGrasshopperを立ち上げます。続いて、Rhino上の基準線をGrasshopperに読み込みます。キャンバス上をダブルクリックして「curve」と検索し、[Curve] コンポーネントを配置します。

右クリックして「Set one Curve」でRhino上の基準線を選択します。

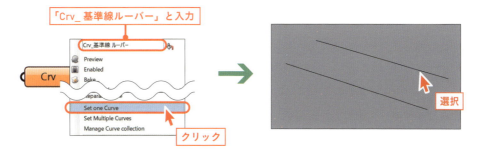

次に、格納した基準線に等分割点を作成します。キャンバス上をダブルクリックして「divide」と検索し、[Divide Curve] コンポーネントを配置します。また、「1<12<50」と入力し、範囲が「1〜50」、配置時の値が「12」の [Number Slider] を配置します。

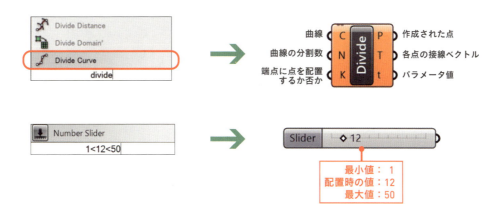

下図のように [Curve] コンポーネントを [Divide Curve] コンポーネントの「C」に接続し、[Number Slider] を [Divide Curve] コンポーネントの「N」に接続します。

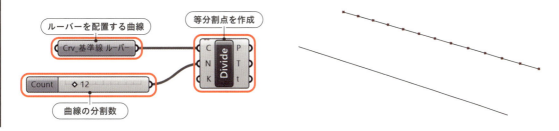

② 等分割点を基準に断面曲線を作成する

等分割点を基準に断面曲線を作成します。まず、断面曲線の幅の数値を指定します。
キャンバス上をダブルクリックして「**0<50<100**」と入力し、範囲が「**0〜100**」、配置時の値が「**50**」の［**Number Slider**］を配置します。次に「**/2**」と入力し、「**B**」に「**2**」が入力された［**Division**］コンポーネントを配置します。さらに「**constructdomain**」と検索し、［**Construct Domain**］コンポーネントを配置します。

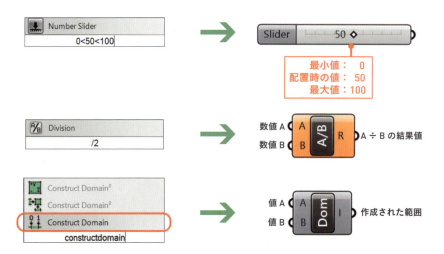

［**Construct Domain**］コンポーネントの「**A**」上で右クリックし、「**Expression**」に「**-x**」と入力します。「**Expression**」とは、コンポーネントに直接計算式を書き込むことができる機能です。
「**Expression**」をマウスオーバーすると、設定した内容を確認することができます。

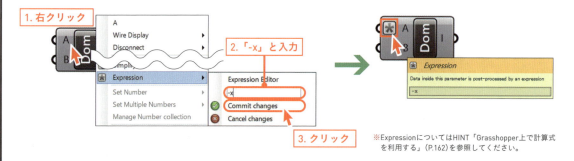

※ExpressionについてはHINT「Grasshopper上で計算式を利用する」（P.162）を参照してください。

下図のように［**Number Slider**］を［**Division**］コンポーネントの「**A**」に接続し、［**Division**］コンポーネントの「**R**」を［**Construct Domain**］コンポーネントの「**A**」と「**B**」に接続します。

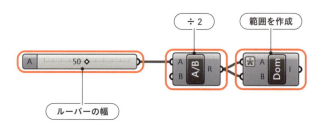

次に、等分割点上に断面曲線を作成します。キャンバス上をダブルクリックして「**0<300<1000**」と入力し、範囲が「**0〜1000**」、配置時の値が「**300**」の［**Number Slider**］を配置します。次に「**rectangle**」と検索し、［**Rectangle**］コンポーネントを配置します。

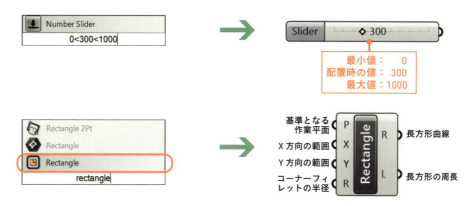

上記で配置した［**Number Slider**］の上で右クリックし、「**Expression**」に「**-x**」と入力します。

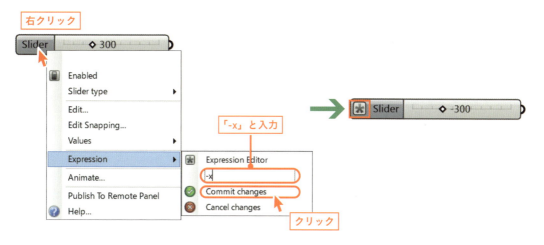

下図のように［**Construct Domain**］コンポーネントを［**Rectangle**］コンポーネントの「**X**」に接続し、「**Expression**」を設定した［**Number Slider**］を［**Rectangle**］コンポーネントの「**Y**」に接続します。また、［**Divide Curve**］コンポーネントを［**Rectangle**］コンポーネントの「**P**」に接続します。

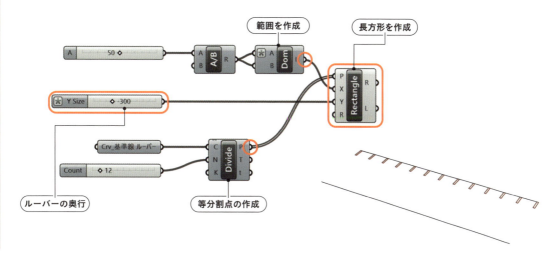

8-1 長方形断面のルーバーの作成　161

💡 HINT

Grasshopper上で計算式を利用する

ここではGrasshopper上で計算式を利用する方法を3つ紹介します。

❶コンポーネントを右クリックして「Expression」から編集する方法

Expression Editorに直接数式を書き込み、「Commit changes」で数式を確定します。この場合、変数が1つの数式のみ書き込むことができます。ただし、変数は「x」のみ使用できます。

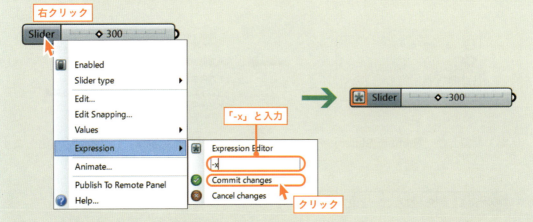

❷［Expression］コンポーネント

ダブルクリックして数式を書き込み、端子に変数を入力します（変数が2つ以上の数式でも入力することができます）。

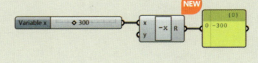

❸［Evaluate］コンポーネント

「F」に［Panel］で数式を入力し、端子に値を入力します（変数が2つ以上の数式でも入力することができます）。

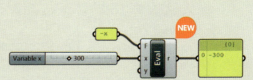

［Expression］コンポーネントをダブルクリックすると、下図のような「Expression Designer」が表示されます。ここで数式を打ち込んだり、エラーが出ていないか確認したりできます。また、右上の「f:N→R」をクリックすると、「Expression function list」を見ることができ、使用できる数式の名称や定義を確認することができます。

③ 長方形からルーバーを作成し格納する

ここまでで作成した長方形から直方体を作成します。
キャンバス上をダブルクリックして「**boxrectangle**」と検索し、長方形と高さから直方体を作成する［**Box Rectangle**］コンポーネントを配置します。また「**0<2600<10000**」と入力し、範囲が「**0〜10000**」、配置時の値が「**2600**」の［**Number Slider**］を配置します。

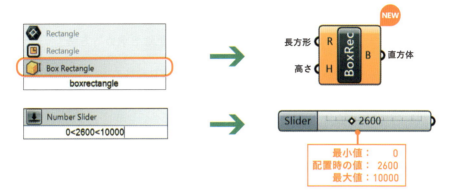

次に、ここまでの手順で作成したデータをまとめるために以下のコンポーネントを配置します。
キャンバス上をダブルクリックして「**brep**」と検索し、［**Brep**］コンポーネントを配置します。また、「**point**」と検索し、［**Point**］コンポーネントを配置します。

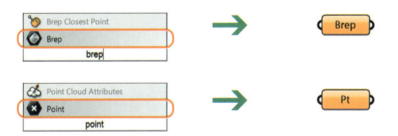

下図のように［**Rectangle**］コンポーネントの「**R**」を［**Box Rectangle**］コンポーネントの「**R**」に接続し、［**Number Slider**］を［**Box Rectangle**］コンポーネントの「**H**」に接続します。
右下の図のように、等間隔に配置された長方形の断面曲線からルーバーが作成されました。
次の手順に移る前に、ここまでの手順で作成したデータをまとめるため、［**Box Rectangle**］コンポーネントを［**Brep**］コンポーネントに接続し、［**Divide Curve**］コンポーネントを［**Point**］に接続します。

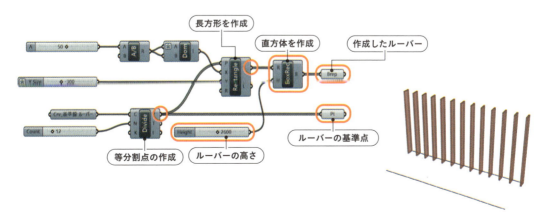

8-1 長方形断面のルーバーの作成　163

SECTION 8-2 | アトラクターによる回転

> この節で学ぶこと
> ・アトラクターの理解
> ・点と点の距離を求める方法

8-2 | 作成手順

| アトラクターを作成 | | アトラクターとの距離を取得 | | アトラクターとの距離に応じて回転 |

  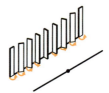

8-2 | 生成されるRhinoモデル

8-2 | 完成図

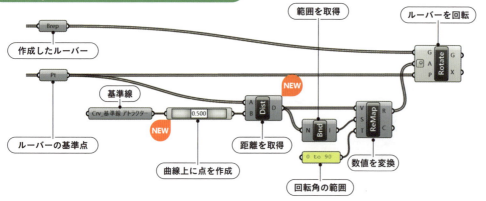

1 アトラクターを曲線上に作成する

アトラクターを基準となる曲線上に配置します。キャンバス上をダブルクリックして「curve」と検索し、[Curve] コンポーネントを配置します。コンポーネントを右クリックして「Set one Curve」を選択し、下図のようにRhino上でアトラクターの基準となる曲線を選択します。また、ここではわかりやすくするためにコンポーネントの名前を「Crv_基準線アトラクター」に変更します。

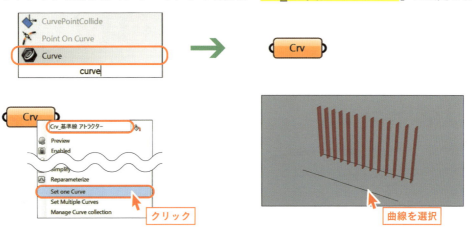

キャンバス上をダブルクリックして「pointoncurve」と検索し、曲線上に点を作成する[Point On Curve] コンポーネントを配置します。

下図のように基準線を格納した [Curve] コンポーネントを [Point On Curve] コンポーネントに接続することにより、基準線上にアトラクターとなる点が作成されます。

> 💡 **HINT**
>
> ### [Point On Curve]による正規化
>
> [Point On Curve] は曲線上に点を配置するコンポーネントで、曲線を正規化します。正規化とは、最小値を0、最大値を1とする方法のことを指します。今回は、曲線の長さを1として、その曲線上のどこに点が配置されるかを示しています。なお、[Point On Curve] コンポーネントに入力する値は、曲線の長さの比率になります。
>
>
>
> アトラクター：0.0　　　アトラクター：0.5　　　アトラクター：1.0

② アトラクターと基準点の距離を求める

アトラクターとルーバーの基準点との距離を求めます。キャンバス上をダブルクリックして「**distance**」と検索し、A点とB点の距離を取得する［**Distance**］コンポーネントを配置します。

下図のように 8-1 でルーバーの基準点を格納した［**Point**］コンポーネントと、［**Point On Curve**］コンポーネントをそれぞれ［**Distance**］コンポーネントの「**A**」「**B**」に接続し、アトラクターとルーバーの基準点との距離を求めます。

③ 距離に応じた回転角を作成する

アトラクターと基準点の距離に応じた回転角を作成します。まず、キャンバス上をダブルクリックして「**bounds**」と検索し、［**Bounds**］コンポーネントを配置します。

下図のように［**Distance**］コンポーネントを［**Bounds**］コンポーネントに接続し、距離の範囲を取得します。

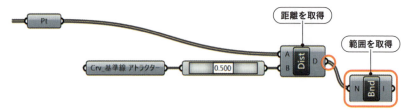

次に、キャンバス上をダブルクリックして「**//0 to 90**」と入力し、「**0 to 90**」と入力された［**Panel**］を配置します。さらに「**remapnumbers**」と検索し、［**Remap Numbers**］コンポーネントを配置します。

下図のように［Distance］コンポーネント、［Bounds］コンポーネント、［Panel］をそれぞれ［Remap Numbers］コンポーネントの「V」「S」「T」に接続することにより、取得した距離と範囲、回転角の範囲から、距離に応じた回転角が作成されます。

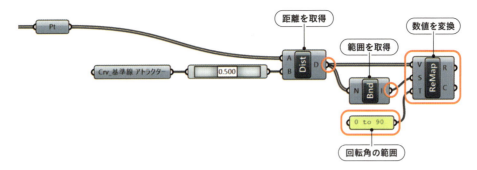

④ ルーバーを回転する

先ほど作成した回転角を用いてルーバーを回転します。
キャンバス上をダブルクリックして「rotate」と検索し、［Rotate］コンポーネントを配置します。

下図のように 8-1 で作成したルーバーを格納した［Brep］コンポーネントを［Rotate］コンポーネントの「G」に接続し、［Remap Numbers］コンポーネントを［Rotate］コンポーネントの「A」に接続します。また、8-1 でルーバーの基準点を格納した［Point］コンポーネントを［Rotate］コンポーネントの「P」に接続します。さらに、［Rotate］コンポーネントの「A」を「Degrees」に設定します（2章のP.48参照）。
下図の「Perspective ビュー」「Top ビュー」のように、アトラクターとの距離に応じた回転角のルーバーが作成されました。

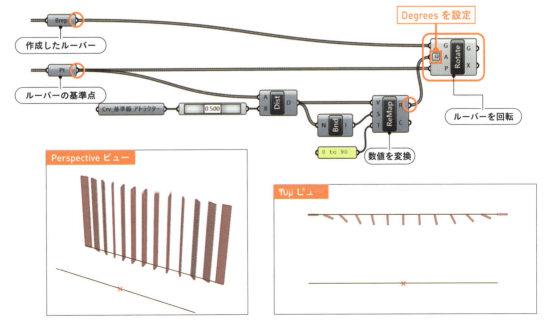

8-2 アトラクターによる回転　167

やってみよう
高さが変わるルーバーを作成する

8章で作成したGrasshopperを変更して、アトラクターと基準点との距離に応じて高さが変わるルーバーを作成してみましょう。なお、作成したGrasshopperの2か所を変更します。

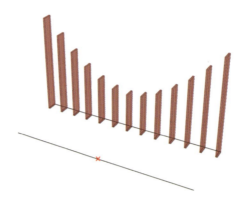

解説

変更点1　アトラクターとの距離に応じて作成した数値をルーバーの高さとする

アトラクターとの距離を変換し、作成した値をルーバーの高さとするので、コンポーネントをつなぎ変える必要があります。ここでは、[Remap Numbers]コンポーネントを[Box Rectangle]コンポーネントに接続します。

変更点2　距離の変換先であるターゲット範囲を書き換える

アトラクターとの距離を変換した値をそのままルーバーの高さにするので、変換先であるターゲット範囲を書き換える必要があります。ここでは[Panel]を「1200 to 3000」に書き換えます。

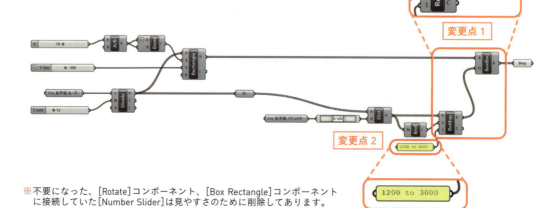

※不要になった、[Rotate]コンポーネント、[Box Rectangle]コンポーネントに接続していた[Number Slider]は見やすさのために削除してあります。

chapter 9
波打つ形状の建物を作成する

完成データ：9_波打つ形状の建物を作成する_完成.gh

この章の目的

この章では、波打つ形状の作成を通して、[Graph Mapper] コンポーネントで数値を変換する方法や、NURBS曲線を作成する方法を学びます。

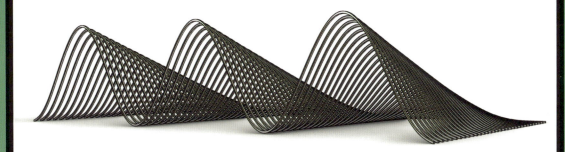

※本章の建築モデリングの題材は、「パウル・クレー・センター」（設計：レンゾ・ピアノ）の意匠を参考にしています。基本的な形状作成の練習のみを目的とするため、寸法などは実際の建築とは異なります。

SECTION
- 9-1　波打つ曲線の作成 ——————— 172
- 9-2　曲線間をなめらかに変化する形状の作成 —— 177

9章作成手順

9-1 | 波打つ曲線の作成

| X、Z座標を指定して点を配置する | | 点からNURBS曲線を作成する |

9-2 | 曲線間をなめらかに変化する形状の作成

| 曲線をXY平面に投影する | | 曲線をY軸方向に移動する | | 2曲線をモーフィングした曲線を作成する |

 | 曲線をY軸方向に押し出す | 押し出した面をZ軸方向に押し出す |

9章全体図

9-1 波打つ曲線の作成

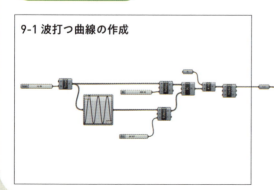

9-2 曲線間をなめらかに変化する形状の作成

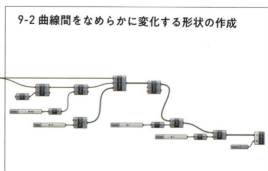

170

新たに使用するコンポーネント

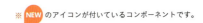
※ NEW のアイコンが付いているコンポーネントです。

9-1 | 波打つ曲線の作成

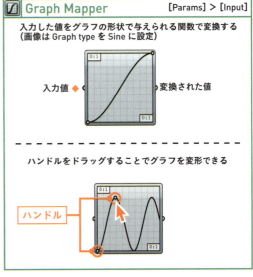

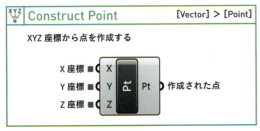

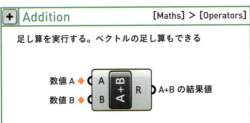

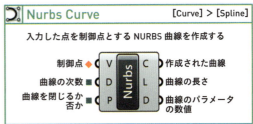

9-2 | 曲線間をなめらかに変化する形状の作成

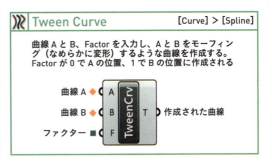

chapter 9 — 波打つ形状の建物を作成する

171

SECTION 9-1 | 波打つ曲線の作成

この節で学ぶこと

- 指定した範囲を分割して等差数列を作成する方法
- 座標を指定して点を作成する方法
- グラフの形状を用いて数値を変換する方法
- 座標を足し合わせて点を移動させる方法

9-1 | 作成手順

X、Z座標を指定して点を配置する 点からNURBS曲線を作成する

9-1 | 生成されるRhinoモデル

9-1 | 完成図

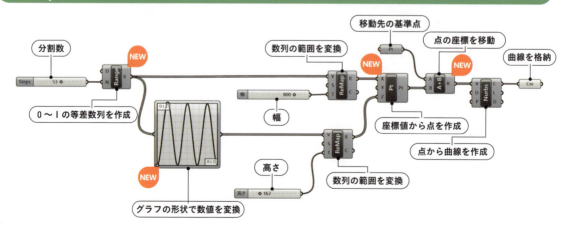

1　正規化された範囲を分割する

波打つ曲線の形状を決める制御点の座標値を作成します。
はじめに、座標の元となる数列（それぞれの項が各制御点に対応する）を作成します。
キャンバス上をダブルクリックして「**range**」と検索し、範囲とその分割数を指定して範囲を分割した数列を作成する［**Range**］コンポーネントを配置します。また、分割数を指定するために、範囲が「**0〜100**」、配置時の値が「**53**」の［**Number Slider**］を配置します。

続いて、下図のように配置したコンポーネントを接続します。

［**Panel**］を接続すると、0から1の範囲が分割された数列が作成されていることが確認できます。

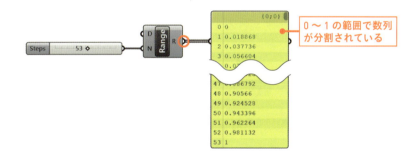

2　制御点のX座標を作成する

作成した数列から制御点のX座標を作成します。
X座標の範囲は作成したい曲線の幅となるため、手順1で作成した数列を「**0 to 800**」の範囲の数値に変換します。［**Remap Numbers**］コンポーネントと、変換先の範囲を指定するために範囲が「**0〜1000**」、配置時の値が「**800**」の［**Number Slider**］を配置し、下図のように接続します。

9-1　波打つ曲線の作成　173

3　制御点のZ座標を作成する

次に、制御点のZ座標を作成します。
キャンバスをダブルクリックして「**graphmapper**」と検索し、入力した値をグラフの形状で変換する［**Graph Mapper**］コンポーネントを配置します。

［**Graph Mapper**］コンポーネントを右クリックし、「**Graph types**」から「**Sine**」を選択します。
その後、グラフのハンドルを操作して下図のようにサインカーブの形状を調整します。

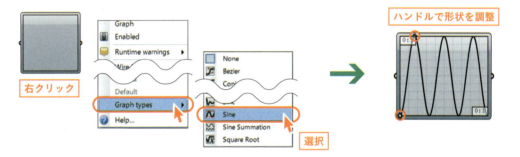

下図のように［**Range**］コンポーネントを［**Graph Mapper**］コンポーネントに接続します。

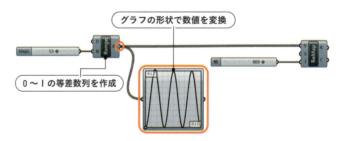

グラフの形状で変換された数値の範囲を高さの範囲に変換します。
［**Remap Numbers**］コンポーネントと、変換先の範囲を指定するために範囲が「**0〜1000**」、配置時の値が「**167**」の［**Number Slider**］を配置し、下図のように接続します。

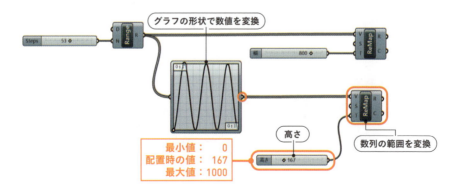

作成したX、Z座標から制御点を作成する

作成したX座標とZ座標から制御点を作成します。
キャンバスをダブルクリックして「constructpoint」と検索し、XYZ座標から点を生成する[Construct Point]コンポーネントを配置します。

手順2と手順3で作成したX座標とZ座標をそれぞれ接続して点を作成します。

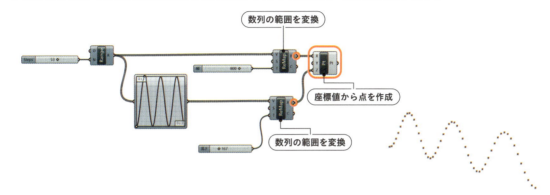

5 作成した点を移動させる

原点を基準に作成した曲線の制御点を、実際に曲線を作成する座標に移動させます。
ここでは、座標の足し合わせを行うことで点を移動させます。キャンバスをダブルクリックして「+」と検索し、数値Aと数値Bを足し合わせた値を出力する[Addition]コンポーネントを配置します。また、「40,230」と入力して座標が「40,230,0」の点を格納した[Point]コンポーネントを配置します。

下図のように配置したコンポーネントを接続することで、座標が足し合わされ、移動した点が作成されます。

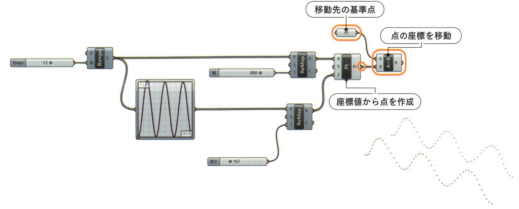

9-1 波打つ曲線の作成 175

6 制御点から曲線を作成し格納する

キャンバスをダブルクリックして「nurbs」と検索し、入力した点を制御点とするNURBS曲線を作成する［Nurbs Curve］コンポーネントを配置します。また、［Curve］コンポーネントを配置します。

下図のように配置したコンポーネントを接続します。

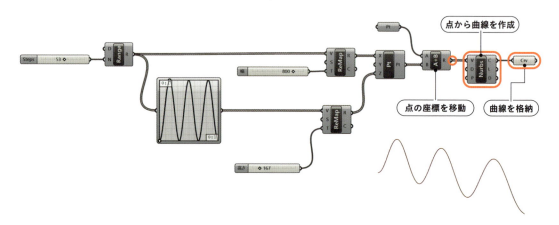

💡HINT

Graph Mapperによる数値変換のイメージ

［Graph Mapper］コンポーネントは、入力された引数をグラフの形状で与えられる関数で変換するコンポーネントです。グラフ形状を設定した状態でダブルクリックすることで、入力値と出力値の範囲を設定することができます。ただし、どちらの値も正規化された範囲（0～1）で行い、［Remap Numbers］コンポーネントなどを接続して値の範囲を変換する方法が一般的です。

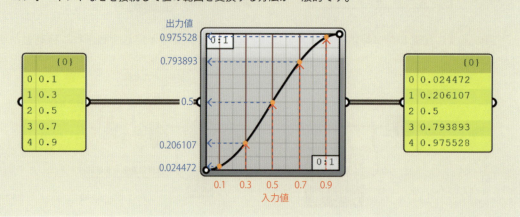

SECTION 9-2 | 曲線間をなめらかに変化する形状の作成

この節で学ぶこと
- オブジェクトを作業平面に投影する方法
- 2曲線からモーフィングカーブを作成する方法

9-2 | 作成手順

曲線をXY平面に投影する 曲線をY軸方向に移動する 2曲線をモーフィングした曲線を作成する

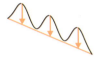

 曲線をY軸方向に押し出す 押し出した面をZ軸方向に押し出す

9-2 | 生成されるRhinoモデル

9-2 | 完成図

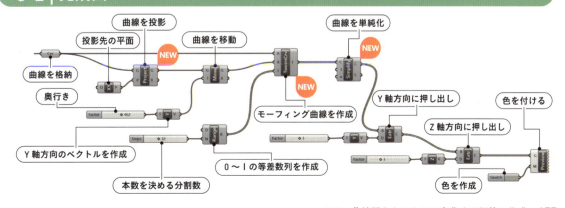

9-2 曲線間をなめらかに変化する形状の作成

1 曲線をXY平面に投影する

9-1で作成した曲線をXY平面に投影します。キャンバスをダブルクリックして「**project**」と検索し、オブジェクトを平面に投影する［**Project**］コンポーネントを配置します。また、［**XY Plane**］コンポーネントを配置します。［**Project**］コンポーネントにはBrep上に投影するものと、平面に投影するものの2種類が存在しますが、ここでは下図のアイコンのものを選択します。

下図のように配置したコンポーネントを接続します。なお、［**Project**］コンポーネントの「**P**」にはデフォルトでXY平面が格納されていますが、ここでは投影先の平面を明確にするために［**XY Plane**］コンポーネントを接続しています。右下の図のように、波打つ曲線がXY平面に投影され、直線が作成されます。投影された曲線は元の曲線と同数の制御点を持つため、この後の作業においてきれいに形状が作成されます。

2 曲線をY軸方向に移動する

曲線をY軸方向に移動します。［**Move**］コンポーネントと、［**Unit Y**］コンポーネント、範囲が「**0〜1000**」、配置時の値が「**462**」の［**Number Slider**］を配置します。続いて、下図のように配置したコンポーネントを接続し、曲線を移動します。

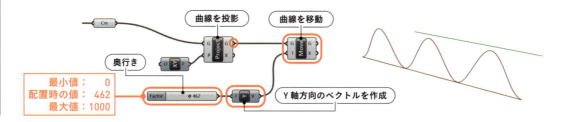

3 2曲線間にモーフィング曲線を作成する

作成した2つの曲線を使って、波打つ形状から直線へと徐々に変化する曲線を作成します。キャンバスをダブルクリックして「**tween**」と検索し、曲線A、B、ファクターを入力し、AとBをモーフィングするような曲線を作成する［**Tween Curve**］コンポーネントを配置します。また、［**Range**］コンポーネントと、範囲が「**0〜100**」、配置時の値が「**32**」の［**Number Slider**］を配置します。

下図のように配置したコンポーネントを接続することで、元の2曲線とモーフィング曲線31個の、合わせて33個の曲線が作成されます。なお、[Tween Curve]コンポーネントの「F」の値「0」と「1」は、それぞれ元の曲線A、Bに対応します。

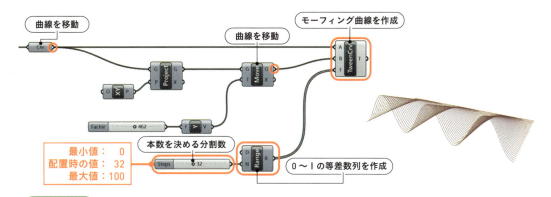

> **HINT**
>
> **[Tween Curve]の2曲線の制御点をそろえた場合・そろっていない場合**
>
> 作成した2曲線の制御点が同じ個数のとき、モーフィング曲線の制御点は、2曲線の制御点を結ぶ直線上に作成されます。2曲線の制御点の個数が異なるとき、モーフィング曲線の形が期待していたものと異なる場合があります。
> 例えば本節において、直線の制御点の個数をそろえずにモーフィング曲線を作成すると、波形のピークが中心からやや左右にズレてしまいます。
>
>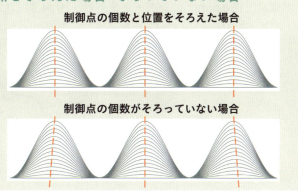

④ 曲線を単純化する

この後に作成する押し出し形状をきれいにするために、曲線の単純化を行います。
キャンバスをダブルクリックして「simplifycurve」と検索して、曲線を入力し、指定した許容差や角度許容差で単純化する[Simplify Curve]コンポーネントを配置します。

続いて、下図のように接続します。曲線の単純化が行われ、制御点が変わります。

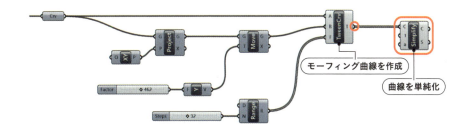

9-2 曲線間をなめらかに変化する形状の作成　179

5　曲線をY、Z軸方向に押し出す

曲線をY、Z軸方向に押し出して建物の形状を作成します。

[**Extrude**] コンポーネントと、[**Unit Y**] コンポーネント、範囲が「**0〜10**」、配置時の値が「**3**」の [**Number Slider**] を配置し、下図のように配置したコンポーネントを接続します。

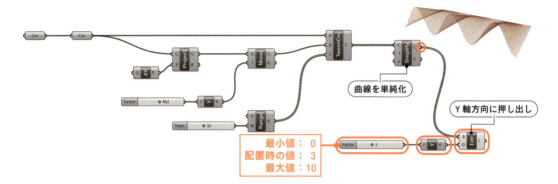

同様に、[**Extrude**] コンポーネントと、[**Unit Z**] コンポーネント、範囲が「**0〜10**」、配置時の値が「**3**」の [**Number Slider**] を配置し、下図のように配置したコンポーネントを接続します。

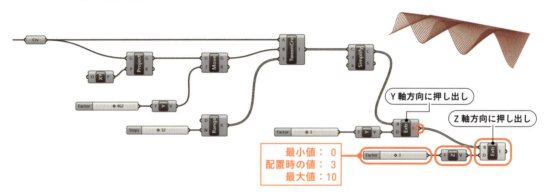

6　色付けする

最後に作成した形状に色を付けます。

[**Custom Preview**] コンポーネントと [**Colour Swatch**] コンポーネントを配置し、下図のように配置したコンポーネントを接続します。ここでは [**Colour Swatch**] コンポーネントの色をグレーに設定します（色の設定は3章のP.68を参照）。

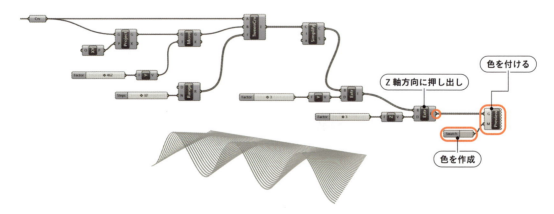

chapter 10

水平ルーバーで覆われたビルを作成する

使用データ：10_水平ルーバーで覆われたビルを作成する.gh
　　　　　10_ルーバー間隔.txt
完成データ：10_水平ルーバーで覆われたビルを作成する_完成.gh

この章の目的

10-1では建物の概形ボリュームから[Contour]コンポーネントで等間隔の床を作成し、10-2では各階の床面積をRhinoビュー上で表示する方法を学びます。また、10-3ではデータリストを操作するコンポーネントを利用してルーバーの間隔のリストを作成し、10-4では作成した間隔のリストと[Contour(ex)]コンポーネントでリズムに変化を付けた水平ルーバーを作成します。

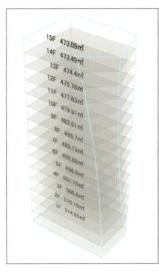 

SECTION

10-1　床の作成と各階の床面積の算定 ——————— 186

10-2　階数と床面積をRhinoビューへ表示 ——————— 193

10-3　ルーバーの間隔のリストの作成 ——————— 198

10-4　水平ルーバーの作成 ——————— 206

> 10章作成手順

10-1 | 床の作成と各階の床面積の算定

| 等間隔にオブジェクトの等高線を作成 | → | 等高線を面にして床を作成 | → | 作成した床の重心にインデックスを表示 | → | 面積の単位を変更＋四捨五入 |

 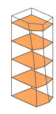 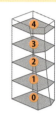

mm² → m²

1.1159 → 1.12

10-2 | 階数と床面積をRhinoビュー上へ表示

| 面積データの個数を取得 | → | 階数のデータを作成 | → | テキストをつなげる | → | テキストをRhinoビューに表示 |

"3"+"F"+"30.3"+"㎡"
↓
"3F 30.3㎡"

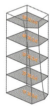

10-3 | ルーバーの間隔のリストの作成

| 6通りの方法で間隔のリストを作成 | → | 間隔のリストを切り替える |

 ×6

182

10-4 | 水平ルーバーの作成

間隔を指定して 等高線を作成	→	等高線を オフセット	→	エッジから面を 作成	→	面を押し出して ルーバーを作成

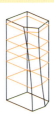   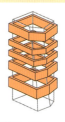

10章全体図

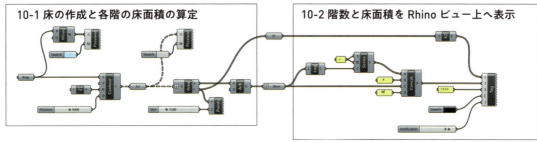

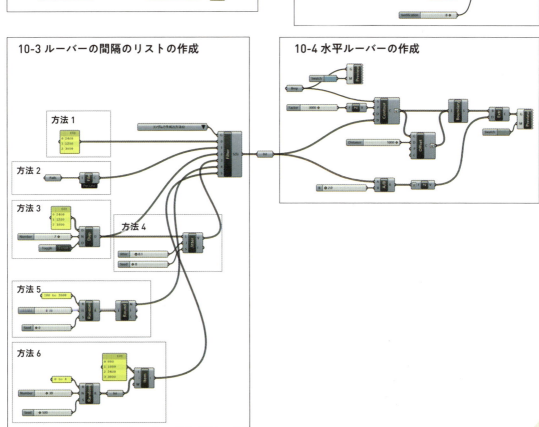

183

新たに使用するコンポーネント

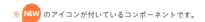 ※ NEW のアイコンが付いているコンポーネントです。

10-1 | 床の作成と各階の床面積の算定

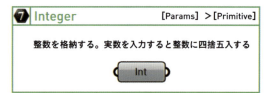

10-2 | 階数と床面積を Rhino ビュー上へ表示

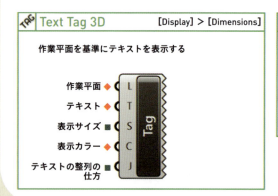

10-3 | ルーバーの間隔のリストの作成

Duplicate Data　　　　[Sets] > [Sequence]

回数を指定してデータを複製する

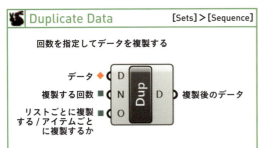

Jitter　　　　[Sets] > [Sequence]

データの順番をシャッフルする

Random　　　　[Sets] > [Sequence]

ランダムな数値を作成する

File Path　　　　[Params] > [Primitive]

ファイルパス（PC内のデータの場所）を格納する

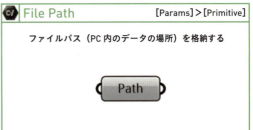

Read File　　　　[Params] > [Input]

ファイルを読み込んでファイルの内容を出力する

Value List　　　　[Params] > [Input]

あらかじめ設定した値から選択された数値を出力する

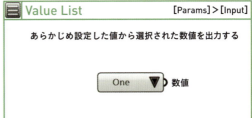

Stream Filter　　　　[Sets] > [Tree]

複数のデータから1つの端子のデータを出力する

10-4 | 水平ルーバーの作成

Contour (ex)　　　　[Intersect] > [Mathematical]

作業平面からの距離か等高線の間隔のどちらかを入力して、入力した数だけ等高線を作成する

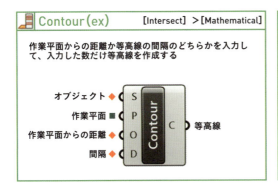

Boundary Surfaces　　　　[Surface] > [Freeform]

平坦な曲線から閉じた領域を認識し、平坦なサーフェスを作成する

SECTION 10-1 床の作成と各階の床面積の算定

この節で学ぶこと
- 等間隔にオブジェクトの等高線を作成する方法
- Rhino上で点にインデックスを表示する方法
- 数値を四捨五入する方法

10-1 | 作成手順

| 等間隔にオブジェクトの等高線を作成 | → | 等高線を面にして床を作成 | → | 作成した床の重心にインデックスを表示 | → | 面積の単位を変更＋四捨五入 |

 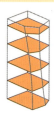 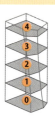

mm² → m²

1.1159 → 1.12

10-1 | 生成されるRhinoモデル

10-1 | 完成図

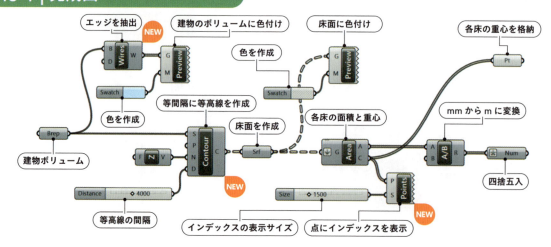

1 サンプルファイルを開く

この章のサンプルファイルは.ghファイルになります。まずRhinoウィンドウで「**ファイル**」＞「**新規作成**」を選択すると開く「**テンプレートファイルを開く**」ダイアログから「**Large Objects - Milimeters.3dm**」を選択して開きます。

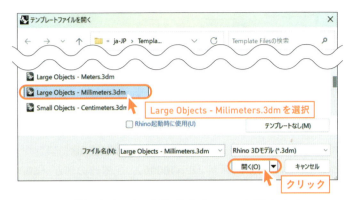

続いて、「**10_水平ルーバーで覆われたビルを作成する.gh**」を開きます。
サンプルファイルを開くと［**Brep**］コンポーネントが配置されています。この［**Brep**］コンポーネントには建物のボリュームが「**Internalise Data**」で埋め込まれています。

💡 HINT

Internalise Dataについて

「**Internalise Data**」は、入力データをコンポーネントの中に埋め込むことを意味します。埋め込んだデータは、参照先のRhinoオブジェクトや入力側の他のコンポーネントとの**リンクが切れた状態**になります。埋め込んだデータはコンポーネントに保持されているので、.ghファイルのみでデータの共有をすることができます。「**Internalise Data**」は、コンポーネントの入力端子を右クリックして、メニューから選択することで実行できます。

2 建物のボリュームのエッジ曲線を抽出する

建物のボリュームのエッジを抽出して色を付け、この後の作業で画面が見やすくなるようにします。キャンバス上をダブルクリックして「**wire**」と検索し、Brepのエッジ曲線を抽出する［**Brep Wireframe**］コンポーネントを配置します。また［**Colour Swatch**］コンポーネント、［**Custom Preview**］コンポーネントを配置します。

続いて、下図のように配置したコンポーネントを接続します。ここではエッジ曲線を見やすくするために［**Colour Swatch**］コンポーネントの色を水色に設定します（色の設定は3章のP.68を参照）。

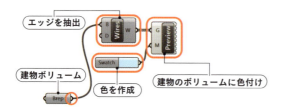

③ 建物ボリュームの等高線を作成する

等間隔に建物のボリュームの等高線を作成します。キャンバス上をダブルクリックして「**contour**」と検索し、等間隔にオブジェクトの等高線を作成する［**Contour**］コンポーネントを配置します。また、［**Unit Z**］コンポーネント、範囲が「**0〜10000**」、配置時の値が「**4000**」の［**Number Slider**］を配置します。

続いて、下図のように配置したコンポーネントを接続します。

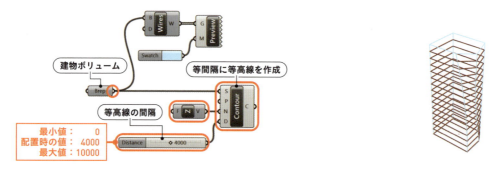

④ 面積と重心を取得する

作成した等高線を面にして床を作成し、床の面積と重心を取得します。［**Surface**］コンポーネントと［**Colour Swatch**］コンポーネント、［**Custom Preview**］コンポーネント、［**Area**］コンポーネントを配置し、下図のように配置したコンポーネントを接続します。また、作成した床を見やすくするために、［**Colour Swatch**］コンポーネントの色を半透明のグレーに設定します。

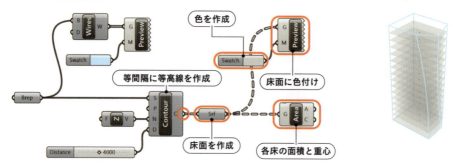

188

5 重心にインデックスを表示する

床の重心の上にインデックスを表示します。
キャンバス上をダブルクリックして「pointlist」と検索し、点の上にインデックスをタグとしてRhino上に表示する[Point List]コンポーネントを配置します。また、範囲が「0〜10000」、配置時の値が「1500」の[Number Slider]を配置します。

続いて、下図のように配置したコンポーネントを接続します。

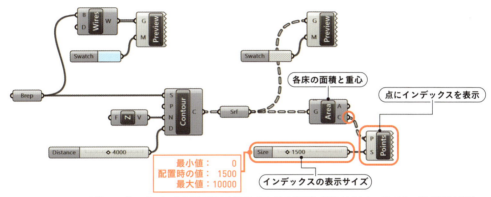

※[Contour]コンポーネントの出力端子から出ているワイヤの表示が、破線のようになっています。これは出力するデータ構造がデータツリーになっているためです。データツリーの詳細については、13章(P.243)を参照してください。

[Area]コンポーネントの「G」の上で右クリックして、「Flatten」を選択します。

各床の重心にインデックスが表示されました。

10-1 床の作成と各階の床面積の算定　189

💡 HINT

Flattenの設定をする理由

Flatten はデータツリー（リストが集まって階層化したもの。詳しくは13章のP.243を参照）の階層を取り払い、1つのリストにする操作です。

手順5で**Flatten**を行わない場合、重心のデータはパス番号がそれぞれ **{0;0}**、**{0;1}**、**{0;2}**…**{0;14}** と付けられた15個のリストに重心が1つずつ入っている構造になっています。そのため、[**Point List**] コンポーネントによって表示されるインデックス番号はすべて0になってしまいます。

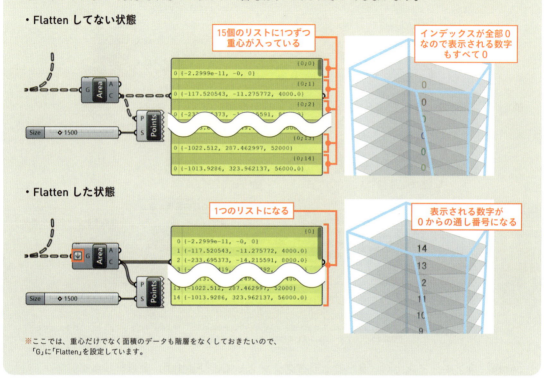

※ここでは、重心だけでなく面積のデータも階層をなくしておきたいので、「G」に「Flatten」を設定しています。

6　面積をミリメートルからメートルに単位を変換する

面積を1,000,000で割って、ミリメートルからメートルに単位を変換します。
キャンバス上をダブルクリックして「**/1000000**」と入力し、「**B**」に「**1000000**」が入力された [**Division**] コンポーネントを配置します。続いて、下図のように配置したコンポーネントを接続します。

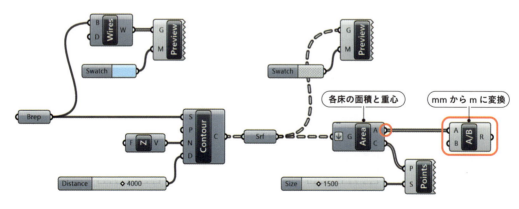

※ 1 ㎡=1m× 1m=1,000mm× 1,000mm=1,000,000m㎡

7 面積を四捨五入する

面積を小数点以下3桁で四捨五入して、小数点以下2桁の数字にします。
[Number] コンポーネントを配置し、「Expression」で「round(x,2)」と入力します。

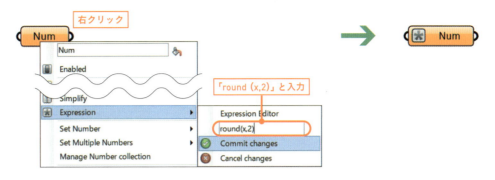

下図のように配置したコンポーネントを接続します。

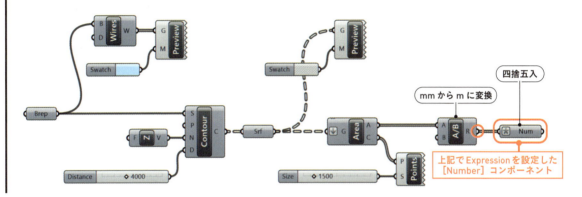

8 床の重心を格納する

次の手順に進む前に、ここまでの手順で作成したデータをまとめます。
[Point] コンポーネントを配置し、下図のように接続します。

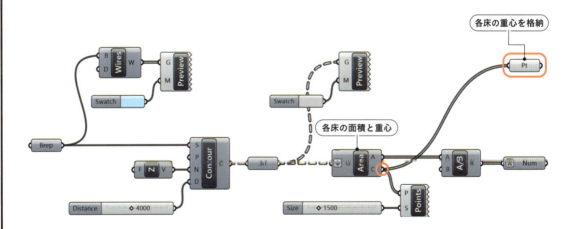

10-1 床の作成と各階の床面積の算定　191

> 知っておこう

さまざまな四捨五入の方法

Grasshopperには四捨五入する方法がいくつか用意されています。

❶ [Integer] コンポーネントで四捨五入（整数のみ）

[**Integer**] コンポーネントは、整数を格納するコンポーネントですが、小数が入力されると四捨五入して整数として出力します。

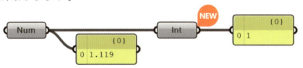

❷ [Round] コンポーネントで四捨五入（整数のみ）

[**Round**] コンポーネントは、数値を四捨五入・切り捨て・切り上げを行うコンポーネントです。四捨五入した数値は「**N**」から出力されます。

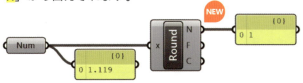

❸ [Evaluate] コンポーネントで四捨五入

[**Evaluate**] コンポーネントは、設定した関数を計算するコンポーネントです。ここでは四捨五入する関数の「**round(x,y)**」を設定します。「**x**」には四捨五入したい数値を、「**y**」には数値を小数点以下何桁の数値に丸めるかを入力します。

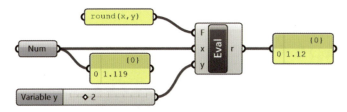

❹ [Expression] コンポーネントで四捨五入

[**Expression**] コンポーネントは、設定した関数を計算するコンポーネントです。設定する関数は❸と同様です。

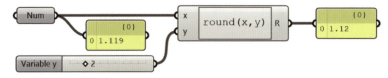

❺ 端子に「Expression」を設定して四捨五入

任意のコンポーネントの端子に「**Expression**」を設定し「**round(x,2)**」と入力すると、端子に入力される値を小数点以下2桁になるように四捨五入して読み込みます。なお、この方法では丸める桁数を定数で入力する必要があります。

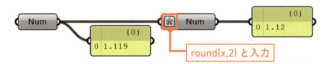

SECTION 10-2 | 階数と床面積をRhinoビュー上へ表示

この節で学ぶこと
・データリストのアイテム数を取得する方法　・テキストをつなぎ合わせる方法
・テキストをRhinoビュー上へ表示する方法

10-2 | 作成手順

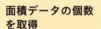
面積データの個数を取得

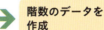
階数のデータを作成

テキストをつなげる

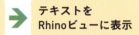
テキストをRhinoビューに表示

"3"+"F"+"30.3"+"㎡"
↓
"3F 30.3㎡"

10-2 | 生成されるRhinoモデル

10-2 | 完成図

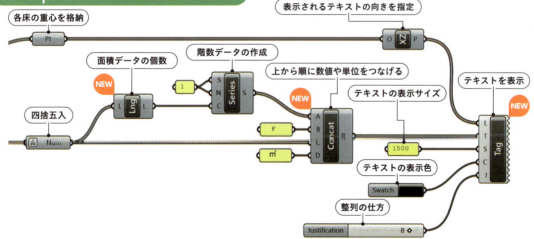

1 床の数を取得する

床の数を取得します。キャンバス上をダブルクリックして「**listlength**」と検索し、リストのアイテム数を取得する［**List Length**］コンポーネントを配置します。

下図のように配置したコンポーネントを接続します。［**Panel**］を接続して確認すると、面積のアイテム数が出力されていることが確認できます。

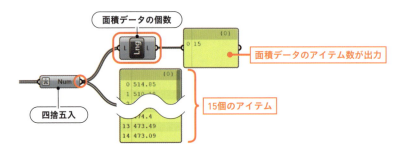

2 階数のデータを作成する

階数のデータとして、初項1、公差1、項数が床の数の等差数列を作成します。［**Series**］コンポーネントと、「**1**」と入力した［**Panel**］を配置し、下図のように配置したコンポーネントを接続します。［**Panel**］を接続すると、階数のデータとなる等差数列が作成されていることが確認できます。

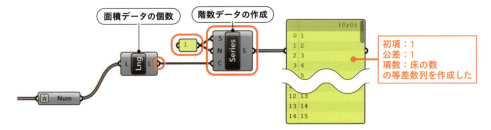

3 テキストをつなぎ合わせる

作成した階数のデータや四捨五入した床面積のデータを使って「**(階数) F　(床面積) ㎡**」というテキストを作成します。
キャンバス上をダブルクリックして「**&**」と入力し、入力されたデータを上の端子から順につなぎ合わせてテキストを作成する［**Concatenate**］コンポーネントを配置します。また、「**F　**」（Fのあとに全角スペース）と入力した［**Panel**］と、「**㎡**」と入力した［**Panel**］を配置し、［**Concatenate**］コンポーネントの端子を4つに増やします（端子はZUIの⊕/⊖で増減できます。詳しくは4章のHINT「複数のデータの格納方法」（P.98）を参照）。

下図のように配置したコンポーネントを接続します。[**Panel**]を接続すると、入力データをつなげたテキストが作成されたことが確認できます。

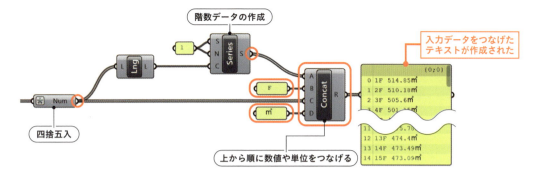

4 作成したテキストをRhinoビュー上に表示する

各床の重心に作成するXZ平面を基準として、作成したテキストをRhinoビュー上に表示させます。キャンバス上をダブルクリックして「**3d**」と検索し、作業平面を基準にしてテキストを表示する[**Text Tag 3D**]コンポーネントを配置します。また、[**XZ Plane**]コンポーネントと、「**1500**」と入力した[**Panel**]、[**Colour Swatch**]コンポーネント、範囲が「**1〜9**」、配置時の値が「**8**」の[**Number Slider**]を配置します。

下図のように配置したコンポーネントを接続します。ここでは、テキストは黒色で表示したいので[**Colour Swatch**]コンポーネントの色を黒色に設定します（色の設定は3章のP.68を参照）。

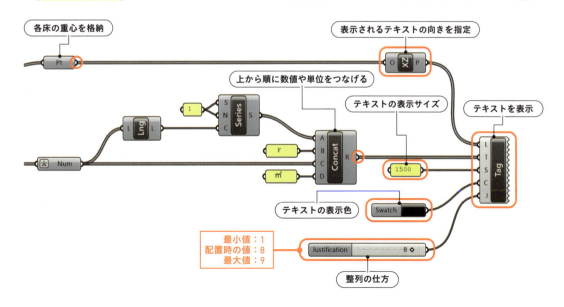

10-2 階数と床面積をRhinoビュー上へ表示 195

各階の床に、階数と床面積を表示することができました。

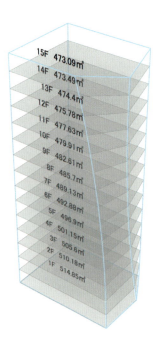

> **知っておこう**

[Mass Addition]コンポーネントで延べ床面積を計算する

10章では各階の床面積を求めましたが、ここでは延べ床面積を求める方法を紹介します。延べ床面積は、リストの値をすべて足し合わせる［**Mass Addition**］コンポーネントで求めます。また、求めた延べ床面積は、各階の床面積と同様にRhinoビュー上に表示して、簡単に確認できるようにします。

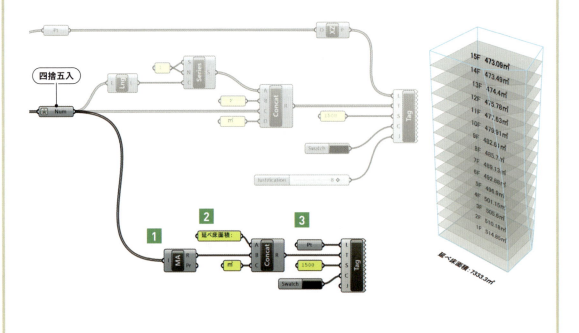

1 面積のリストをすべて足す

キャンバス上をダブルクリックして「ma」と検索し、数値の総和とインデックスごとの累積和を計算する［Mass Addtion］コンポーネントを配置します。続いて、［Number］コンポーネントに［Mass Addition］コンポーネントを接続します。

2 表示するテキストを作成する

「延べ床面積：（延べ床面積）㎡」というテキストを作成します。［Concatenate］コンポーネントと、「延べ床面積：」と入力した［Panel］、「㎡」と入力した［Panel］を配置し、下図のように接続します。

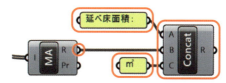

3 テキストをRhinoビュー上に表示する

作成したテキストをRhinoビュー上に表示します。［Text Tag 3D］コンポーネントと、［Colour Swatch］コンポーネント、「1500」と入力した［Panel］、［Point］コンポーネントを配置し、下図のように接続します。［Point］コンポーネントを右クリックし、「Set One Point」を選択してRhinoのコマンドラインから「Coordinate」（点の格納方法）を選択して、テキストを配置したい場所に点を作成します。

※［Point］コンポーネントの点の格納方法の切り替えについては、5章P.120を参照してください。

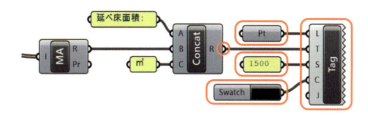

［Mass Addition］コンポーネントの「Pr」端子

右図のように［Mass Addition］コンポーネントの「Pr」からは、各インデックスまでの**累積和**（入力された数値のインデックス0番から各インデックスまで足した値）が出力されています。

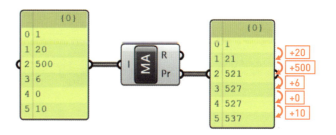

10-2 階数と床面積をRhinoビュー上へ表示　197

SECTION 10-3 | ルーバーの間隔のリストの作成

この節で学ぶこと

- リストを繰り返して新たなリストを作成する方法
- ランダムな数値を作成する方法
- リストのアイテムの順番をシャッフルする方法
- 外部のテキストデータを読み取る方法

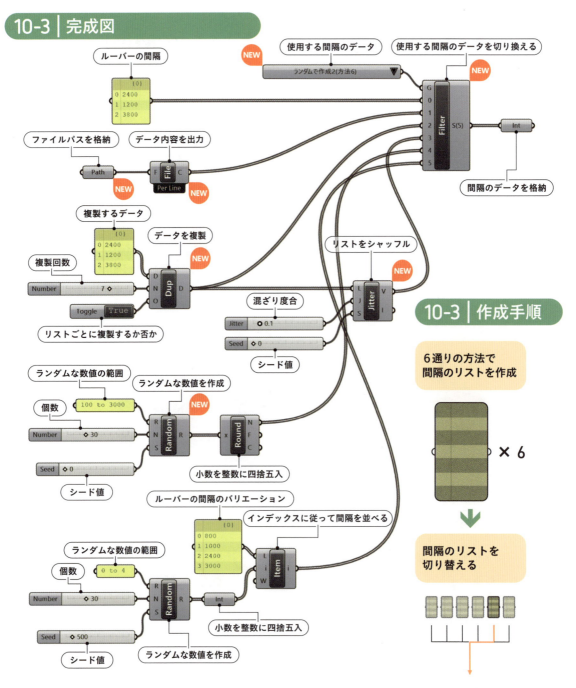

1 リストの作成方法1：Panelに直接書き込む

[Panel]に直接書き込んで、間隔のリストを作成します。
[Panel]を配置して「2400」「1200」「3800」を改行して入力し、「Multiline Data」の設定をオフにします（「Multiline Data」の設定方法は2章のPoint「Panelの使い方」（P.45）を参照）。

2 リストの作成方法2：外部のテキストデータを読み込む

外部のテキストデータを読み込みます。
キャンバス上をダブルクリックして「filepath」と検索し、ファイルパスを格納する[File Path]コンポーネントを配置します。また、「read」と検索し、ファイルを読み込む[Read File]コンポーネントを配置します。

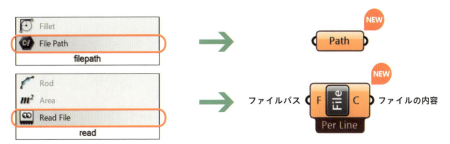

[File Path]コンポーネントを右クリックして「Select one existing file」を選択し、「10_ルーバー間隔.txt」を選択します。

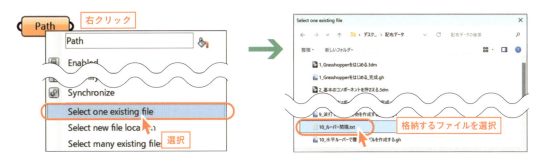

下図のように配置したコンポーネントを接続します。[Panel]を接続するとテキストファイルが読み込まれたことが確認できます。

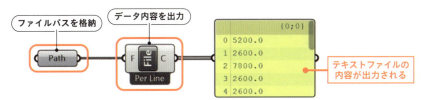

※[Read File]コンポーネントを右クリックし「Per Line」の選択を解除することで、データの読み方を「Per Line」（1行ごとにインデックスに分けて読み込む）から、「Total Data」（行で分けずに1つのデータとして読み込む）に切り替えることができます。

3 リストの作成方法3：リストの内容を複製して繰り返す

すでにあるリストの内容を複製し、それを繰り返して新しいリストを作成します。
キャンバス上をダブルクリックして「**duplicatedata**」と検索し、リストの内容を複製し繰り返す[**Duplicate Data**]コンポーネントを配置します。また、方法1で作成した[**Panel**]をコピーして配置し、範囲が「**0～10**」、配置時の値が「**7**」の[**Number Slider**]と、[**Boolean Toggle**]コンポーネントを配置します。

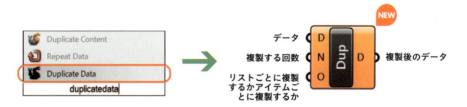

下図のように配置したコンポーネントを接続します。
[**Panel**]を接続すると、方法1で作成した[**Panel**]の内容が7回繰り返されたリストが作成されたことが確認できます。

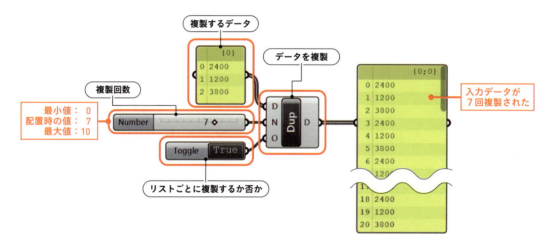

💡 HINT

[Duplicate Data]の2種類の複製方法

[**Duplicate Data**]コンポーネントの「**O**」入力端子から、データを複製する方法を切り替えることができます。

- **True の場合**
- **False の場合**

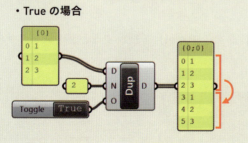

複製元のリストを1つのまとまりとし、そのまとまりを繰り返します。

複製元のリストのアイテムをそれぞれ繰り返します。

④ リストの作成方法4：リストをシャッフルする

前ページの方法3で作成したリストをシャッフルし、アイテムの順番にランダムな要素を加えます。キャンバス上をダブルクリックして「**jitter**」と検索し、リストをシャッフルしてアイテムの順番を変える［**Jitter**］コンポーネントを配置します。また、範囲が「**0.0〜1.0**」、配置時の値が「**0.1**」の［**Number Slider**］と、範囲が「**0〜100**」、配置時の値が「**0**」の［**Number Slider**］を配置します。

下図のように配置したコンポーネントを接続します。［**Panel**］を接続して、方法3で作成したリストと見比べてみると、いくつかのアイテムの位置が変わっていることが確認できます。

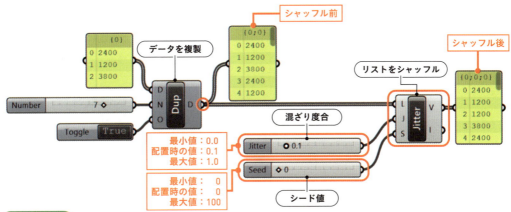

💡 HINT

シード値について

シード値とは、乱数を出力するコンポーネントにおいて、乱数を引き出すキーのような働きをしています。同じシード値からは同じ乱数が出力されます。シード値の値を変更することによって、ランダムな要素の検討をします。

💡 HINT

［Jitter］の「I」出力端子について

「**I（Indices=Indexの複数形）**」出力端子からは、「**V**」出力端子から出力されるデータの各アイテムが、シャッフル前は何番のインデックスだったかが出力されます。

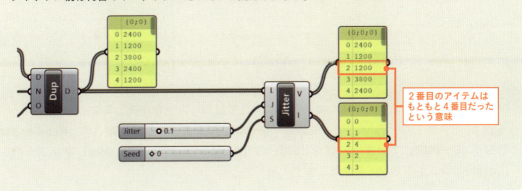

⑤ リストの作成方法5：ランダムな数値を生成する

範囲と個数を指定してランダムな数値を生成し、四捨五入してランダムな整数のリストを作成します。キャンバス上をダブルクリックして「**random**」と検索し、指定した範囲のランダムな数値を指定した個数生成する［**Random**］コンポーネントを配置します。また、「**100 to 3000**」と入力した［**Panel**］と、範囲が「**0〜100**」で配置時の値が「**30**」の［**Number Slider**］、範囲が「**0〜100**」で配置時の値が「**0**」の［**Number Slider**］、［**Round**］コンポーネントを配置します。

下図のように配置したコンポーネントを接続します。［**Panel**］を接続すると、ランダムな数値が指定した個数生成されたことが確認できます。

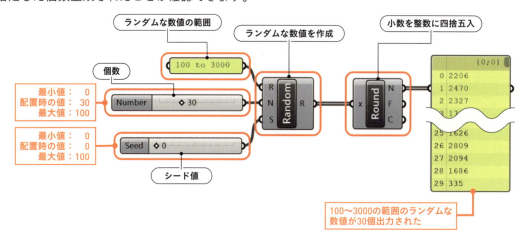

⑥ リストの作成方法6：指定した数値をランダムに並べる

指定した数値のリストから、ランダムなインデックスで、［**List Item**］コンポーネントを使って数値を引き出し、新たな数値のリストを作成します。まず、ルーバーの間隔のバリエーションとして、指定した数値のリストを作成します。［**Panel**］を配置して「**800**」「**1000**」「**2400**」「**3000**」を改行して入力し、「**Multiline Data**」の設定をオフにします（2章のP.45参照）。

次に、インデックスを指定するためのランダムな数値のリストを作成します。「**0 to 4**」と入力した［**Panel**］と、範囲が「**0〜100**」で配置時の値が「**30**」の［**Number Slider**］、範囲が「**0〜5000**」で配置時の値が「**500**」の［**Number Slider**］、［**Random**］コンポーネント、［**Integer**］コンポーネントを配置します。

下図のように配置したコンポーネントを接続します。[**Panel**] を接続すると、作成されたランダムな数値が0～4の整数に四捨五入され、変換されていることが確認できます。

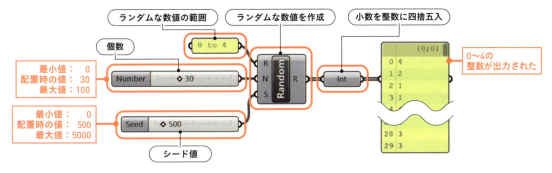

[**List Item**] コンポーネントを配置します。続いて、下図のように接続します。[**Panel**] を接続すると、指定した数値のリストからランダムに数値が並べられていることが確認できます。

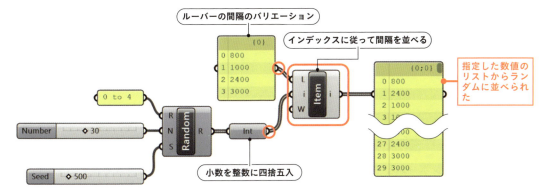

> 💡 **HINT**
>
> ### [Random]コンポーネントの範囲とインデックスの回り込み
>
> 手順6で [**Random**] コンポーネントの範囲を「**0 to 3**」にすると、[**Random**] コンポーネントが出力する数値のうち、四捨五入して0, 3になる数字は1, 2になる数字よりも少なくなってしまいます。そこで、ここでは範囲を「**0 to 4**」とし、[**List Item**] コンポーネントでは**インデックスの回り込み**を利用することで、「**4**」を「**0**」として読み込み、それぞれのインデックスの出現確率を等しくしています。
>
>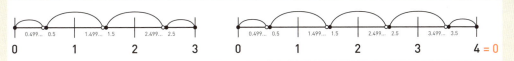
>
> **・インデックスの回り込み**
>
> リストを操作するコンポーネントには「**W（Wrap）**」端子からインデックスの回り込みのオン/オフを設定できるものがあります。インデックスの回り込みは、指定したインデックスがリストのインデックスを超えた場合の処理に関わります。**オンの場合はリストの最初に戻って数え続けます。**オフの場合には超えて指定した数値は無効になります。なお、「**W**」にはデフォルトで「**True**」が入力されており、回り込みがオンになっています。
>
>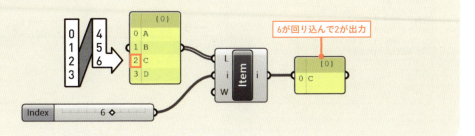

7　間隔のリストを切り替えられるようにする

方法1～6で作成したリストのうち、どの方法で作成したリストを使用するか、切り替えられるようにします。また切り替える際の番号を指定するインターフェースをわかりやすく工夫します。キャンバス上をダブルクリックして「**filter**」と検索し、複数の入力データから出力するデータを切り替える［**Stream Filter**］コンポーネントを配置します。さらに入力端子を6つに増やします（端子はZUIの⊕/⊖で増減できます。詳しくは4章のHINT「複数のデータの格納方法」（P.98）を参照）。

キャンバス上をダブルクリックして「**valuelist**」と検索し、設定した値を出力する［**Value List**］コンポーネントを配置します。

［**Value List**］コンポーネントの設定をします。コンポーネントをダブルクリックすると［**Value List Constants**］ダイアログが開くので、ここに値を入力して設定を行います。「**=**」をはさんで左がコンポーネントに表示される見出し、右が出力する値です。

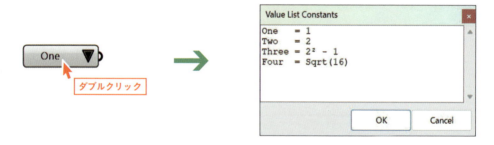

ここでは下図のように入力します。［**OK**］をクリックすると設定が完了します。▼をクリックすると設定した見出しが選択できます。なお、「**=**」の**左右のスペース**は、見出しの表示や出力される数値に影響はなく、［**OK**］をクリックした後に自動で調整されるので、気にせず入力してかまいません。

続いて、下図のように配置したコンポーネントを接続します。なお、以降［**Value List**］コンポーネントの値は「**ランダムで作成2**」（方法6）として進めていきます。

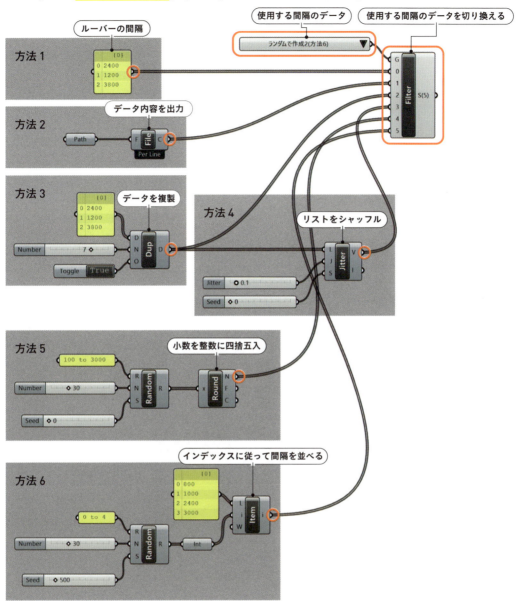

8　間隔のリストを格納する

次の手順に進む前に、ここまでの手順で作成したデータを格納コンポーネントにまとめます。［**Integer**］コンポーネントを配置し、下図のように配置したコンポーネントを接続します。

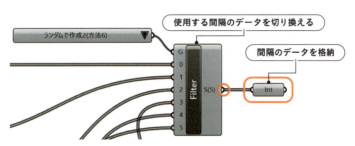

SECTION 10-4 水平ルーバーの作成

> この節で学ぶこと
>
> ・リズムに変化を付けて等高線を作成する方法　・境界となる曲線からサーフェスを作成する方法

10-4 | 作成手順

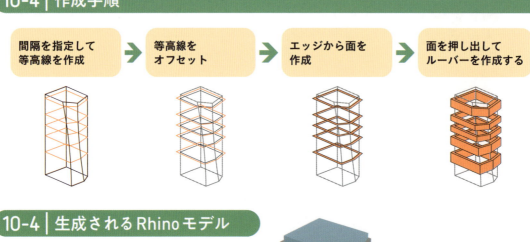

10-4 | 生成されるRhinoモデル

10-4 | 完成図

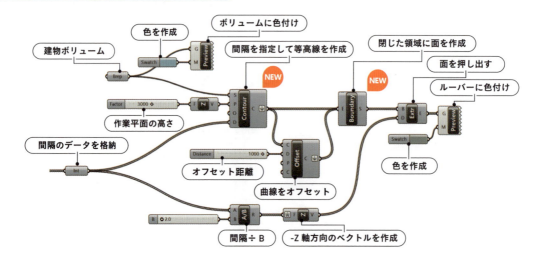

1 建物ボリュームが埋め込まれた [Brep] コンポーネントをコピーする

サンプルファイルに用意されていた、建物ボリュームが埋め込まれた（Internalise）[**Brep**] コンポーネントをコピーして、任意の場所に貼り付けます。

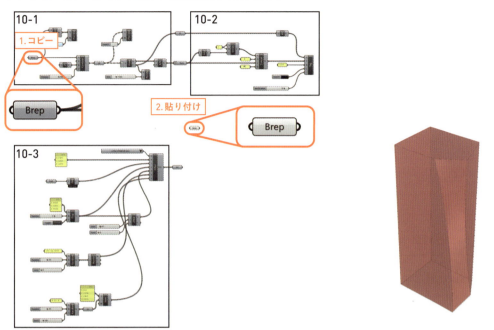

2 ルーバーの内側の輪郭線を作成する

作成した間隔のリストと [**Contour(ex)**] コンポーネントを使って、ルーバーの内側の輪郭線を作成します。キャンバス上をダブルクリックして「**contour(ex)**」と検索し、間隔を指定してオブジェクトの等高線を作成する [**Contour(ex)**] コンポーネントを配置します。また、範囲が「**0～6000**」、配置時の値が「**3000**」の [**Number Slider**] と、[**Unit Z**] コンポーネントを配置します。

下図のように配置したコンポーネントを接続します。

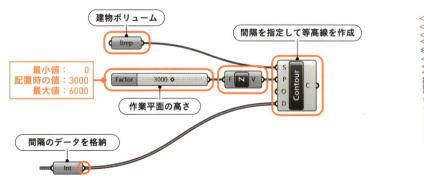

10-4 水平ルーバーの作成　207

③ ルーバーの外側の輪郭線を作成する

作成した等高線をオフセットして、ルーバーの外側の輪郭線を作成します。
[**Offset Curve**] コンポーネントと、範囲が「**0〜1000**」、配置時の値が「**1000**」の [**Number Slider**] を配置します。続いて、下図のように配置したコンポーネントを接続します。

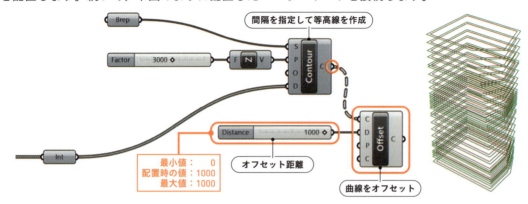

④ 内側・外側の輪郭線の間に面を作成する

[**Contour(ex)**] コンポーネントで作成した内側の輪郭線と、[**Offset Curve**] コンポーネントで作成した外側の輪郭線との間に面を作成します。
キャンバス上をダブルクリックして「**boundary**」と検索し、入力した曲線を境界線として平坦なサーフェスを作成する [**Boundary Surfaces**] を配置します。

下図のように配置したコンポーネントを接続します。また、[**Contour(ex)**] コンポーネントの「**C**」と、[**Offset Curve**] コンポーネントの「**C**」をそれぞれ「**Flatten**」に設定することで、外側の輪郭線との間に面が作成されます。[**Panel**] を接続すると、内外すべての輪郭線が1つのリストに収まっていることが確認できます。

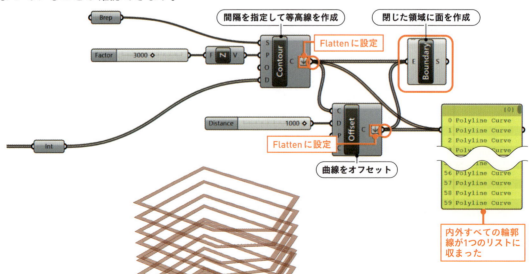

208

💡 HINT

[Boundary Surfaces]コンポーネントによる面の作成

[**Boundary Surfaces**]コンポーネントは、複数の平坦な曲線（二次元の曲線）を境界線として、閉じた領域を認識し、平坦なサーフェスを作成します。

・**同一リスト内の境界線**

同一平面上で境界線が別の境界線を囲んでいると、穴の開いたサーフェスが出力されます。

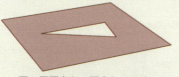
同一平面上かつ囲まれている
→穴として認識

完全に囲まれていない場合
→別々に面を作成

同一平面上にない場合
→別々に面を作成

・**異なるリストの境界線**

入力データがツリー構造となっているとき、1つのサーフェスをかたち作る曲線は、同じリストに入っている必要があります。同一平面上に位置していても別々のリストに入っている場合は、別々に面を作成します。

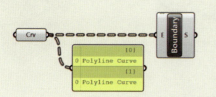

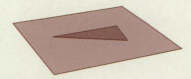
同一平面上で囲まれているが別々のリストの場合
→別々に面を作成

手順4では内側の輪郭線と外側の輪郭線を[**Boundary Surfaces**]コンポーネントの「**E**」入力端子の手前で**Flatten**し、すべての輪郭線を1つのリストに入った状態にしています。そして、その中から同一平面上にある境界線（今回の場合、オフセット前/後の各ペア）で囲われた領域に面を作成しています。

下図は**Flatten**しないでデータをまとめた場合です。[**Contour(ex)**]コンポーネントと[**Offset Curve**]コンポーネント、それぞれの出力データが異なるツリー構造を持っているため、まとめられたデータではそれぞれの輪郭線が別々のリストに入ってしまいます。そのため、[**Boundary Surfaces**]コンポーネントは、それぞれの1つの輪郭線から1つの面を作成します。

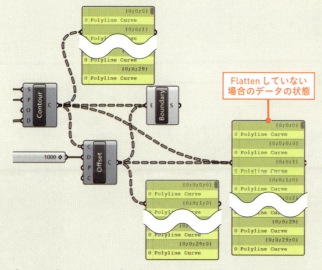

※[Contour(ex)]コンポーネントの「C」と[Offset Curve]コンポーネントの「C」に不必要な階層を消去する[Simplify]（13章のP.247を参照）を設定し、両者のデータのツリー構造をそろえることでも、Flattenした場合と同様の面を作成することができます。

5 面を押し出してルーバーを作成する

作成した面をZ軸のマイナス方向に押し出してルーバーを作成します。また、面を押し出す距離はルーバーの間隔の1/nとなるようにします。範囲が「2.0〜4.0」、配置時の値が「2.0」の[Number Slider]と、[Division]コンポーネント、[Unit Z]コンポーネント、[Extrude]コンポーネントを配置します。また、[Unit Z]コンポーネントには「Expression」に「-x」を設定します。
続いて、下図のように配置したコンポーネントを接続します。

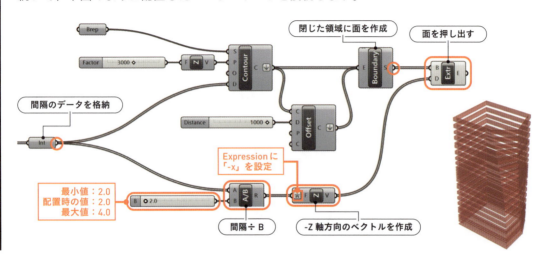

6 建物ボリュームとルーバーに色を付ける

[Brep]コンポーネントに「Internalise」で埋め込まれた建物ボリュームと作成したルーバーに色を付けます。[Colour Swatch]コンポーネントを2つ、[Custom Preview]コンポーネントを2つ配置します。続いて、下図のように配置したコンポーネントを接続します。ここでは建物ボリュームは水色、ルーバーはグレーとなるように[Colour Swatch]コンポーネントの色を変更します（色の設定は3章のP.68を参照）。

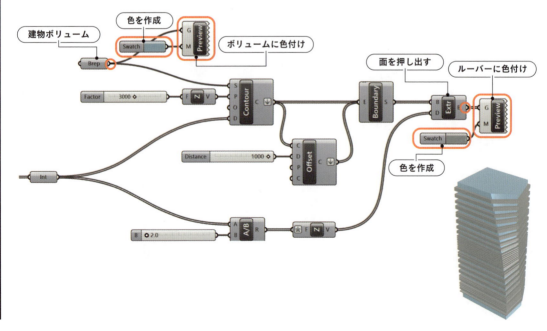

chapter 11

流れる形状のベンチを作成する

使用データ：11_流れる形状のベンチを作成する.gh
完成データ：11_流れる形状のベンチを作成する_完成.gh

この章の目的

この章では、[Sweep1] コンポーネントの扱い方と、作業平面を利用してレール曲線に合わせた向きの切断面を作成する方法を学びます。これにより、板状の形でなめらかな3次元形状に似せたベンチを作成することができます。

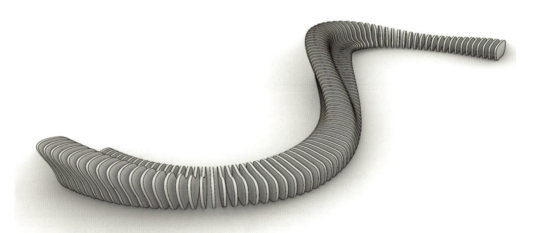

SECTION
11-1　ベンチ形状の作成────────214
11-2　切断面の作成────────219
11-3　ベンチの最終形状の作成────────221

11章作成手順

11-1 | ベンチ形状の作成

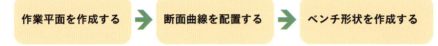

11-2 | 切断面の作成

11-3 | ベンチの最終形状の作成

11章全体図

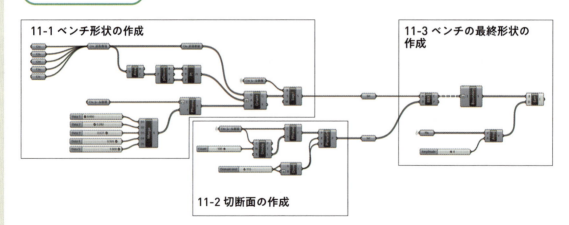

212

新たに使用するコンポーネント

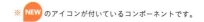 ※ NEW のアイコンが付いているコンポーネントです。

11-1 ベンチ形状の作成

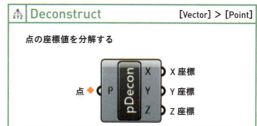

11-2 切断面の作成

11-3 ベンチの最終形状の作成

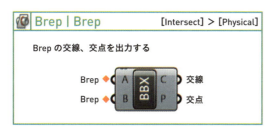

SECTION 11-1 | ベンチ形状の作成

この節で学ぶこと
・曲線に直交する作業平面を作成する方法
・断面曲線とレール曲線からなめらかなサーフェスを作成する方法

11-1 | 作成手順

作業平面を作成する → 断面曲線を配置する → ベンチ形状を作成する

11-1 | 生成されるRhinoモデル

11-1 | 完成図

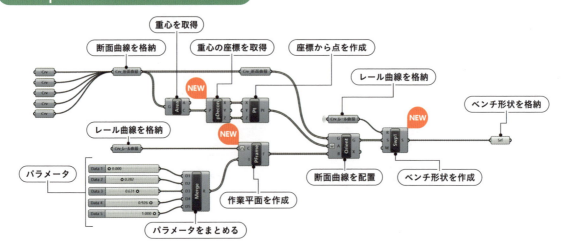

1 レール曲線上に作業平面を作成する

この章のサンプルファイルは .gh ファイルになります。まず Rhino ウィンドウで「**ファイル**」>「**新規作成**」を選択すると開く「**テンプレートファイルを開く**」ダイアログから「**Large Objects - Milimeters.3dm**」を選択して開きます。続けて「**11_流れる形状のベンチを作成する.gh**」を開きます。[**Curve**] コンポーネントにベンチ形状の断面曲線とレール曲線が格納されています。

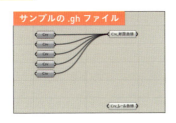

レール曲線のパラメータを指定して作業平面を作成します。

まず、指定するパラメータを作成します。範囲が「**0.000〜1.000**」の [**Number Slider**] を5つ配置し、それぞれ「**Data1〜Data5**」と名前を振り分けます。また、[**Merge**] コンポーネントを配置します。続いて、下図のように [**Number Slider**] の数値を上から段々になるように変更し、[**Merge**] コンポーネントに接続します。

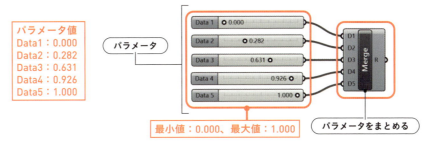

次にレール曲線上に作業平面を作成します。キャンバス上をダブルクリックして「**perpframe**」と検索し、曲線の接線方向をZ軸とする作業平面を作成する [**Perp Frame**] コンポーネントを配置します。

下図のように配置したコンポーネントを接続します。さらに、[**Perp Frame**] コンポーネントの「**c**」を右クリックして「**Reparameterize**」に設定します。

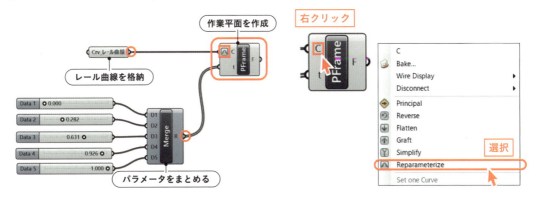

11-1 ベンチ形状の作成 215

レール曲線上に作業平面が作成されました。

> **💡 HINT**
>
> **Reparameterizeについて**
>
> 「**Reparameterize**」を設定すると、曲線やサーフェスのパラメータの範囲が0から1に正規化されます。大きさの異なる曲線でも始点のパラメータが0、終点のパラメータを1とすることで、パラメータを指定する作業を行いやすくなります。

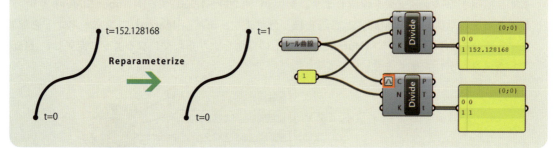

② 断面曲線の基準点を作成する

作業平面に断面曲線を配置するための基準点を作成します。
まず、断面曲線の重心を取得します。[Area]コンポーネントを配置します。続いて、下図のように配置したコンポーネントを接続します。

※なお、サンプルファイルでもともと配置されていた、5つの断面曲線を格納した[Curve]コンポーネントは[Crv_断面曲線]に、以下に示された順で接続されています。
　これは後の作業で、入力の順番の影響を知ってもらうための意図的なものです。

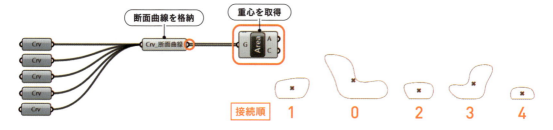

次に基準点を作成します。キャンバス上をダブルクリックして「**deconstruct**」と検索し、点の座標値を分解する[**Deconstruct**]コンポーネントを配置します。また、[**Construct Point**]コンポーネントを配置します。

下図のように配置したコンポーネントを接続します。[Deconstruct]コンポーネントによって断面曲線の重心からX座標、Z座標を取得し、[Construct Point]コンポーネントによって取得した重心のY座標のみ0となった点が作成されます。これを基準点とします。

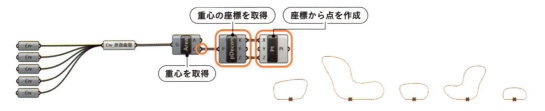

3 ターゲットの平面に断面曲線を配置する

作業平面に断面曲線を配置します。きれいに接続するために[Crv_断面曲線]をコピーして配置し、[Orient]コンポーネントを配置します。続いて、下図のように配置したコンポーネントを接続します。さらに、[Orient]コンポーネントの「A」を右クリックして「Flatten」に設定します。これにより[Orient]コンポーネントによって断面曲線を基準点から作業平面へ再配置します。

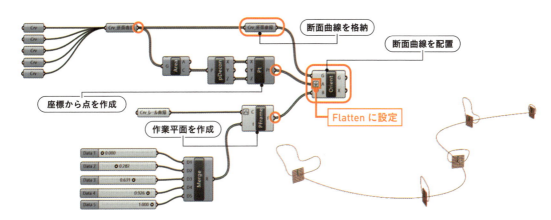

💡 HINT

断面曲線を格納する順番が与える影響

断面曲線を格納する順番は[Orient]コンポーネントで配置する順番に影響を与えます。0番目の断面曲線はレール曲線の0番目のパラメータに作成された作業平面に、1番目の断面曲線はレール曲線の1番目のパラメータに作成された作業平面に、と個別に対応して配置されます。

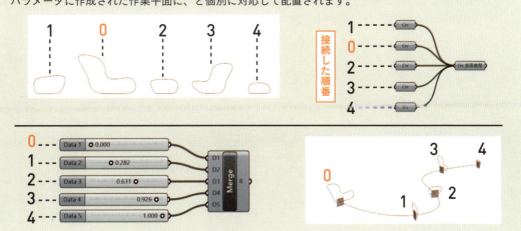

11-1 ベンチ形状の作成　217

4 ベンチの形状を作成する

断面曲線とレール曲線からベンチの形状を作成します。
キャンバス上をダブルクリックして「**sweep1**」と検索し、断面曲線と1つのレール曲線にフィットするサーフェスを作成する［**Sweep1**］コンポーネントを配置します。また、［**Curve**］コンポーネント、［**Surface**］コンポーネントを配置します。

下図のように配置したコンポーネントを接続し、ベンチの形状を作成します。
上記で配置した［**Curve**］コンポーネントは、手順1でレール曲線を格納した［**Curve**］コンポーネントに接続し、同じく名前を「**Crv_レール曲線**」に変更します。続いて、この2つの「**Crv_レール曲線**」をつなぐワイヤの表示を「**Wire Display**」から「**Hidden**」に設定して非表示にし、キャンバスを整理します。

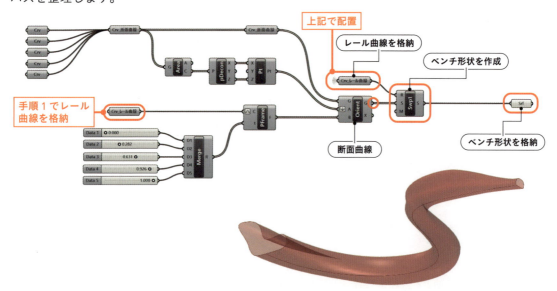

💡 HINT

「Wire Disply」を「Hidden」に設定する方法

入力されている側のコンポーネントの入力端子上で右クリックし、「**Wire Display**」から「**Hidden**」を選択します。「**Hidden**」を設定したコンポーネントの入力端子には が表示されます（1章のP.33参照）。

SECTION 11-2 | 切断面の作成

> この節で学ぶこと
> ・作業平面を利用してサーフェスを作成する方法

11-2 | 作成手順

11-2 | 生成されるRhinoモデル

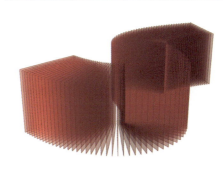

11-2 | 完成図

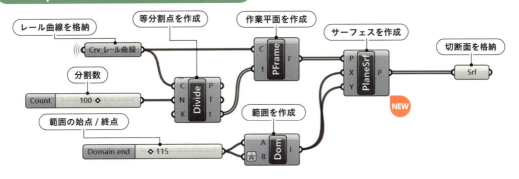

1 レール曲線を等分割し、作業平面を作成する

前節と同様に作業平面を作成します。まず、指定するパラメータを作成します。範囲が「0〜200」、配置時の値が「100」の [Number Slider] を配置し、[Divide Curve] コンポーネントを配置します。また 11-1 でレール曲線を格納した [Curve] コンポーネント（名称「Crv_レール曲線」のうち 11-1 の手順4で配置したもの）をコピーして配置します。
続いて、下図のように配置したコンポーネントを接続し、レール曲線上に等分割点を作成します。

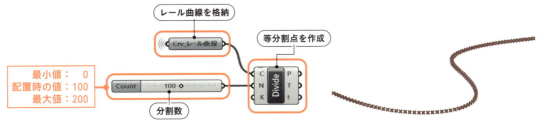

11-2 切断面の作成 219

次に等分割からパラメータを指定し、レール曲線上に作業平面を作成します。
[**Perp Frame**] コンポーネントを配置し、下図のように接続します。

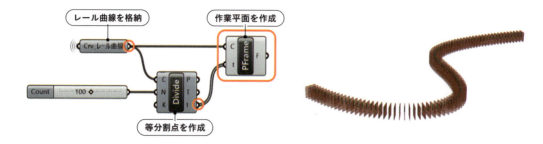

② 作業平面上にサーフェスを作成する

作業平面を利用して切断面を作成します。
キャンバス上をダブルクリックして「**planesurface**」と検索し、平面上にサーフェスを作成する [**Plane Surface**] コンポーネントを配置します。また、範囲が「**0〜1000**」、配置時の値が「**115**」の [**Number Slider**]、[**Construct Domain**] コンポーネント、[**Surface**] コンポーネントを配置します。

下図のように配置したコンポーネントを接続します。さらに、[**Construct Domain**] コンポーネントの「**B**」の上で右クリックして、「**Expression**」に「**- x**」を設定します。
[**Number Slider**] と [**Construct Domain**] コンポーネントの接続でサーフェスの大きさとなる範囲を作成し、[**Plane Surface**] コンポーネントに作業平面と大きさの範囲を入力することで、作業平面上にサーフェスが作成されます。

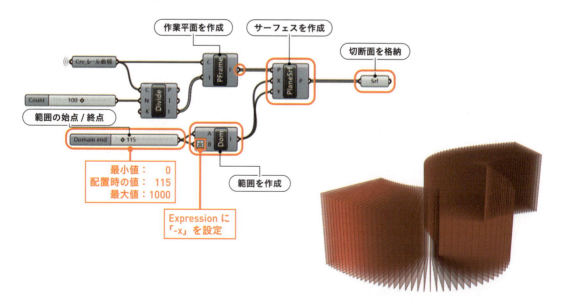

SECTION 11-3 | ベンチの最終形状の作成

> この節で学ぶこと
- 重なり合う立体の交線を取得する方法
- ベクトルの長さを変える方法

11-3 | 作成手順

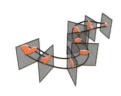

11-3 | 生成されるRhinoモデル

11-3 | 完成図

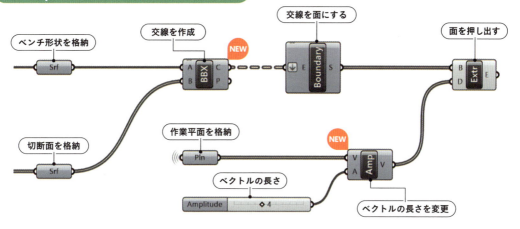

1 ベンチ形状と切断面の交線を取得する

11-1で作成したベンチ形状と、11-2で作成した切断面の交線を取得します。
キャンバス上をダブルクリックして「**bbx**」と検索し、Brepの交線、交点を出力する[**Brep | Brep**]コンポーネントを配置します。また、[**Boundary Surfaces**]コンポーネントを配置します。

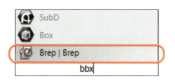 

下図のように配置したコンポーネントを接続します。さらに、[Boundary Surfaces]コンポーネントの「E」を右クリックして「Flatten」に設定します。
[Brep | Brep]コンポーネントによって11-1で作成したベンチ形状と、11-2で作成した切断面の交線を取得し、[Boundary Surfaces]コンポーネントによって交線が面になります。

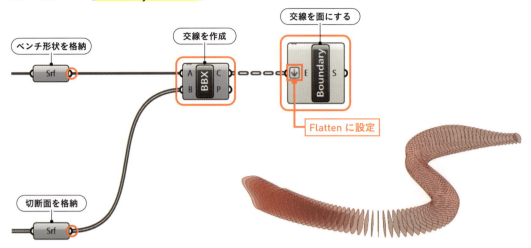

💡 HINT

切断面が大きすぎる場合

切断面の大きさは、ベンチ形状に対して過不足なく設定する必要があり、今回は「-115〜115」という範囲になりました。切断面が大きすぎて、切断したい位置とは別の場所にまで切断面が交差してしまっている場合、下図のように余計な交線が作成されてしまいます。

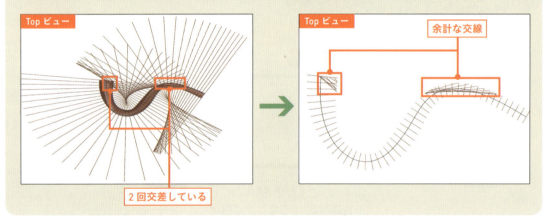

② 面を押し出す

面を押し出して板状にします。
まず、押し出すベクトルを指定します。キャンバス上をダブルクリックして「amplitude」と検索し、ベクトルの長さを変更する[Amplitude]コンポーネントを配置します。また、範囲が「0〜10」、配置時の値が「4」の[Number Slider]、[Plane]コンポーネントを配置します。

下図のように配置したコンポーネントを接続します。11-2 で作業平面を作成した［**Perp Frame**］コンポーネントに［**Plane**］コンポーネントを接続し、作業平面を格納します。続けて、この2つのコンポーネント間のワイヤを「**Hidden**」に設定して非表示にします。

［**Amplitude**］コンポーネントによって法線ベクトルの長さを「**4**」に変更します。

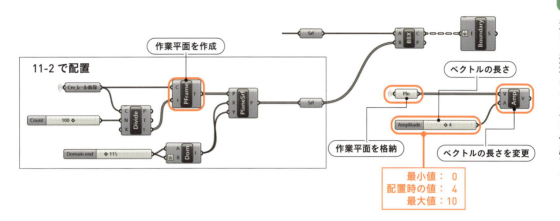

最小値： 0
配置時の値： 4
最大値：10

💡 HINT

［Unit Vector］を用いる方法と作業平面の法線ベクトル

ベクトルの大きさを変える別の方法として［**Unit Vector**］コンポーネントを用いるものがあります。作業平面を［**Panel**］に接続すると1つの作業平面に0、Zの2つのベクトルが確認できます。0は原点のワールド座標（位置ベクトル）で、Zは法線ベクトルです。［**Unit Vector**］コンポーネントによって、このZを単位ベクトルに変換することができます。

［**Multiplication**］コンポーネントによって単位ベクトルをスカラー倍することで、［**Amplitude**］コンポーネントを用いる方法と同様にベクトルの大きさを変更することができます。

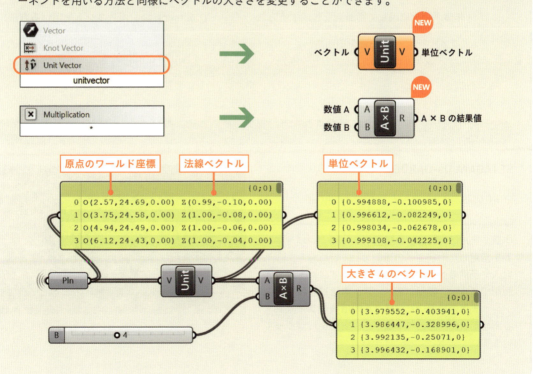

11-3 ベンチの最終形状の作成 223

次に指定したベクトルで面を押し出します。
[**Extrude**] コンポーネントを配置します。続いて、下図のように配置したコンポーネントを接続します。[**Extrude**] コンポーネントによって、ベンチ形状と切断面の交線を面にした断面を、法線方向に長さ4のベクトルで押し出し、板状の形を作成します。

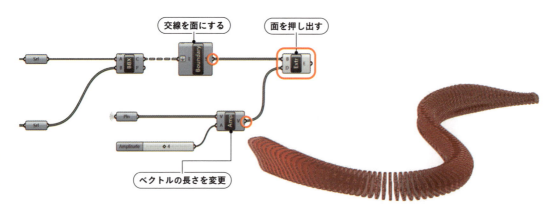

💡 HINT

[Contour]コンポーネントを用いる方法との違い

なめらかな3次元形状を板の連なりで近似する方法として、[**Contour**] コンポーネントを用いる方法も考えられます。しかし [**Contour**] コンポーネントでは、作成される断面曲線の間隔のみ指定するため、作成される数を入力しません。
この章で扱った、作業平面を利用して切断面を作成する方法では、作成される断面の法線ベクトルをあらかじめ指定することができました。よりなめらかな形状にフィットする方法として覚えておくとよいでしょう。

・作業平面を利用して切断面を作成する方法　　・[Contour] コンポーネントを用いる方法

事例

SETAGAYA Qs-GARDEN

https://www.shimz.co.jp/dde/case/14.html

本章で学んだ断面形状の配置やSweepコンポーネントを活用した形状生成の事例の1つです。
大人や子供のベンチ、自転車や車いすに乗ったまま利用できる机、寝転ぶスペース、本を読む場所、ストレッチ用の場所など、様々な利用者にフィットする断面形状が連続的につながり、空間を形づくっています。

chapter 12

螺旋スロープを作成する

完成データ：12_螺旋スロープを作成する_完成.gh

この章の目的

この章では、階高や階数といった数値を利用して螺旋形状のスロープを作成する方法を学びます。また、章末の「知っておこう」では、高さと勾配から直線スロープを作成する方法を紹介します。

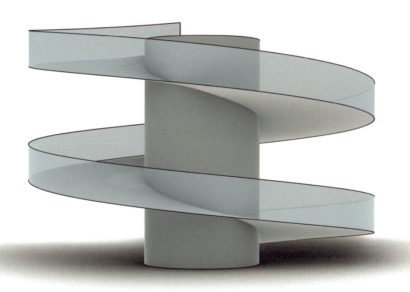

SECTION

12-1　螺旋面の基準となる線分の作成　———— 228
12-2　スロープのモデルの作成　———— 233

> 12章作成手順

12-1 | 螺旋面の基準となる線分の作成

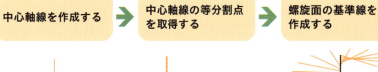

12-2 | スロープのモデルの作成

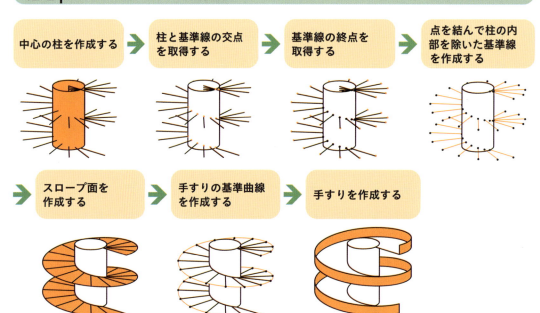

> 12章全体図

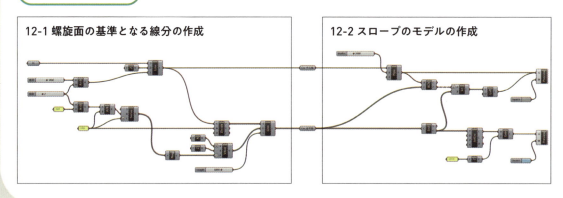

新たに使用するコンポーネント

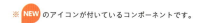 ※ NEW のアイコンが付いているコンポーネントです。

12-1 | 螺旋面の基準となる線分の作成

12-2 | スロープのモデルの作成

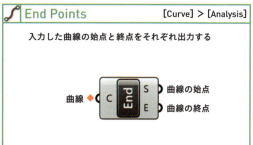

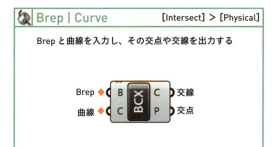

SECTION 12-1 | 螺旋面の基準となる線分の作成

この節で学ぶこと
・直線を始点・方向・長さから作成する方法
・等差数列を用いて螺旋状に線分を作成する方法

12-1 | 作成手順

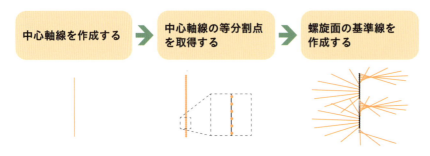

中心軸線を作成する → 中心軸線の等分割点を取得する → 螺旋面の基準線を作成する

12-1 | 生成されるRhinoモデル

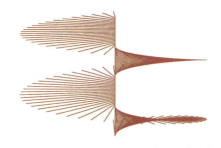

12-1 | 完成図

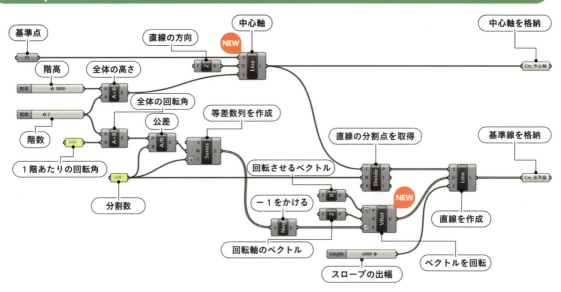

① 中心軸を作成する

はじめに螺旋面の中心軸を作成します。キャンバス上をダブルクリックして「**sdl**」と検索し、始点と方向ベクトル、長さを指定し、直線を作成する［**Line SDL**］コンポーネントを配置します。また、範囲が「**0〜10000**」、配置時の値が「**3800**」の［**Number Slider**］と、範囲が「**0〜10**」、配置時の値が「**2**」の［**Number Slider**］、［**Multiplication**］コンポーネントを配置します。

続いて、下図のように配置したコンポーネントを接続します。「**（階高）×（階数）**」という式により中心軸の高さを求められます。

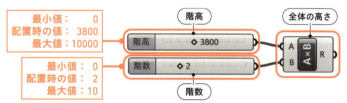

直線の始点として「**0,0**」の座標が格納された［**Point**］コンポーネントを配置します。また、［**Unit Z**］コンポーネントを配置し、下図のように接続します。

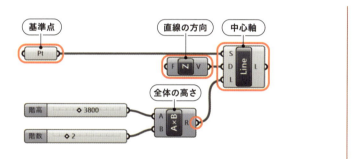

② 中心軸の等分割点を取得する

中心軸の等分割点を取得します。［**Divide Curve**］コンポーネントと、曲線の分割数を入力する［**Panel**］を配置し、下図のように接続します。

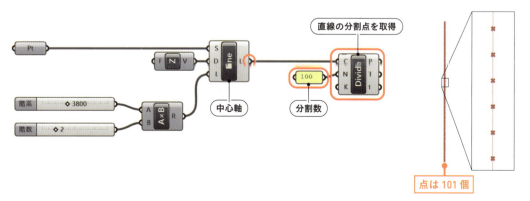

12-1 螺旋面の基準となる線分の作成　229

3　螺旋面の基準線を作成する

中心軸の等分割点を始点として螺旋面の基準線を作成します。
まず、「**(全体の回転角) / (基準線の本数)**」という式により基準線1本あたりの回転角を求めます。
全体の回転角は「**(1階あたりの回転角) × (階数)**」という式で求めることができます。
[**Multiplication**] コンポーネントと、1階あたりの回転角を指定する [**Panel**] を配置します。下図のように配置したコンポーネントを接続します。

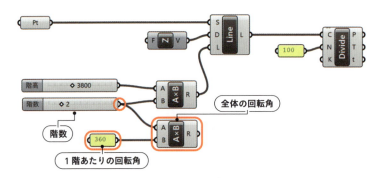

[**Division**] コンポーネントを配置し、中心軸の分割数を指定した [**Panel**] を用いて下図のように接続します。

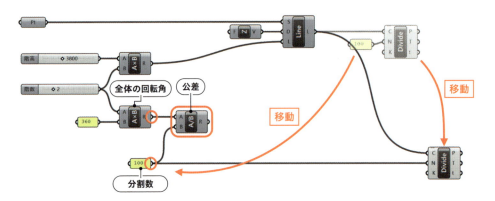

次に基準線1本あたりの回転角を公差として等差数列を作成します。
[**Series**] コンポーネントを配置し、下図のように接続します。このとき、[**Series**] コンポーネントの「**C**」の上で右クリックして、「**Expression**」に「**x+1**」を設定します。これは [**Divide Curve**] コンポーネントで作成した点の個数が分割数より1つ多くなるためです。

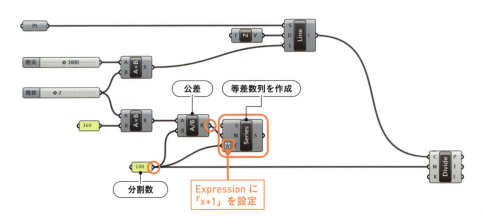

ここでは右回りの螺旋形状を作成したいため、回転角を指定する等差数列の正負を反転します。
［**Negative**］コンポーネントを配置し、下図のように接続します。

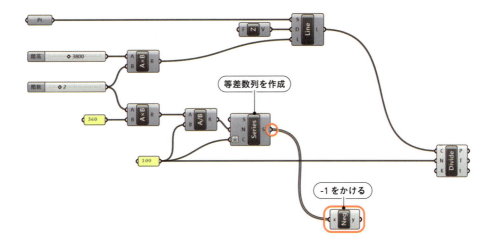

キャンバスをダブルクリックして「**vrot**」と検索し、ベクトルを回転させる［**Rotate**］コンポーネントを配置します。［**Rotate**］コンポーネントは2種類存在しますが、ここではベクトルを回転させるため、下図に表示されたアイコンのものを選択します。また、［**Unit X**］コンポーネントと［**Unit Z**］コンポーネントを配置します。

下図のように配置したコンポーネントを接続します。
このとき、［**Rotate**］コンポーネントの「**V**」の上で右クリックして、「**Expression**」に「**-x**」を設定します。これは、X軸の負の方向から回転を始めるためです。また、［**Rotate**］コンポーネントの「**A**」には「**Degrees**」を設定します。X軸方向のベクトルをZ軸周りに等差数列で与える角度で回転させることにより、各基準線の方向を決定するベクトルを作成することができます。

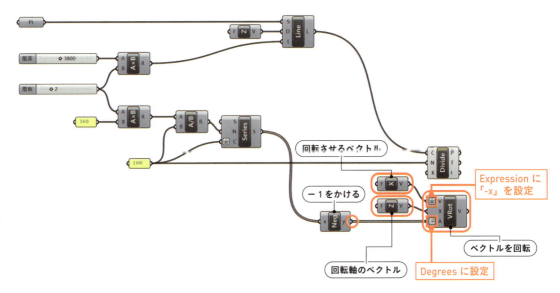

12-1 螺旋面の基準となる線分の作成　231

［Line SDL］コンポーネントと、中心軸からのスロープの出幅を指定する、範囲が「0〜10000」、配置時の値が「6000」の［Number Slider］を配置し、下図のように接続します。

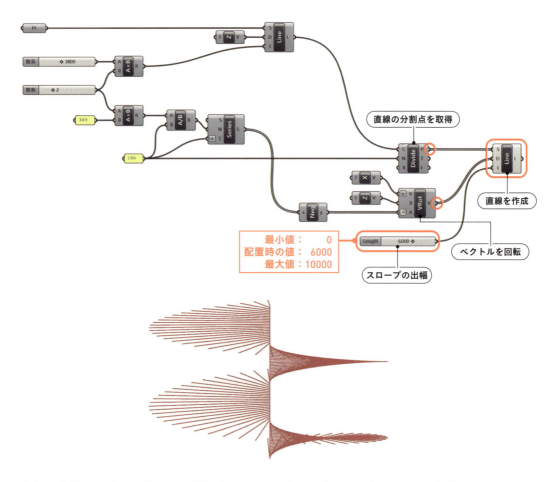

中心軸の曲線、および螺旋面の基準線をそれぞれ［Curve］コンポーネントに格納し、わかりやすくするためにそれぞれの名前を変更しておきます。

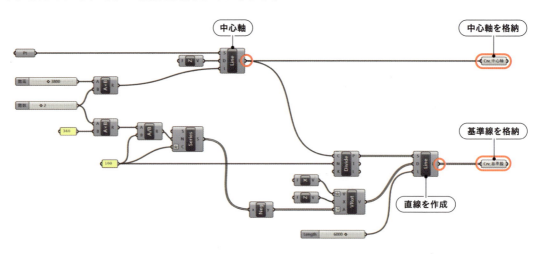

SECTION 12-2 スロープのモデルの作成

この節で学ぶこと
- 曲線からパイプ形状を作成する方法
- 曲線の始点と終点を取得する方法
- Brepと曲線の交点を取得する方法
- 複数の点を通過する曲線を作成する方法

12-2 作成手順

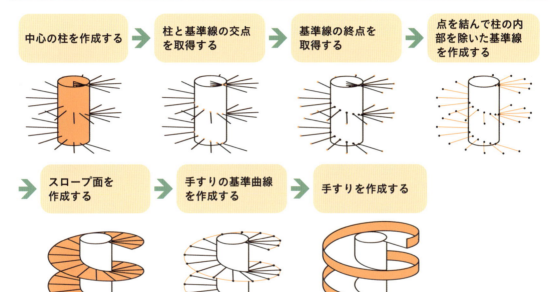

12-2 完成図

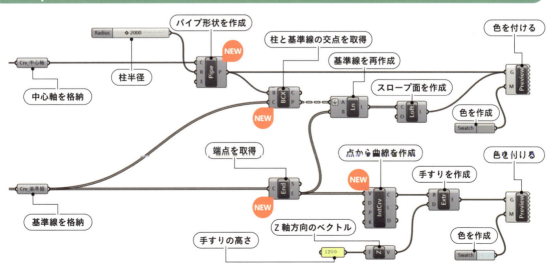

① 中心の柱を作成する

中心軸の曲線をパイプ化し、柱を作成します。

キャンバス上をダブルクリックして「**pipe**」と検索し、パイプ形状を作成する[**Pipe**]コンポーネントと、柱半径を指定する、範囲が「**0〜10000**」、配置時の値が「**2000**」の[**Number Slider**]を配置します。

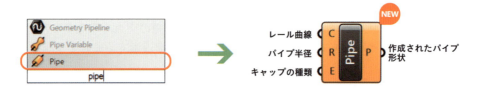

続いて、下図のように配置したコンポーネントを接続します。

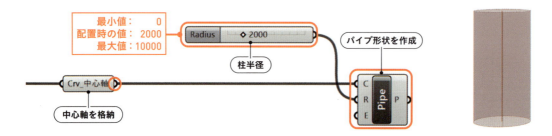

② 柱の内部を除いた基準線を再作成する

螺旋面の基準線を柱の内部を除いて再作成するため、柱と基準線の交点、および基準線の終点を取得します。

キャンバス上をダブルクリックして「**bcx**」と検索し、Brepと曲線の交点を取得する[**Brep | Curve**]コンポーネントを配置します。また、「**end**」と検索し、入力した曲線の始点と終点を取得する[**End Points**]コンポーネントを配置します。さらに、[**Line**]コンポーネントを配置します。

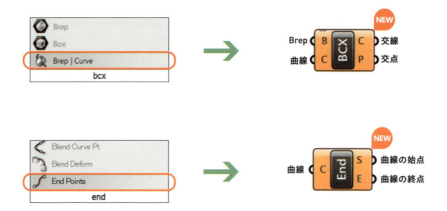

下図のように配置したコンポーネントを接続します。さらに、[Line]コンポーネントの「A」を右クリックして「Flatten」に設定し、入力した値のデータ構造をそろえます。

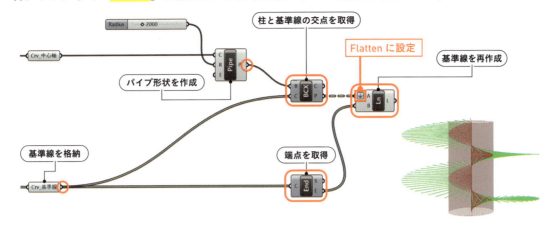

③ スロープ面を作成する

再作成した螺旋面の基準線をLoftしてスロープ面を作成し、色付けします。
[Loft]コンポーネントと[Custom Preview]コンポーネント、[Colour Swatch]コンポーネントを配置し、下図のように接続します。ここでは柱とスロープ面を見やすくするために[Colour Swatch]コンポーネントの色をグレーに設定します（色の設定は3章のP.68を参照）。

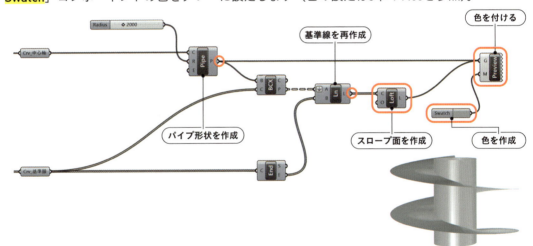

④ 手すりを作成する

先ほど取得した基準線の終点をつないで螺旋面の外側のエッジを作成します。
キャンバスをダブルクリックして「intcrv」と検索し、通過点を入力し、点を通過する曲線を作成する[Interpolate]コンポーネントを配置します。

12-2 スロープのモデルの作成　235

下図のように接続し、[**End Points**] コンポーネントで取得した点から曲線を作成します。

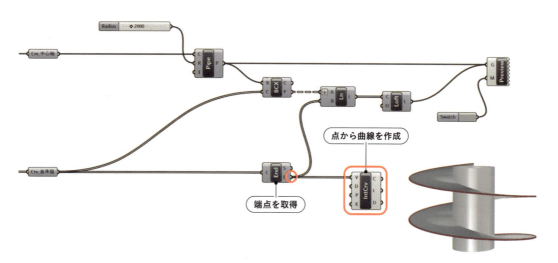

作成した曲線をZ軸方向に押し出して手すりを作成します。
[**Extrude**] コンポーネントと [**Unit Z**] コンポーネント、押し出し距離「**1200**」を指定する [**Panel**]、[**Custom Preview**] コンポーネント、[**Colour Swatch**] コンポーネントを配置し、下図のように接続します。ここでは手すりを見やすくするために [**Colour Swatch**] コンポーネントの色を半透明の水色に設定します（色の設定は3章のP.68を参照）。

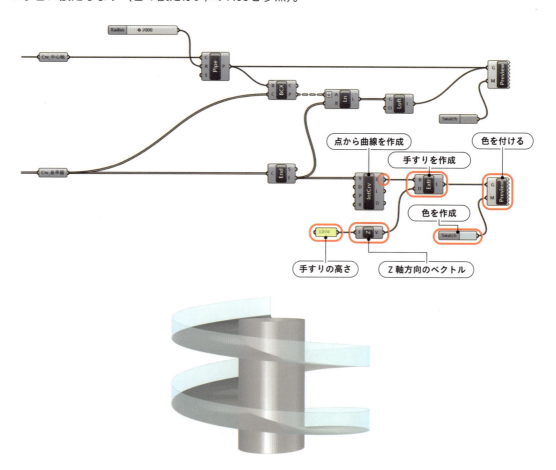

知っておこう

高低差と勾配から直線スロープを作成する

高低差と勾配をパラメータとして直線スロープを作成する方法、および作成したモデルから勾配角を表示する方法を紹介します。

作成手順

| 下端の基準曲線を作成する | → | 下端の基準曲線を移動して上端の基準曲線を作成する | → | 2つの曲線をLoftしてスロープ面を作成する | → | 角度を表示する |

 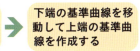 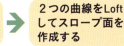 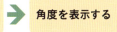

完成図

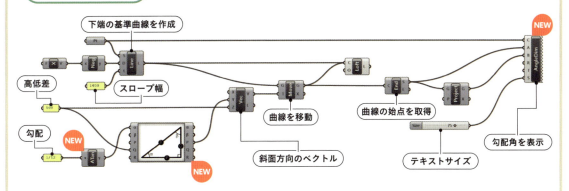

新たに使用するコンポーネント

ArcTangent [Maths] > [Trig]
ArcTangent 関数（Tangent の逆関数）の値を計算する
入力値 x / y 出力値

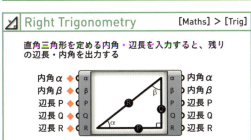

Right Trigonometry [Maths] > [Trig]
直角三角形を定める内角・辺長を入力すると、残りの辺長・内角を出力する
内角α、内角β、辺長P、辺長Q、辺長R

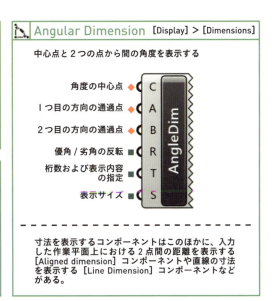

Angular Dimension [Display] > [Dimensions]
中心点と2つの点から間の角度を表示する
- 角度の中心点 — C
- 1つ目の方向の通過点 — A
- 2つ目の方向の通過点 — B
- 優角／劣角の反転 — R
- 桁数および表示内容の指定 — T
- 表示サイズ — S

寸法を表示するコンポーネントはこのほかに、入力した作業平面上における2点間の距離を表示する [Aligned dimension] コンポーネントや直線の寸法を表示する [Line Dimension] コンポーネントなどがある。

1 下端の基準線を作成する

下端の基準線を作成します。
下図のようにコンポーネントを配置し、接続します。

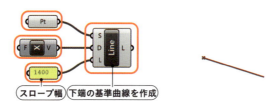

2 下端の基準線を移動して上端の基準線を作成する

高低差と勾配からスロープの水平距離を出力します。
キャンバスをダブルクリックして「**right**」と検索し、直角三角形を決定する辺長・内角を与えることで残りの辺長・内角を出力する［**Right Trigonometry**］コンポーネントを配置します。また、「**atan**」と検索し、ArcTangent関数の値を計算する［**ArcTangent**］コンポーネントを配置します。さらに、スロープの高低差を指定する［**Panel**］と勾配を指定する［**Panel**］を配置します。

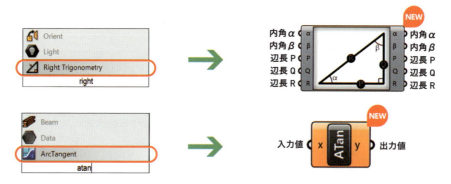

右図のように配置したコンポーネントを接続します。

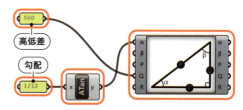

［**Right Trigonometry**］コンポーネントの「**P**」からスロープの水平距離が出力されます。これとスロープの高低差を用いて斜面方向のベクトルを作成します。また、［**Vector XYZ**］コンポーネントを配置し、下図のように接続します。
続いて、作成したベクトルを用いて下端の基準曲線を移動し、上端の基準曲線を作成します。

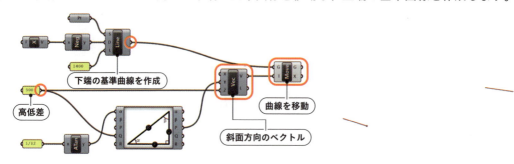

3 Loftしてスロープ面を作成する

下端と上端の基準曲線をLoftしてスロープ面を作成します。
[**Loft**] コンポーネントを配置し、下図のように接続します。

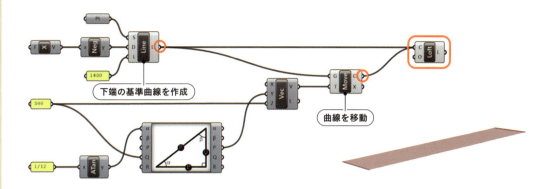

💡 HINT

（高低差）×（勾配の逆数）の式を使う

ここでは直角三角形の要素を視覚的にわかりやすくするために [**Right Trigonometry**] コンポーネントを用いましたが、より単純に「**（高低差） ×（勾配の逆数）**」という式を用いてスロープの水平距離を求めることもできます。

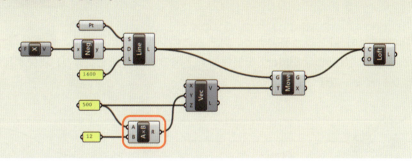

4 勾配角を表示する

角度を指定する1つ目の点を取得します。

[**End Points**] コンポーネントを配置して下図のように接続し、上端の基準曲線の始点を取得します。

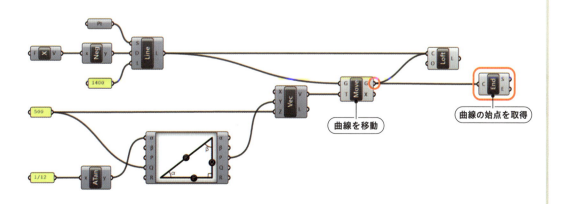

取得した点をワールドのXY平面に投影して角度を指定する2つ目の点を取得します。
[Project] コンポーネントを配置し、下図のように接続します。

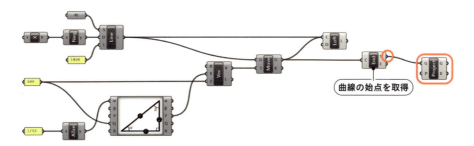

キャンバスをダブルクリックして「angledim」と検索し、[Angular Dimension] コンポーネントを配置します。

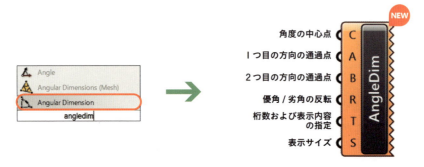

[Angular Dimension] コンポーネントと、テキストのサイズを指定する、範囲が「0〜100」、配置時の値が「75」の [Number Slider] を配置して下図のように接続すると、角度がRhinoビューポート上にプレビュー表示されます。

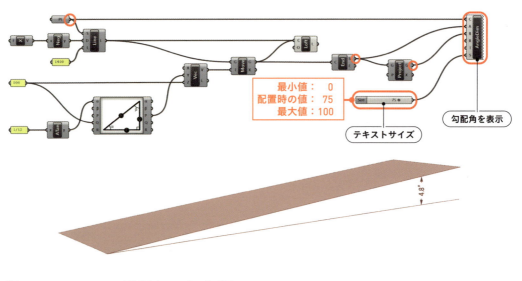

上記のGrasshopperに配置してある [Angular Dimension] コンポーネントの「T」にテキストデータを接続すると、Rhinoビューポート上にはそのテキストが表示されます。

chapter 13
データ構造を理解する

完成データ：13_データ構造を理解する_完成.gh

この章の目的

この章では、Grasshopperのデータ構造の押さえておきたい基本を学びます。13-1では、データ構造の仕組みや確認方法、データの組み合わせ、基本的な操作を解説します。13-2～13-4では、作例を通してデータ構造の活用と操作を解説します。

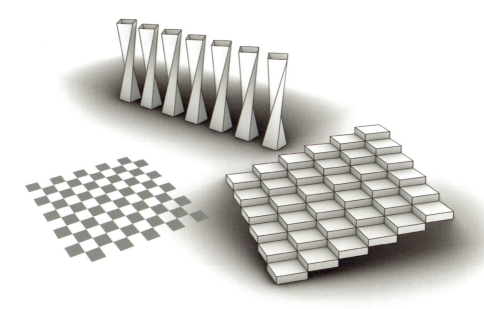

SECTION

13-1　データ構造の基本 ──────────── 243
13-2　データ構造の応用　複数のツイストする柱を作成する ── 248
13-3　データ構造の応用　グリッド状の階段を作成する ── 250
13-4　データ構造の応用　チェックパターンを作成する ── 252

新たに使用するコンポーネント

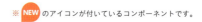 ※ NEW のアイコンが付いているコンポーネントです。

13-1 | データ構造の基本

Param Viewer [Params] > [Util]

データ内のパスとアイテム数を表示する

※[Param Viewer]コンポーネントをダブルクリックすると、左のようにデータ構造が「データツリー」の表示に切り替わります。

Reverse List [Sets] > [List]

リスト内のデータの並びを反転する

Graft Tree [Sets] > [Tree]

リスト内のアイテムごとに新しいリストを作成する

Flatten Tree [Sets] > [Tree]

元データの階層を平坦化し、すべてのデータを1つのリストにまとめる

Simplify Tree [Sets] > [Tree]

不要な階層を削除し、データツリーの構造を単純化する

13-3 | データ構造の応用　グリッド状の階段を作成する

Square [Vector] > [Grid]

正方形のグリッドを作成する

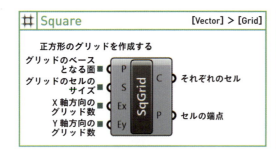

13-4 | データ構造の応用　チェックパターンを作成する

Dispatch [Sets] > [List]

パターンを指定してリストを分割する

13-4 | データ構造の応用　チェックパターンを作成する

Flip Matrix [Sets] > [Tree]

二層構造の行と列を入れ替える

Cull Pattern [Sets] > [Sequence]

真偽のパターンを指定してリストから偽の要素を間引く

SECTION 13-1 | データ構造の基本

この節で学ぶこと

- データ構造の仕組み
- データの組み合わせの仕組み
- データ構造の確認方法
- データ構造に関する基本的な操作

この節では、Grasshopperにおける階層化されたデータの構造について、またデータ構造の操作とデータ同士の対応について理解します。

1 データ構造の仕組み

Grasshopper上のデータでは、**アイテム**は**インデックス**で、**リスト**は**パス番号**（以降「パス」という）で管理されます。

リストが複数集まると、データは階層化します。このとき、広い階層から枝分かれするように細かい階層が作られるため、階層化されたデータは「**データツリー**」と呼ばれます。それぞれの階層は、データツリーにおける枝に見立てられるため、「**ブランチ（Branch）**」と呼ばれます。パスは、データツリーにおけるブランチの住所のような役割を担っています。

リストはいずれかのブランチに収容され、収容先のブランチのパスで管理されます。

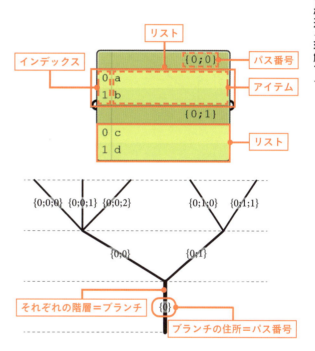

2 データ構造の確認方法

データ構造は以下の3つの方法で確認することができます。

❶[Panel]で確認する

[**Panel**]にデータを接続すると、データのパスとインデックスを確認できます。

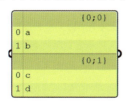

❷[Param Viewer]コンポーネントで確認する

[**Param Viewer**]コンポーネントにデータを接続すると、データ内のパスとアイテム数を確認できます。

アイテム数

❸コンポーネントの端子をマウスオーバーして確認する

コンポーネントの端子をマウスオーバーすると、データのパスとアイテム数を確認できます。

3 データの組み合わせの仕組み

Grasshopperにおけるデータの組み合わせには基本的なルールがあります。これらを理解することで、階層化されたデータに対して意図したとおりにデータの組み合わせをつくることができます。

❶リストの対応
複数のデータが組み合わさる際、はじめにリストの対応がつくられます。リストの個数が異なる場合は、少ないほうのデータの最後のリストが繰り返し使われます。

❷アイテムの対応
対応するリスト内のアイテムは、下図のように対応します。アイテムの個数が異なる場合は、少ないほうのデータの最後のアイテムが繰り返し使われます。

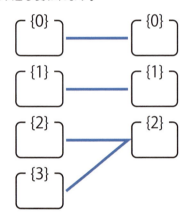
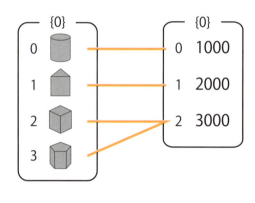

> 💡 **HINT**
>
> ### Mergeにおける複数データの組み合わせ
>
> 上記で説明したデータの組み合わせは、コンポーネント内の別々の入力端子にデータを接続した場合（データ構造に関わる一部のコンポーネントを除く）の組み合わせ方法ですが、1つの端子に複数のデータを接続した場合は Merge の操作が行われます。このときのはたらきは［Merge］コンポーネントで複数のデータを組み合わせたときと同様で、元のデータのパスをそのまま維持してデータを組み合わせます。
>
>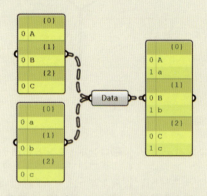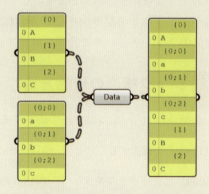
>
> 共通のパス内のアイテムはそのまま同じリストに収められる　　パスが異なると同じリストには入らない
>
> ［Loft］コンポーネントや［Boundary Surfaces］コンポーネントなど、同一リスト内のアイテムをまとめて扱うコンポーネントでは、目的のアイテム同士が共通のブランチに収まっている必要があるため、データ構造に注意して作業しましょう。

理解を深めるために、いくつかの例を見てみましょう。
ここでは、テキストを結合する［Concatenate］コンポーネントを例に解説します。

例1　リスト数もアイテム数も一致している場合

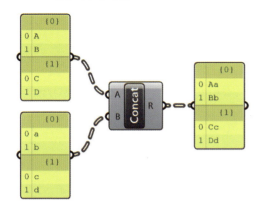

リスト：上から順にリストが対応
アイテム：上から順にアイテムが対応

例2　複数リスト 対 単一リスト　複数アイテム 対 単一アイテム

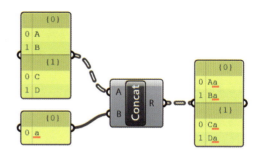

リスト：A端子の{0}、{1}それぞれにB端子の{0}が対応
アイテム：A端子のすべてのアイテムにB端子の0番のアイテムが対応

例3　同じリスト数で、一方のアイテムが多い場合

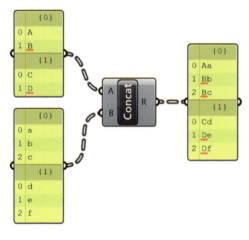

リスト：上から順にリストが対応。アイテムが少ないほうは、最後のアイテムが繰り返し使われる
アイテム：上から順にアイテムが対応

例4　異なるパスを持つデータを入力した場合

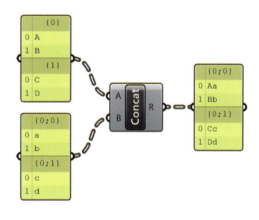

リスト：階層が深いほうが優先される。パスは若いほうが優先される
※ただし、優先したいパスがあれば入力端子を右クリックして「Principal」を設定して優先順位を任意に設定することもできる。
アイテム：上から順にアイテムが対応

4 データ構造に関する基本的な操作

データ構造に関する基本的な操作である「Reverse」、「Flatten」、「Graft」、「Simplify」について説明します。

1 Reverse

「Reverse」はリストの並び順を逆にする操作で、以下の2つの方法で行うことができます。

❶ コンポーネント端子での操作　　❷ [Reverse List] コンポーネントを用いた操作

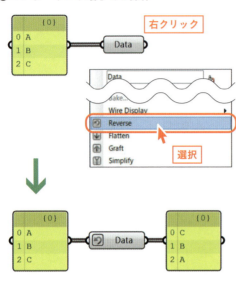
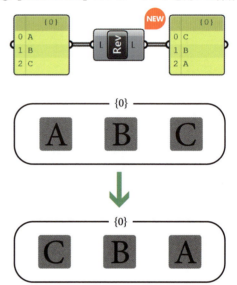

2 Flatten

「Flatten」は元データの階層を平坦化し、すべてのデータを1つのリストにまとめる操作です。以下の2つの方法で行うことができます。

❶ コンポーネント端子での操作　　❷ [Flatten Tree] コンポーネントを用いた操作

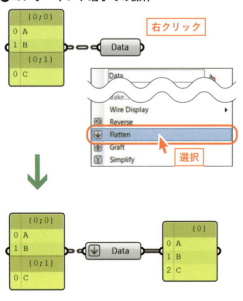
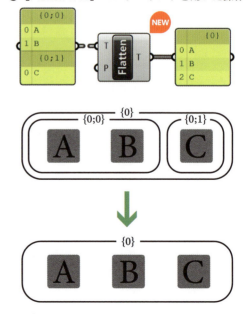

3 Graft

「**Graft**」はアイテムごとに新たなリストを作成する操作です。それぞれのアイテムが格納される階層は元の階層の中（枝先）につくられます。以下の2つの方法で行うことができます。

❶コンポーネント端子での操作

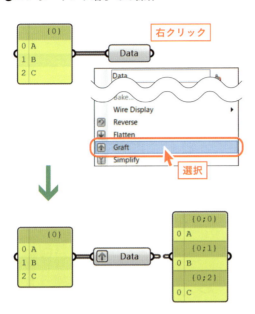

❷[Graft Tree] コンポーネントを用いた操作

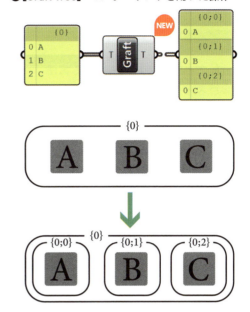

4 Simplify

「**Simplify**」はリストの区別に不要な階層をデータの中から取り除き、データツリーを単純化する操作です。以下の2つの方法で行うことができます。

❶コンポーネント端子での操作

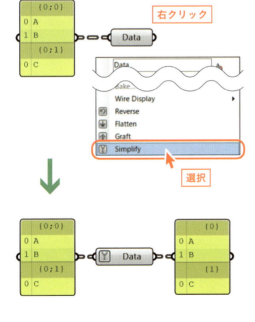

❷[Simplify Tree] コンポーネントを用いた操作

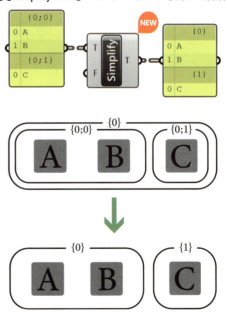

13-1　データ構造の基本　247

SECTION 13-2 | データ構造の応用 複数のツイストする柱を作成する

> この節で学ぶこと
> ・断面曲線ごとにリストを作成する方法
> ・共通のパスのリストに入った曲線を同じリストに収める方法

13-2 | 作成手順

ガイド曲線を作成し、等分割点を取得する → 等分割点を基点として長方形曲線を作成する → 断面曲線を上方に移動し、さらに回転させる → 断面曲線をLoftする

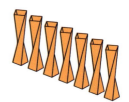

13-2 | 生成されるRhinoモデル

13-2 | 完成図

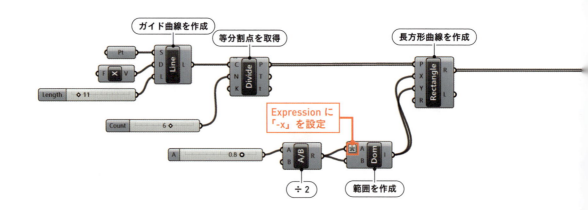

［Panel］や［Param Viewer］コンポーネントを用いながら、各手順におけるデータ構造を確認してみましょう。

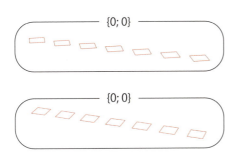

1 下側の曲線と上側の曲線はそれぞれ1つのリストに収まっています。
［Loft］コンポーネントは同一のリスト内の曲線からLoft形状を作成するコンポーネントなので、この状態では想定している形でLoftすることができません。

2 それぞれのデータを Graft することで、断面曲線1つ1つに個別のリストがつくられます。

※ここではわかりやすくするためにGraftしたデータをさらにSimplifyしていますが、モデリング上は必須ではありません。

3 上下の断面曲線を［Loft］コンポーネントの入力端子に接続すると、2つのデータが Merge され、共通のパスのリストに入った曲線が同じリストに収められます。

4 上下で組になったデータからLoft形状が作成されます。

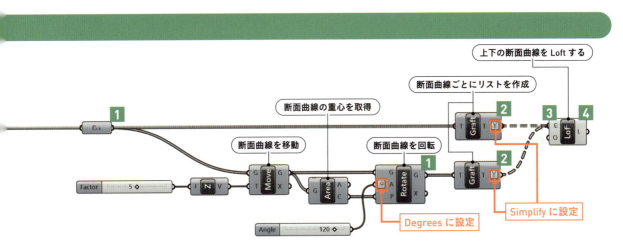

13-2　データ構造の応用複数のツイストする柱を作成する　249

SECTION 13-3 データ構造の応用 グリッド状の階段を作成する

> この節で学ぶこと
>
> ・正方形グリッドを作成する方法
> ・異なる初項を持つ数列を一度に作成する方法

13-3 | 作成手順

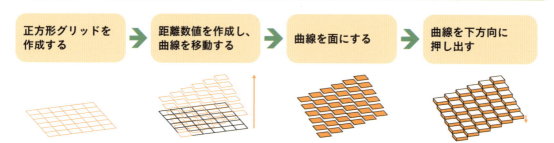

13-3 | 生成されるRhinoモデル

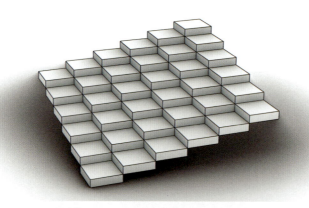

13-3 | 完成図

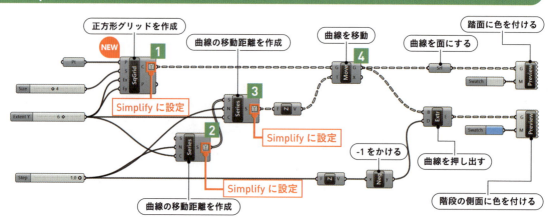

［Panel］や［Param Viewer］コンポーネントを用いながら、各手順におけるデータ構造を確認してみましょう。

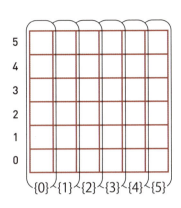

1 左図は［Square］コンポーネントで作成された正方形グリッドです。Y軸方向でリストがつくられています。

※ここでは、わかりやすくするために［Square］コンポーネントで作成した曲線のデータをSimplifyしていますが、モデリング上は必須ではありません。

2 グリッドを構成するそれぞれの正方形曲線を個別の高さに移動するために、移動数値のデータを作成します。
はじめに、［Series］コンポーネントを用いてグリッドの列数分の項数を持つ等差数列を作成します。

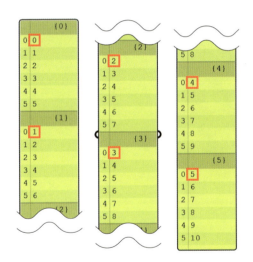

3 手順2で作成した数値を初項として、新たな等差数列を作成します。
これによってグリッド曲線のデータ構造に合わせた数値データが作成できました。

※［Serise］コンポーネントでつくられるデータの最初の値（インデックスの番号「0」）が手順2で入力された値です。なお、手順2と3では、わかりやすくするためにデータをSimplifyしていますが、モデリング上は必須ではありません。

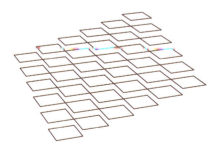

4 作成した数値データを移動距離として、それぞれの正方形曲線を移動させることで、グリッド状の階段の基準となる曲線を作成することができます。

13-3 データ構造の応用グリッド状の階段を作成する 251

SECTION 13-4 | データ構造の応用 チェックパターンを作成する

> この節で学ぶこと
- リスト内のアイテムを交互に抽出する方法
- リスト内の曲線を交互に削除する方法
- データ構造を反転させる方法

13-4 | 作成手順

| 正方形グリッドを作成する | → | 曲線をY軸方向で交互に分け、曲線を面にする | → | 曲線をX軸方向で交互に削除する |

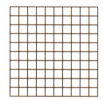

※色分けはデータ構造のイメージ

13-4 | 生成されるRhinoモデル

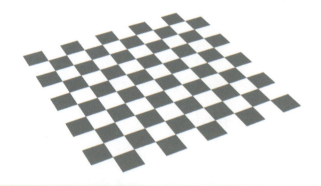

13-4 | 完成図

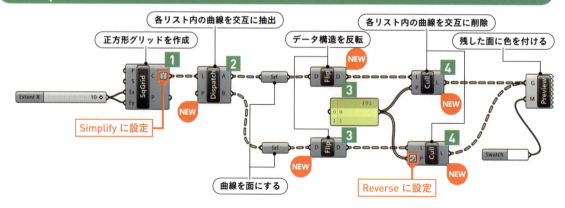

252

［Panel］や［Param Viewer］コンポーネントを用いながら、各手順におけるデータ構造を確認してみましょう。

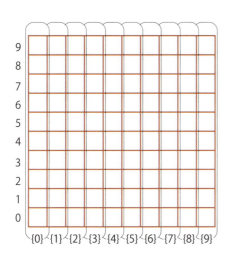

1 左図は［Square］コンポーネントで作成された正方形グリッドです。Y軸方向でリストがつくられています。

※ここでは、わかりやすくするために［Square］コンポーネントで作成した曲線のデータをSimplifyしていますが、モデリング上は必須ではありません。

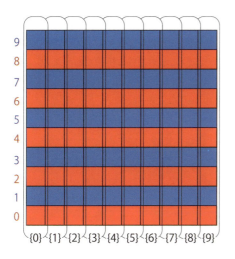

2 パターンを指定してリストを分割する［Dispatch］コンポーネントを用いて、各リスト内のアイテムを交互に抽出します。このとき、インデックス番号が偶数のアイテムはA端子、奇数のアイテムはB端子から出力されます。左の図中ではそれぞれのデータを赤と青で示しています。
また、ここでこれらの曲線を［Surface］コンポーネントに接続して面にします。

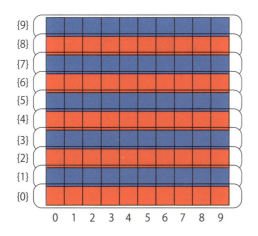

3 二層構造の行と列を入れ替える［Flip Matrix］コンポーネントを用いてデータ構造を反転し、X軸方向でまとまったデータにします。

13-4　データ構造の応用チェックパターンを作成する　253

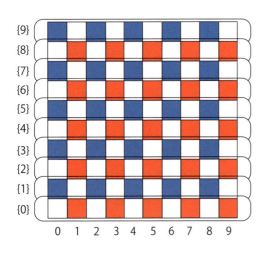

4 真偽のパターンを指定してリストから偽の要素を間引く［**Cull Pattern**］コンポーネントを用いて、リスト内の曲線を交互に削除します。このとき、青の側の入力パターンを**Reverse**することで、赤と青で削除するパターンを逆にすることができます。

💡 HINT

［Dispatch］コンポーネントと「Cull」について

リストからパターンを指定して要素を抽出するコンポーネントには、［**Dispatch**］コンポーネントと、［**Cull Pattern**］コンポーネントがあります。［**Dispatch**］コンポーネントは、2つの出力「**A**」、「**B**」があり、それぞれ真の要素、偽の要素を抽出します。［**Cull Pattern**］コンポーネントが真のみを選ぶのに対して、［**Dispatch**］コンポーネントは、論理値によってリストを2つに分割できる特徴があります。

- **［Dispatch］コンポーネントの場合**
  「A」から真の要素を抽出
  「B」から偽の要素を抽出

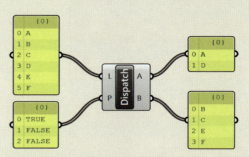

- **［Cull Pattern］コンポーネントの場合**
  「L」から真の要素を抽出

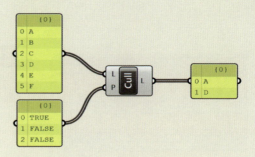

「cull」とは英語で「間引く」という意味で、［**Cull Pattern**］コンポーネントは**パターン**にしたがって偽の要素を間引くものでした。他にも［**Cull Index**］コンポーネントは**インデックス**を指定してリストから要素を間引き、［**Cull Nth**］コンポーネントは数値Nを指定して、**N個目の要素**を間引いていきます。例えばNが3のとき、出力は元のリストの0番目、1番目、3番目、4番目、6番目、、、となります。

chapter 14
パンチングを作成する

使用データ：14_パンチングを作成する.gh
　　　　　　14_パンチングを作成する_画像データ.jpg
完成データ：14_パンチングを作成する_完成.gh

この章の目的

この章では、画像の色情報を出力する[Image Sampler]コンポーネントを用いて、画像を模したパンチングを作成します。これを通じて、サーフェス上に点を作成する方法と、サーフェスのUVパラメータについて、論理値に従ってリストから要素を抽出する方法、ジオメトリをスケーリング（拡大・縮小）する方法を学びます。

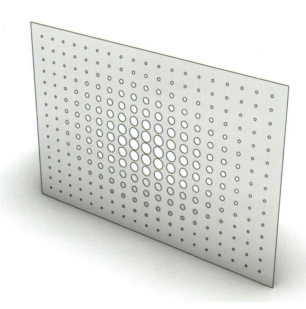

SECTION
14-1　サーフェス上に点を等間隔に作成 ——— 258
14-2　画像情報をもとにスケーリングする ——— 262

14章作成手順

14-1 | サーフェス上に点を等間隔に作成

| サーフェス上に点を等間隔に作成する | | サーフェス外形線上の点を省く | | 抽出したUV値を用いて点と作業平面を作成する |

14-2 | 画像情報をもとにスケーリングする

| 作業平面上に円を作成する | | 画像情報をもとにスケーリングする | | サーフェスを円で分割する |

14章全体図

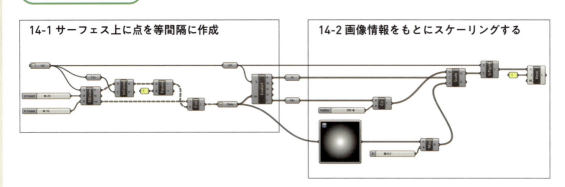

新たに使用するコンポーネント

14-1 | サーフェス上に点を等間隔に作成

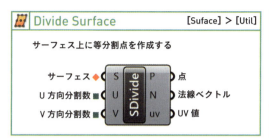

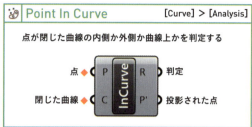

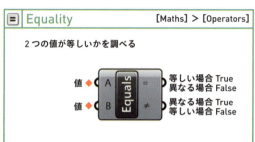

14-2 | 画像情報をもとにスケーリングする

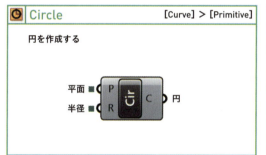

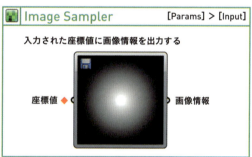

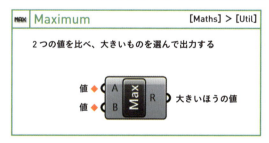

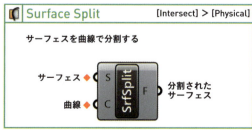

SECTION 14-1 サーフェス上に点を等間隔に作成

この節で学ぶこと
- サーフェス上に点を等間隔に作成する方法
- 論理値にしたがってリストから要素を抽出する方法
- UV値を指定しサーフェス上に点を作成する方法

14-1 | 作成手順と生成されるRhinoモデル

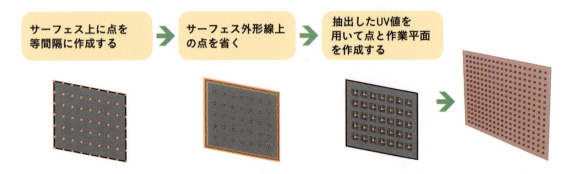

14-1 | 完成図

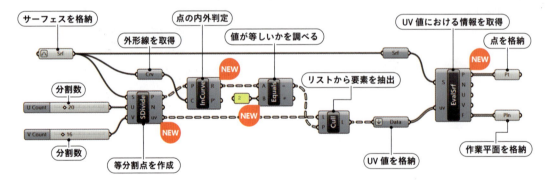

1 サンプルファイルを開く

「**14_パンチングを作成する.gh**」を開きます（.ghファイルの開き方は10章のP.187参照）。[**Surface**]コンポーネントにサーフェスが格納（Internalise）され、「**Reparameterize**」が設定されています。

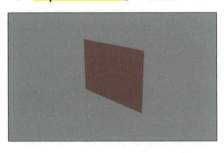

258

② サーフェス上に点を等間隔に作成する

サーフェスを2つの方向に等分割する点を作成します。
キャンバス上をダブルクリックして「**dividesurface**」と検索し、サーフェス上に等分割点を作成する［**Divide Surface**］コンポーネントを配置します。また、範囲が「**0～100**」、配置時の値が「**20**」の［**Number Slider**］と、範囲が「**0～100**」、配置時の値が「**16**」の［**Number Slider**］を配置します。

下図のように配置したコンポーネントを接続します。
サーフェスのU方向を20分割、V方向を16分割する21×17＝357個の点が作成されます。

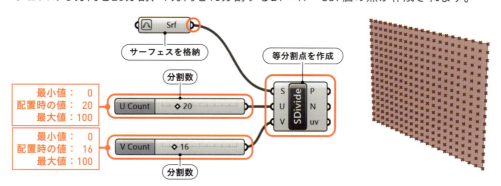

💡 HINT

UV値について（サーフェスのパラメータ）

曲線には、始点から終点に向かって増加していく「**パラメータt**」という値があり、これがワールド座標に対応することで、曲線上の地点を示すことができました（「**パラメータt**」については5章HINT「曲線のパラメータ」（P.104）を参照）。
曲面は、1つの曲線を断面として、直交するもう1つの曲線をレールとしてつくられていると捉えることができます。このとき、2つの曲線のパラメータをそれぞれ「**パラメータU**」、「**パラメータV**」と呼び、2つのパラメータから成る「**UV値**」が1つのワールド座標値に対応することで、曲面上の地点を示すことができます。U方向、V方向は、それぞれの曲線に沿った方向を意味します。曲線の場合と同じく、サーフェスを「**Reparameterize**」することでUV値を0～1に正規化することができます。

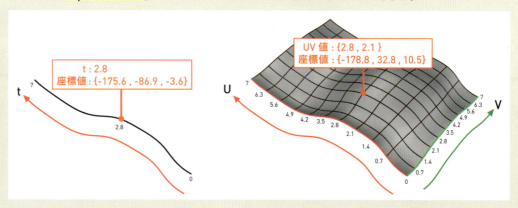

3　サーフェス外形線上の点を省く

作成した等分割点のサーフェスにおける内外判定を行い、外形線上の点を省きます。
まず、外形線上の点を判定します。キャンバス上をダブルクリックして「**pointincurve**」と検索し、点が閉じた曲線の内側か外側か曲線上かを判定する［**Point In Curve**］コンポーネントを配置します。また、［**Curve**］コンポーネントを配置します。

下図のように配置したコンポーネントを接続します。
［**Curve**］コンポーネントによってサーフェスから外形線を取得し、［**Point In Curve**］コンポーネントが内外判定を行います。出力「**R**」の判定値0は外側、1は外形線上、2は内側を意味します。

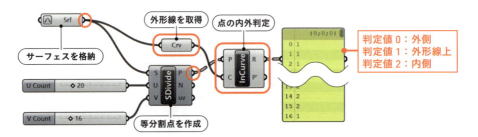

判定をもとに、外形線上の点を省いたリストを作成します。キャンバス上をダブルクリックして「**=**」と検索し、2つの値が等しいかを調べる［**Equality**］コンポーネントを配置します。また、「**2**」と入力した［**Panel**］と［**Cull Pattern**］コンポーネントを配置します。

下図のように配置したコンポーネントを接続します。
［**Equality**］コンポーネントによって判定が2（内側）となるものをTrue、そうでないものをFalseに割り当てます。［**Cull Pattern**］コンポーネントによって、等間隔に作成された点のサーフェス上の位置（UV値）からTrueとなったインデックスのみを抽出したリストを作成します。

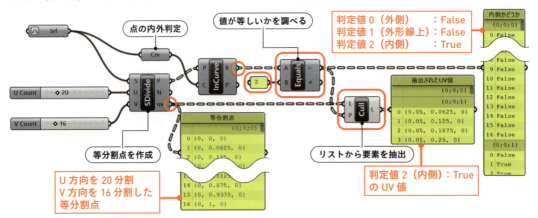

260

4 抽出したUV値を用いて点を作成する

抽出したUV値を用いて、サーフェスの内側に点を作成します。
キャンバス上をダブルクリックして「**evaluatesurface**」と検索し、UV値によってサーフェス上に点を配置する［**Evaluate Surface**］コンポーネントを配置します。また、ワイヤを見やすく整えるために、［**Surface**］コンポーネントと、［**Data**］コンポーネントを配置します。

下図のように配置したコンポーネントを接続します。UV値を［**Data**］コンポーネントに格納し、［**Evaluate Surface**］コンポーネントによって、サーフェス上のUV値における情報を取得します。このとき［**Data**］コンポーネントには「**Flatten**」を設定します。

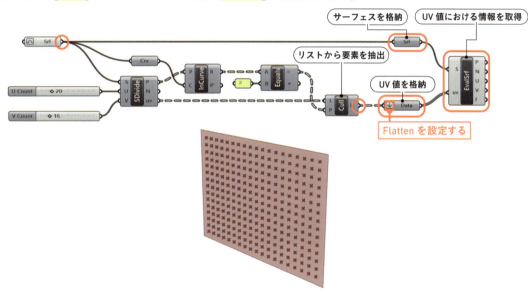

5 出力された点と作業平面を格納する

出力された点と作業平面を格納します。
［**Point**］コンポーネント、［**Plane**］コンポーネントを配置します。続いて、下図のように配置したコンポーネントを接続します。

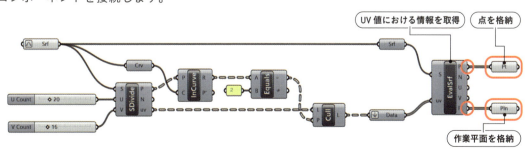

SECTION 14-2 | 画像情報をもとにスケーリングする

この節で学ぶこと
・座標値に画像情報を割り当てる方法
・オブジェクトをスケーリングする方法

14-2 | 作成手順

| 作業平面上に円を作成する | | 画像情報をもとにスケーリングする | | サーフェスを円で分割する |

  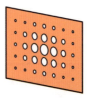

14-2 | 生成されるRhinoモデル

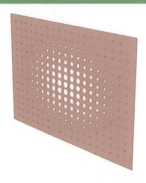

14-2 | 完成図

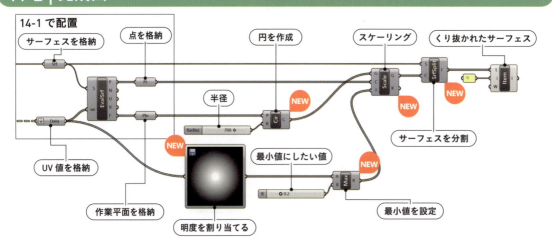

1 作業平面上に円を作成する

14-1 で格納した作業平面に円を作成します。
キャンバス上をダブルクリックして「circle」と検索し、円を作成する［Circle］コンポーネントを配置します。また、範囲が「0〜1000」、配置時の値が「700」の［Number Slider］を配置します。

下図のように配置したコンポーネントを接続します。

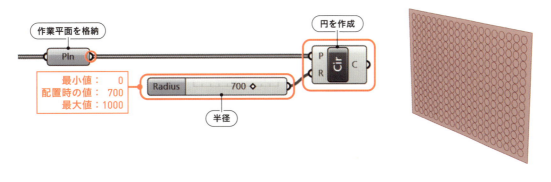

2 画像情報をもとにスケーリングする

画像情報をもとに円をスケーリング（拡大/縮小）します。
まず、画像を読み込みます。キャンバス上をダブルクリックして「imagesampler」と検索し、座標値に画像情報を割り当てる［Image Sampler］コンポーネントを配置します。

コンポーネントを右クリックして「Image...」を選択し、サンプルファイルの「14_パンチングを作成する_画像データ.jpg」を開きます。これにより、コンポーネントに画像が読み込まれます。

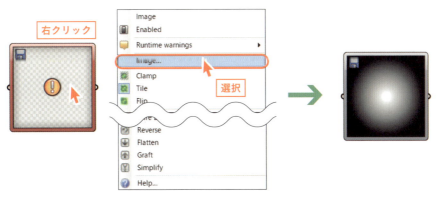

コンポーネントをダブルクリックして設定画面を開き、「Channel」を「Colour brightness」に設定します。これにより出力が明度となります。「OK」をクリックして設定を完了します。

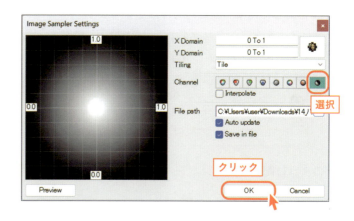

次に、円をスケーリングします。

キャンバス上をダブルクリックして「max」と検索し、2つの値を比べて大きいものを出力する[Maximum]コンポーネントを配置します。また、「scale」と検索し、基準点から全方向にオブジェクトを拡大/縮小する[Scale]コンポーネントを配置します。さらに、範囲が「0.0〜1.0」、配置時の値が「0.2」の[Number Slider]を配置します。

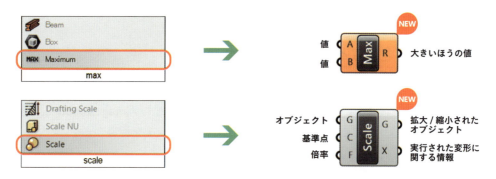

下図のように配置したコンポーネントを接続します。

[Image Sampler]コンポーネントによって、14-1で格納したUV値に画像の明度情報が割り当てられ、明るい部分は1、暗い部分は0に近い値となります。また、[Maximum]コンポーネントによって0.2より小さい値を0.2に変更することで最小値を設定し、[Scale]コンポーネントによって、14-1で格納した点を基準点に明度を倍率として円をスケーリングします。

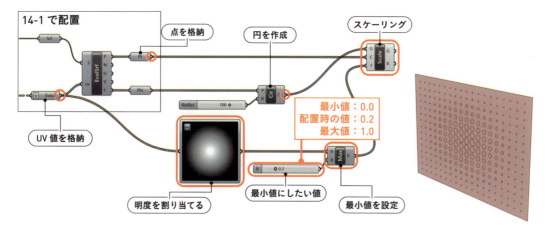

💡 HINT

[Scale]コンポーネントの倍率を0にした場合

[Scale]コンポーネントの「F」に倍率として「0」が入力されると、そのインデックスの出力は<null>となります。<null>はデータが何もないことを示し、今回は円の大きさが0倍されて何もなくなったと捉えられます。このとき[Scale]コンポーネントは赤く表示されます。

しかし挙動がないわけではなく、パンチングを作成する際に穴を開けない部分を設ける場合など、コンポーネントが赤いままモデリングを進めることがあります。

<null>に似た出力に<empty>がありますが、これは長さが「0」の文字列であることを示します。

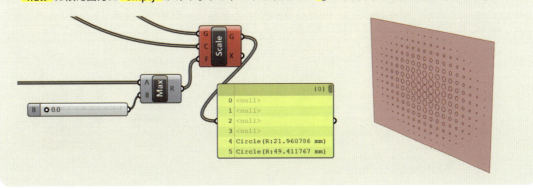

③ サーフェスを円で分割する

サーフェスを円で分割し、パンチングを作成します。

キャンバス上をダブルクリックして「**surfacesplit**」と検索し、サーフェスを曲線で分割する[**Surface Split**]コンポーネントを配置します。また、[**List Item**]コンポーネント、「**0**」と入力した[**Panel**]を配置します。

下図のように配置したコンポーネントを接続します。[**Surface Split**]コンポーネントによってサーフェスを円で分割し、[**List Item**]コンポーネントで、くり抜かれたサーフェスを取得します。

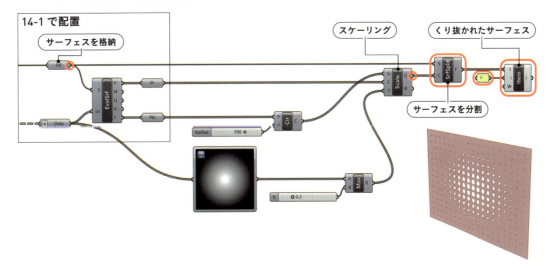

💡 HINT

処理が重いとき

この章で学んだ[Surface Split]コンポーネントは、作成した円の数だけサーフェスを分割する演算を行います。円の数が大量であるため計算に時間がかかり、[Number Slider]を動かして円の大きさを検討するときなどに処理が重くなることがあります。このような場合、次の❶、❷の一連の操作が有効です。

❶計算にかかる時間を表示する

メニューバーの「Display」から「Canvas Widgets」を選択し、「Profiler」をオンにします。コンポーネントの下部に計算にかかる時間が表示されます。単位はミリセカンド（1000分の1秒）です。

❷処理に時間のかかるコンポーネントの動作を一時的に止める

コンポーネントを右クリックして「Enabled」をオフにします。コンポーネントの表示が変わり、演算が実行されなくなります。

事例

Cathedral of Christ the Light（光のキリスト大聖堂）

[アメリカ合衆国]

オークランド大聖堂とも呼ばれる「Cathedral of Christ the Light（光のキリスト大聖堂）」は、カリフォルニア州オークランドにあるローマカトリック教会オークランド教区の大聖堂です。
右の写真は、大聖堂内にある礼拝堂です。中央のイエス・キリストの立体的な描写は、アルミニウムのパネルにパンチングすることで表現されています。

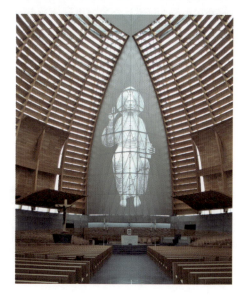

chapter 15

窓開口と庇を作成する

完成データ：15_窓開口と庇を作成する_完成.gh

この章の目的

この章では、立ち上げたボリュームから特定の面を選び、窓開口と庇を作成します。作成していくなかで面の情報（UV値・法線）を活用し、形状を生成する方法を学びます。Rhinoでも作成できますが、Grasshopperを使えば、開口のサイズ変更に伴う壁の分割作業が不要になり、パラメータを調整するだけで複数のパターンを簡単に作成できます。環境的に有効な庇の出幅や窓のサイズを検討する際、環境シミュレーションや最適化ツールと組み合わせて活用できる例を紹介します。

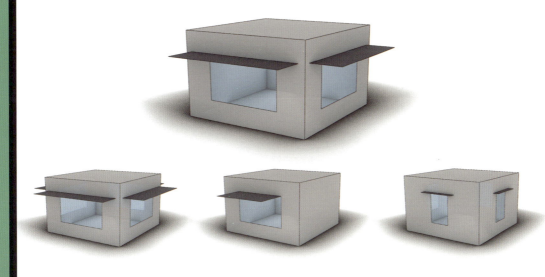

SECTION		
15-1	ボリュームから上下の面を除く	270
15-2	窓開口と壁面の作成	273
15-3	庇の作成	278

15章作成手順

15-1 | ボリュームから上下の面を除く

| ボリュームを作成する | → | 上下の面を除く |

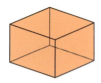 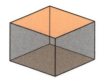

15-2 | 窓開口と壁面の作成

| 方角で面を絞り込む | → | 窓開口の外形線を作成する | → | 窓面と壁面を作成する |

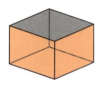  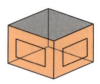

15-3 | 庇の作成

| 庇の基準線を作成する | → | 庇を作成する |

15章全体図

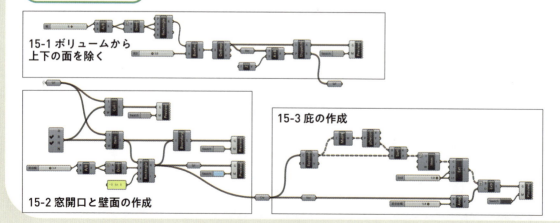

15-1 ボリュームから上下の面を除く

15-2 窓開口と壁面の作成

15-3 庇の作成

新たに使用するコンポーネント

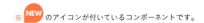 ※ NEW のアイコンが付いているコンポーネントです。

15-1 | ボリュームから上下の面を除く

15-2 | 窓開口と壁面の作成

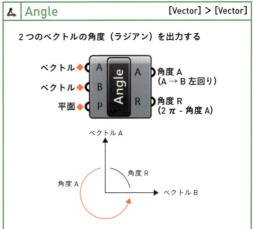

15-3 | 庇の作成

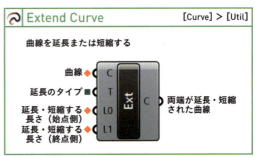

SECTION 15-1 | ボリュームから上下の面を除く

この節で学ぶこと

・Brepを分解する方法
・ベクトルの角度を求める方法
・内積を求める方法

15-1 | 作成手順

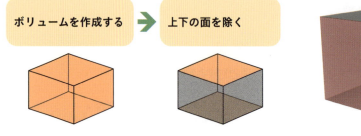

15-1 | 生成されるRhinoモデル

15-1 | 完成図

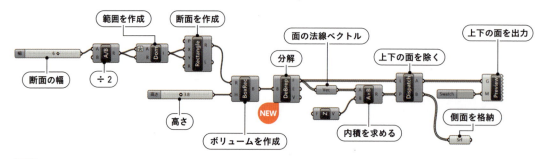

1 ボリュームの断面を作成する

ボリュームを立ち上げて分解し、窓開口を作成する面を絞り込みます。
まず、ボリュームの断面を作成します。範囲が「**0〜10**」、配置時の値が「**6**」の[**Number Slider**]、「**B**」に「**2**」が入力された[**Division**]コンポーネント、「**A**」に「**Expression**」によって「**-x**」が入力された[**Construct Domain**]コンポーネント、[**Rectangle**]コンポーネントを配置します。続いて、下図のように配置したコンポーネントを接続します。

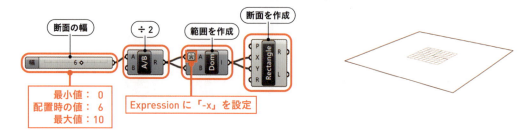

② ボリュームを作成して分解する

断面を立ち上げてボリュームを作成し、面に分解します。
キャンバス上をダブルクリックして「**debrep**」と検索し、Brepの面、辺、頂点を取得する［**Deconstruct Brep**］コンポーネントを配置します。また、範囲が「**0.0〜10.0**」、配置時の値が「**3.8**」の［**Number Slider**］と［**Box Rectangle**］コンポーネントを配置します。

下図のように配置したコンポーネントを接続します。［**Box Rectangle**］コンポーネントで作成したボリュームが［**Deconstruct Brep**］コンポーネントによって分解されます。

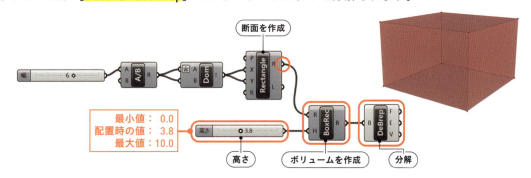

③ 面の法線とZ軸の内積を求める

面を絞り込むにあたり、まず上下の面を除きます。ここで、直交する2つのベクトルの内積が0となることを利用します。キャンバス上をダブルクリックして「**vector**」と検索し、ベクトルを格納する［**Vector**］コンポーネントを配置します。また、［**Unit Z**］コンポーネント、［**Multiplication**］コンポーネントを配置します。

下図のように接続します。ボリュームを分解した面から［**Vector**］コンポーネントで法線ベクトルを取得し、［**Multiplication**］コンポーネントでZ軸正方向の単位ベクトル（以降Unit Zと呼びます）との内積を計算します。［**Panel**］で確認すると、上下の面以外は、法線ベクトルがZ軸に直交するため、内積が0となるのがわかります。

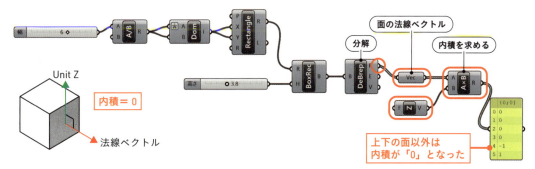

15-1 ボリュームから上下の面を除く 271

> 💡 **HINT**
>
> **内積とは**
>
> 内積は、2つのベクトルの大きさと、ベクトルのなす角を用いて次の式で定義されます。
>
> $$\vec{a} \cdot \vec{b} = |\vec{a}||\vec{b}|\cos\theta$$
>
> 幾何学的には下図のようになります。内積は、一方のベクトルがもう一方のベクトルに向けて落とす影（射影）の長さと、影を落とされたほうのベクトルの大きさの掛け算とみなすこともできます。
>
>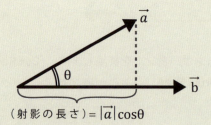
>
> また、ベクトルを成分表示すると、内積は各成分同士の積の和と等しくなります。
>
> $$\vec{a} = (a_x, a_y, a_z) \quad \vec{b} = (b_x, b_y, b_z)$$
> $$\vec{a} \cdot \vec{b} = a_x b_x + a_y b_y + a_z b_z$$
>
> つまり、成分によって内積を求めると、2つのベクトルのなす角がわかります。そして、なす角が90°であるとき、$\cos\theta$ が0（射影の長さが0）となるため、内積が0となります。今回はこの性質を利用しました。

④ 上下の面を除き格納する

内積が0の面とそうでない面ができたので、このパターンを利用してリストを分け、上下の面を除きます。[Dispatch] コンポーネント、[Custom Preview] コンポーネント、[Colour Swatch] コンポーネント、[Surface] コンポーネントを配置し、下図のように接続します。数値の0はFalse、それ以外はTrueに対応しているため、[Dispatch] コンポーネントの「A」に上下の面、「B」に側面が出力されます。絞り込む中で除かれる面を明確にするため、上下の面をグレーに色付けしておきます（色の設定は3章のP.68を参照）。

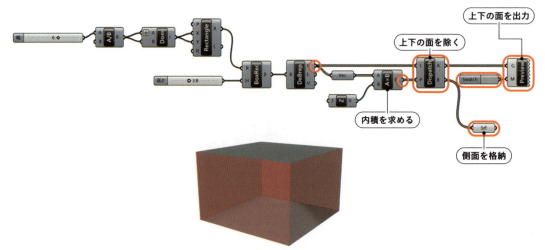

SECTION 15-2 窓開口と壁面の作成

この節で学ぶこと
・インデックスを指定して面を絞り込む方法

15-2 作成手順

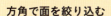 窓開口の外形線を作成する 窓面と壁面を作成する

方角で面を絞り込む

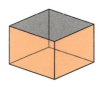 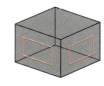

15-2 生成されるRhinoモデル

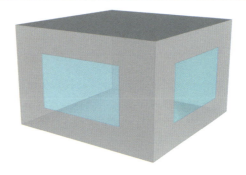

15-2 完成図

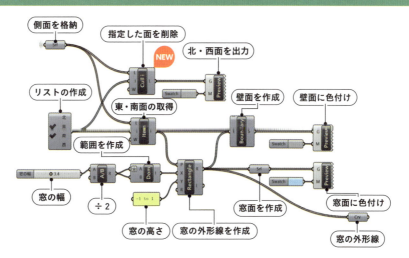

15-2 窓開口と壁面の作成

インデックスを指定して面を絞り込む

上下の面を除いた残りの面を、インデックスを指定して絞り込みます。
キャンバス上をダブルクリックして「cullindex」と検索し、指定したインデックスのデータを削除する［Cull Index］コンポーネントを配置します。また、［Surface］コンポーネント、［Value List］コンポーネント、［List Item］コンポーネント、［Custom Preview］コンポーネント、［Colour Swatch］コンポーネントを配置します。

［Value List］コンポーネントには下図のように、方角とインデックスが対応するように入力し、チェックリストとします（10章 P.204を参照）。

下図のように配置したコンポーネントを接続します。［Surface］コンポーネントには 15-1 で格納した側面を接続します。このとき、ワイヤの表示は見やすさを考慮し、「Hidden」に設定します。また、［Cull Index］コンポーネントで除かれる北と西の面には、上下の面と同様に色を付けます（色の設定は3章のP.68を参照）。

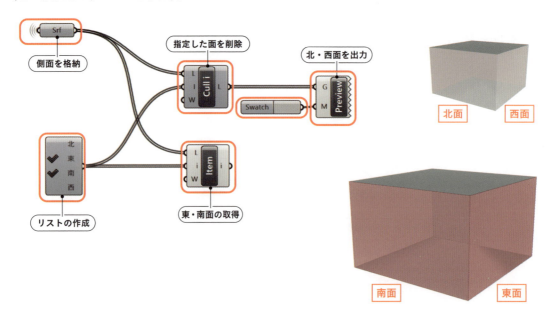

274

② 窓開口の外形線を作成する

絞り込んだ面に窓開口を作成します。まず、ボリュームの断面と同様に外形線を作成します。範囲が「**0.0〜10.0**」、配置時の値が「**3.4**」の [**Number Slider**]、「**B**」に「**2**」が入力された [**Division**] コンポーネント、「**A**」に「**Expression**」によって「**-x**」が入力された [**Construct Domain**] コンポーネント、「**-1 to 1**」が入力された [**Panel**]、[**Rectangle**] コンポーネントを配置します。
続いて、下図のように配置したコンポーネントを接続します。

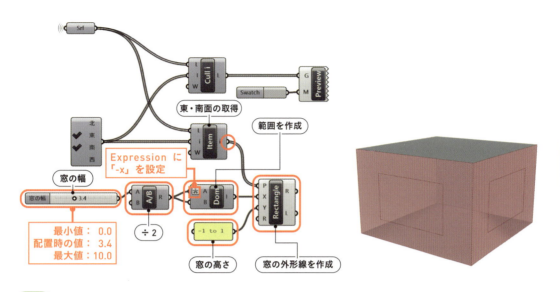

③ 窓面と壁面を作成する

絞り込んだ面と外形線から窓面と壁面を作成します。
[**Boundary Surfaces**] コンポーネント、[**Surface**] コンポーネント、[**Custom Preview**] コンポーネントを2つ、[**Colour Swatch**] コンポーネントを2つ、[**Curve**] コンポーネントを配置し、下図のように接続します。絞り込んだ面と外形線によって囲まれた領域に壁面を作成し、外形線を面にして窓面とします。

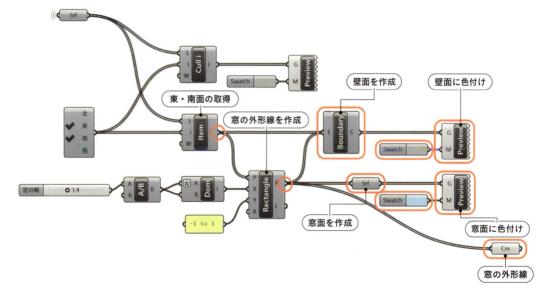

窓と壁面が作成されました。

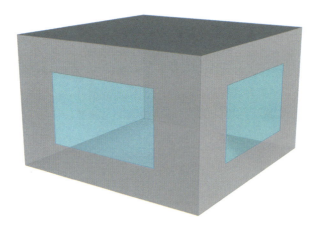

💡 HINT

角度で面を絞り込む

インデックスを指定する方法の他に、上下の面を除いた残りの面を、角度によって絞り込む方法を紹介します。北をY軸方向として、0°とすると、東は90°（0.5π）、南は180°（π）、西は270°（1.5π）と各方角を角度で表すことができます。今回はY軸正方向のベクトル（以降Unit Yと呼びます）を北として、面の法線ベクトルとの角度を求め、それが各方角を示す角度と等しいかどうかで絞り込みます。

まず、Unit Yと面の法線ベクトルの角度を求めます。2つのベクトルの角度を出力する［Angle］コンポーネントを使用します。

次に、下図のように接続することで、Unit Yと面の法線ベクトルの角度が求められました。

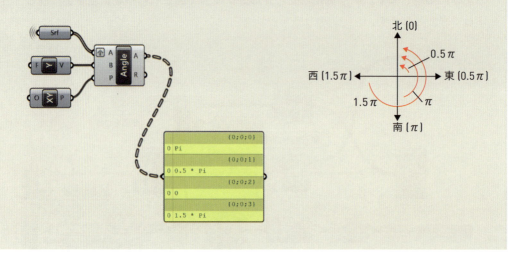

続いて、求めた角度を用いて、任意の方角によって面を絞り込みます。
[Value List] コンポーネントを配置して下図のように入力し、チェックリストとします。

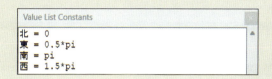

[Angle] コンポーネントで求めた角度が、[Value List] コンポーネントで任意に指定した方角の角度と等しいかどうか、[Equality] コンポーネントで判定します。面ごとのパスに指定した方角の数だけ、それぞれBool値が出力されます。下図では、4つの面にそれぞれ2つの方角についてのBool値が出力されています。
Bool値はTrueが1、Falseが0に対応しているため、[Mass Addition] コンポーネントで合算することができます。指定したどの方角にも当てはまらなかった面は、Bool値がすべてFalseになるため、総和は0です。これによってBool値の総和が0の面と1の面というパターンができるので、[Dispatch] コンポーネントによって、窓開口を作成する面とそうでない面を分けることができます。

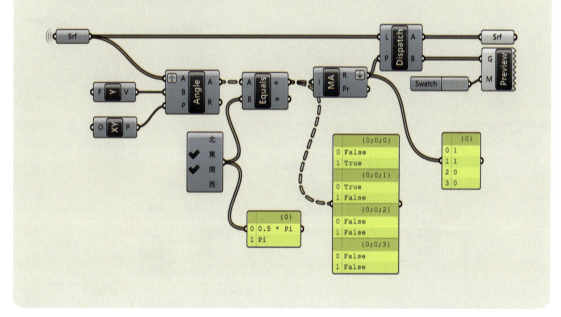

SECTION 15-3 庇の作成

この節で学ぶこと
・曲線を分解する方法
・曲線を延長する方法
・リストを並べ替える方法

15-3 | 作成手順

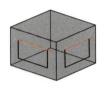
庇の基準線を作成する

庇を作成する

15-3 | 生成されるRhinoモデル

15-3 | 完成図

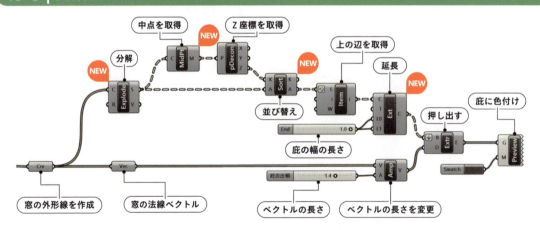

1 窓の外形線を分解する

窓の上に庇を作成する準備として、窓の外形線を分解します。
キャンバス上をダブルクリックして「**explode**」と検索し、曲線をセグメントに分解する［**Explode**］コンポーネントを配置します。

下図のように接続し、窓の外形線を分解します。

② 分解した外形線の上の辺を高さで並び替える

窓の上に庇を作成します。分解した窓の外形線の上の辺を取得し、庇の基準線とするため、辺を高さで並び替えます。キャンバス上をダブルクリックして「curvemiddle」と検索し、曲線の中点を出力する［Curve Middle］コンポーネントを配置します。また、「sort」と検索し、数値を用いてリストを並び替える［Sort List］コンポーネントを配置します。続いて、［Deconstruct］コンポーネントを配置します。

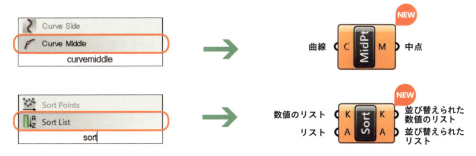

下図のように配置したコンポーネントを接続します。手順1で分解された窓の外形線に［Curve Middle］コンポーネントでそれぞれの中点を出力します。［Deconstruct］コンポーネントで中点のZ座標を取得し、［Sort List］コンポーネントでこれを昇順に並べ替えます。この順番で4つの辺が並べ替えられます。

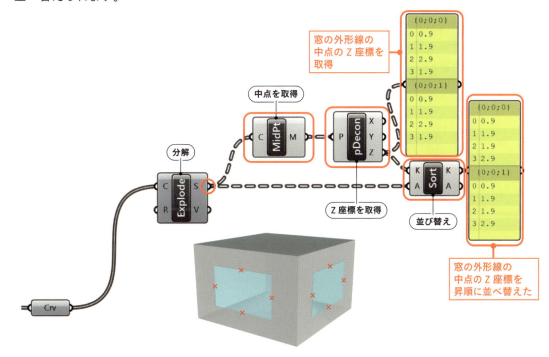

15-3 庇の作成　279

HINT

[Sort List]コンポーネントの端子について

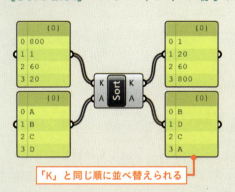

「K」と同じ順に並べ替えられる

[Sort List] コンポーネントの「K」では、数値が昇順に並べ替えられます。「A」のデータは、内容とは関係なく「K」と同じに並べ替えられます。

「A」のように「K」に連動して並べ替えられる端子は ⊕ / ⊖ で増減することができます。

3　庇の基準線を作成する

分解した窓の外形線の辺から上の辺を取得して庇の基準線とし、庇の幅に延長します。
キャンバス上をダブルクリックして「**extendcurve**」と検索し、曲線を延長または短縮する[**Extend Curve**]コンポーネントを配置します。また、[**List Item**]コンポーネントと、範囲が「**0.0～1.0**」、配置時の値が「**1.0**」の[**Number Slider**]を配置します。

下図のように配置したコンポーネントを接続します。高さは昇順、つまり最も高い辺が最後になるように並べ替えられているので、[**List Item**]コンポーネントの「**L**」に「**Reverse**」を設定し、0番目を指定することで上の辺を取得します。これを[**Extend Curve**]コンポーネントで両側に1.0だけ延長します。

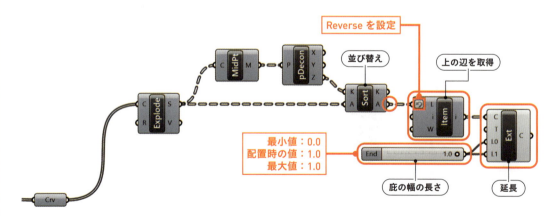

庇の基準線が作成されました。

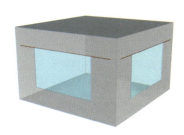

4 庇を作成する

基準線を押し出して庇を作成します。

[**Vector**] コンポーネント、[**Amplitude**] コンポーネント、範囲が「**0.0〜2.0**」、配置時の値が「**1.4**」の [**Number Slider**]、[**Extrude**] コンポーネント、[**Custom Preview**] コンポーネント、[**Colour Swatch**] コンポーネントを配置し、下図のように接続します。また、[**Extrude**] コンポーネントの「**B**」には「**Flatten**」を設定します。ここでは、[**Vector**] コンポーネントによって窓の外形線から法線ベクトルを取得しています。

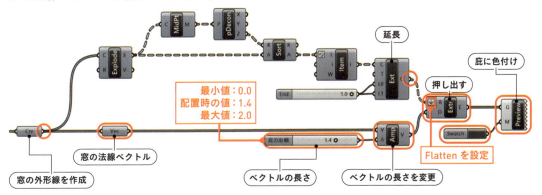

庇が作成されました。

💡 HINT

日照解析によるパラメトリックスタディ

17章で紹介しますが、Grasshopperの機能を拡張するプラグインの中には環境シミュレーションを行うものがあります。代表的なものの1つに「**Climate Studio**」があります。下図は「**Climate Studio**」で庇の出幅を1.0m、2.0mと変えたときの机上面照度（lx）を比較した例です。

・庇の出幅 1.0m　　　　　　　　　　　・庇の出幅 2.0m

知っておこう

複数の窓を作成する

15-2では、15-1で作成した側面を格納した［Surface］コンポーネントから［Rectangle］コンポーネントまで接続して、面の中心における平面を取得するといったデータ型の読み替えを行いました。ここでは［Evaluate Surface］コンポーネントを用いて、UV値を指定し、面上の自由な位置に窓を作成する方法を紹介します。

UV値は複数指定することができるので、その数だけ窓を作成することができます。窓の数を指定する［Number Slider］、「B」に「1」が入力された［Addition］コンポーネント、［Division］コンポーネント、［Series］コンポーネント、［Construct Point］コンポーネント、［Evaluate Surface］コンポーネントを配置し、下図のように接続します。このとき、［Evaluate Surface］コンポーネントの「s」に「Graft」を設定し、各面に指定した数の窓が作成されるようにします。また、「Reparameterize」によって範囲が0から1となったパラメータを（窓の数+1）分割し、その0と1以外の場所を指定して平面を作成します。

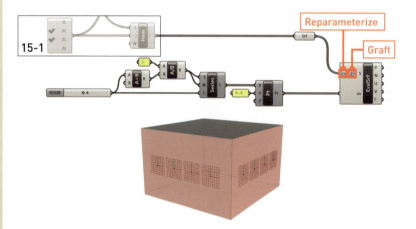

［Evaluate Surface］コンポーネントの「F」を［Rectangle］コンポーネントに接続し、以下15-2と同様に窓を作成します。

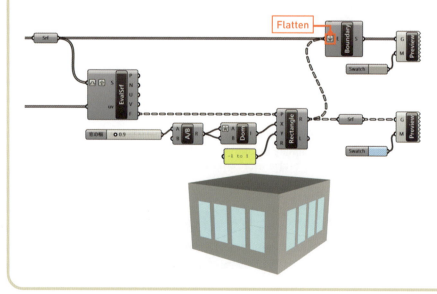

chapter 16

さらにGrasshopperを使いこなすために

参考データ：16_さらにGrasshopperを使いこなすために_参考.gh

この章の目的

この章では、これまでの基本的な内容を修得したあと、さらにGrasshopperを使いこなすために役立つタブや機能について紹介します。1節では、複数のコンポーネントをまとめて1つのコンポーネントのようにする「クラスター」化を、2節では、RhinoとGrasshopper間の連携をより強める[Rhino]タブを、3・4節では、プラグインをインストールしてGrasshopperの機能を拡張する方法を学びます。

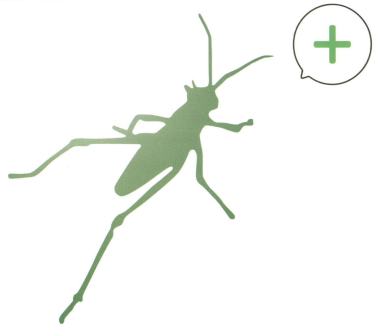

SECTION
- 16-1　クラスター ─────────── 284
- 16-2　[Rhino]タブ ─────────── 288
- 16-3　プラグインのインストール ─── 291
- 16-4　TADツールの紹介 ───────── 294

SECTION 16-1 クラスター

この節で学ぶこと
・クラスターの基本情報
・User Objectの作成方法

クラスター（Cluster） とは、複数のコンポーネントを1つのコンポーネントのようにまとめたものです。クラスターにすると、繰り返し使うコンポーネントセットを1つのコンポーネントのように扱え、作業の効率とキャンバスの視認性が向上します。「User Object」として保存すると、通常のコンポーネントように扱うことが可能です。クラスターは、中身を編集することができ、すでに配置している複製したクラスターにも編集内容が反映されます。ここでは、[Rectangle] コンポーネントに入力する範囲を作成するために何度か登場した、ある数値Aから「－A÷2 to A÷2」という範囲を作成するコンポーネントセットをクラスターとしてまとめます。

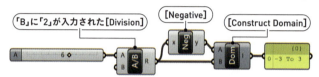

1 クラスターの作成

クラスターにしたいコンポーネントを選択した状態で、キャンバス上を右クリックし「**Cluster**」を選択すると、選択したコンポーネントがクラスターにまとまります。ここでは [Division] コンポーネントと [Negative] コンポーネント、[Construct Domain] コンポーネントをクラスター化します。

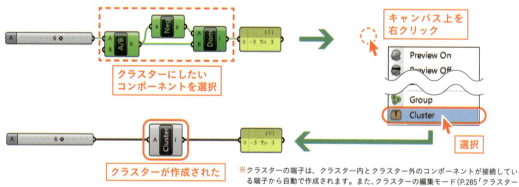

※クラスターの端子は、クラスター内とクラスター外のコンポーネントが接続している端子から自動で作成されます。また、クラスターの編集モード（P.285「クラスター内の編集」を参照）でも、端子の追加・削除が可能です。

💡 HINT

クラスター化の解除

クラスター化を解除したいクラスターを右クリックし「**Explode Cluster**」を選択すると、クラスター化が解除され中身が展開されます。

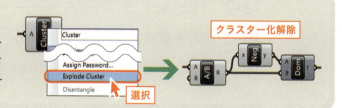

2 クラスター内の編集

作成したクラスターの黒い部分を**ダブルクリック**、またはクラスターを右クリックし「**Edit Cluster...**」を選択すると、キャンバスが青くなりクラスターの編集モードになります。

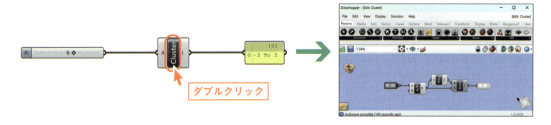

クラスターの編集モードでは、通常のキャンバスと同様にコンポーネントの配置・接続・削除ができます。クラスターの入出力端子は［**Cluster Input**］コンポーネント、［**Cluster Output**］コンポーネントによって作成されます。それぞれ新たに配置もしくは削除することで、クラスターの入出力端子を増減させることができます。

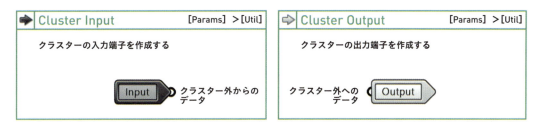

ここでは、［**Deconstruct Domain**］コンポーネントと、［**Cluster Output**］コンポーネントを2つ配置し、下図のように接続します。

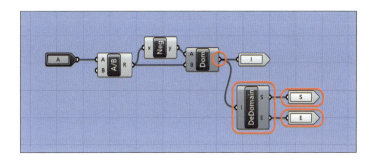

編集が完了したら、キャンバス上の左上の🗃アイコンをクリックし、編集内容を保存してクラスターの編集モードを終了する「**Save & Close**」を選択します。編集内容が反映されていることが確認できます。

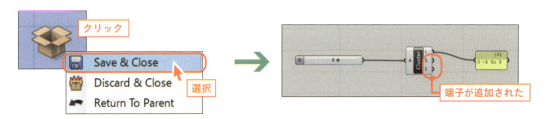

16-1 クラスター　285

> 💡 **HINT**
>
> **クラスターの名前やアイコンの編集**
> クラスターを右クリックし「Properties...」を選択すると、「Cluster Properties」ダイアログが開き、クラスターの名前やアイコン、作成者の情報などを編集できます。

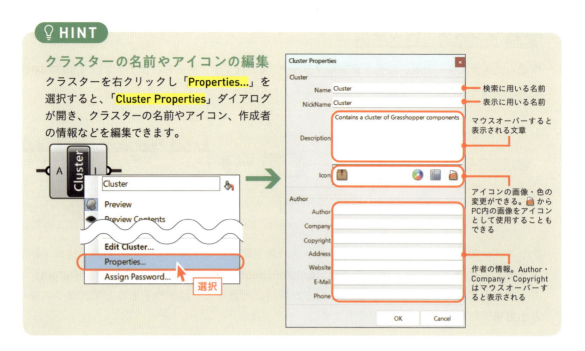

3 クラスター間の同期

クラスターをコピー&ペーストすると、クラスターは互いに同期状態になります。同期状態のクラスターのいずれかを編集すると、同期しているすべてのクラスターに編集内容が反映されます。

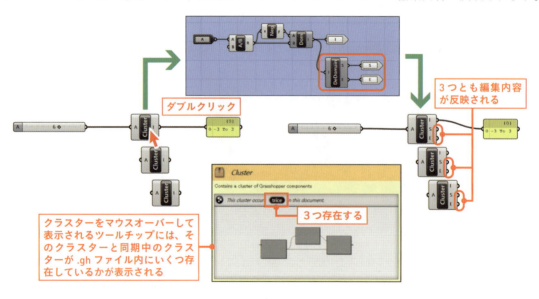

> 💡 **HINT**
>
> **クラスターの同期解除**
> あるクラスターだけに変更を加えたい場合は、そのクラスターの同期を解除してから編集をする必要があります。
> 同期を解除したいクラスターを右クリックし、「Disentangle」を選択します。
> ※「Disentangle」の()内の数字は同期中のクラスターの数です。

4 クラスターを User Object として保存

クラスターを「User Object」として保存することで、通常のコンポーネントのようにコンポーネントタブやコンポーネント検索からいつでも呼び出せるようになります。特に使用頻度の高いクラスターを保存して、作業効率を高めましょう。

❶ User Object として保存

クラスターを選択し「File」>「Create User Object...」を選択すると、「User Object Properties」ダイアログが開きます。設定が完了したら「OK」をクリックします。

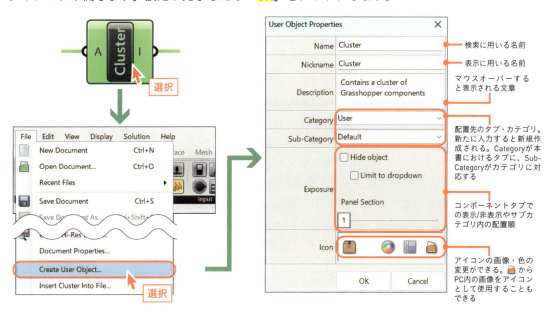

設定したタブ・カテゴリに、クラスターが配置されます。

❷ User Object が保存される場所

「User Object」が保存されているフォルダは、「File」>「Special Folders」>「User Object Folder」から開くことができます。ここに .ghuser ファイルを置くことでも「User Object」を追加できます。保存した「User Object」を削除するときは、このフォルダから削除したい .ghuser ファイルを削除してください。

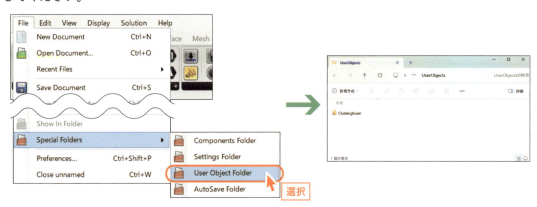

16-1 クラスター 287

SECTION 16-2 ［Rhino］タブ

この節で学ぶこと
・［Rhino］タブの基本情報
・［Rhino］タブの基本的なコンポーネントについて

［**Rhino**］タブは、Rhino 8で新たに追加されたタブで、オブジェクトやレイヤ等の**コンテンツ**（Content：Rhinoドキュメント上の様々なデータ[*1]）を直接操作・編集するコンポーネントが集められたタブです。これまで扱ってきた曲線やBrepなどと同様に、コンテンツのRhinoへの反映はBakeによって行われます。また、すでにRhino上に存在するコンテンツは**GUID**[*2]で識別され、これを参照することでRhino上のもとのコンテンツにGrasshopperから変更が反映されます。［**Rhino**］タブのコンポーネントを使用すると、例えば次のようなことがGrasshopperで可能になります。

・オブジェクトのBakeや格納の自動化　　・レイヤやブロック定義の新規作成や編集
・ユーザーテキストの記入　　　　　　　・ビューポートの画角の変更

[*1] ［Rhino］タブで操作できるコンテンツは他に、線種・注釈スタイル・ハッチングスタイル・光源・マテリアル・ビューポートなどがあります。
[*2] GUIDはRhino内の各コンテンツにRhinoが自動で割り当てるIDです。GUIDは［GUID］コンポーネントや［Content Details］コンポーネントから確認できます。

［**Params**］タブの［**Rhino**］カテゴリにも［**Rhino**］タブに関連するコンポーネントがあります。ここにはコンテンツの格納コンポーネントがあります。

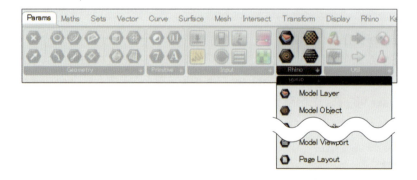

ここでは［**Rhino**］タブの**代表的なコンポーネント群**と［**Content Cache**］コンポーネントの紹介をします。また、サンプルファイルの「**16_さらにGrasshopperを使いこなすために_参考.gh**」は15章作成のGrasshopperに［**Rhino**］タブのコンポーネントを使用して変更を加えたものです。本節と合わせて参考にしてください。

※［Rhino］タブのコンポーネントは、バグの修正や機能のアップデートが活発に行われています。最新の情報に関してはMcNeel社の公式フォーラム（https://discourse.mcneel.com/）を参照してください。本書の掲載内容は2025年2月現在のものです。

1 コンテンツ構築系

コンテンツの構築・分解をするコンポーネント群です。一番上の端子がコンテンツの端子、その下にコンテンツの各属性の端子が並んでいます。

出力されるコンテンツは、入力した属性から構築されます。また、コンテンツの入出力端子ではGUIDが保持されます。そのため、これまで通りの **Bake** や後述する［**Content Cache**］コンポーネントでRhino上に反映した場合、同じGUIDを持つコンテンツを上書きすることになります。

※属性にもこのような構築・分解を行うコンポーネントが用意されているものがあります。

すでにあるコンテンツを改変する

コンテンツと属性を入力すると、属性が上書きされたコンテンツが出力されます。

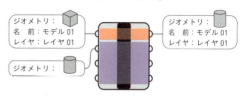

MoveなどGrasshopper上の図形の操作ではGUIDは保持されません。操作後のジオメトリを属性として入力することで、同一のGUIDを持たせることができます。

コンテンツを属性から構築する

入力した属性から構築されたコンテンツが出力されます。

コンテンツの属性を取得する

属性の出力端子からは、出力したコンテンツの属性が出力されます。

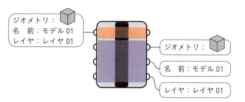

2 クエリ系

Rhinoドキュメント上のデータを検索し、該当したものを出力するコンポーネント群です。以下に示した［**Query Model Layers**］コンポーネントはRhino上のレイヤを名前で検索し、該当したものを出力します。クエリ系のコンポーネントはQuery○○という名前でコンテンツの種類ごとに用意されています。

クエリ系コンポーネントの入力端子には検索条件の設定がされているものがあります。端子を右クリックして「**Match Method**」から右の6つの検索条件に切り替えることができます。

- **Equals** 入力単語と一致するものを検索
- **Wildcards** 入力単語と一致するものを検索。ただし * は任意の文字、文字数として扱われる
- **Regular Expression** 正規表現を使用して検索
- **Contains** 入力単語を含むものを検索
- **Starts With** 入力単語で始まるものを検索
- **Ends With** 入力単語で終わるものを検索

3 [Content Cache] コンポーネント

Rhino-Grasshopper間でコンテンツを行き来させるコンポーネントです。「Purge」、「Pull」、「Push」、「Bake」の4つの動作があり、切り替えて使用します。動作の切り替えは、右クリックし「Button Action」で行うことができます。動作はコンポーネント下部のボタンをクリックすると実行されます。

Purge：Rhino上のコンテンツを削除します。

Pull：RhinoからGrasshopperにコンテンツを格納します。

Push：GrasshopperからRhinoへコンテンツを反映させます。「Push」を行うと前回のコンテンツは削除されます。

Bake：GrasshopperからRhinoへコンテンツを反映させます。「Bake」を行うと前回のコンテンツは削除されません。

端子をすべて表示すると左図のようになります。「A」はBool値や動作名をテキストで入力することで動作の実行を制御する端子で、表示している間は下部のボタンがなくなります。「N」入力端子からはキャッシュ名を付けて「Push」や「Bake」をしたり、キャッシュ名を指定して「Purge」や「Pull」を行うことができます。

💡 HINT

端子の最小限表示／全表示

[Rhino] タブのコンポーネントには、端子の最小限表示／全表示をする特殊なボタン・ショートカットが用意されているものがあります。⌃をクリック、または [Ctrlキー＋黒い部分をダブルクリック] で最小限表示、⌄をクリック、または [Shiftキー＋黒い部分をダブルクリック] で全表示ができます。

※⊕／⊖で個別に端子の増減を行うこともできます。

4 [User Text] コンポーネント

User Text（ユーザーテキスト） とは、項目（key）と値（value）からなるテキスト情報で、コンテンツにユーザーが任意に付けることができます。ユーザーテキストを活用すると、パーツ名や重量といった、もともとRhinoには用意されていない情報をコンテンツに追加でき、RhinoをBIMのように利用することができます。

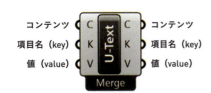

オブジェクトに設定したユーザーテキストは、Rhinoウィンドウのプロパティパネル◯の属性ユーザーテキスト📋からも、確認・編集できます。

SECTION 16-3 | プラグインのインストール

この節で学ぶこと

・プラグインのインストール方法

プラグインは、Grasshopperの機能を拡張するための追加のツールセットです。Grasshopperには多くのコンポーネントが組み込まれていますが、プラグインをインストールすることで、より高度な機能を利用することができます。例えば、形状の生成、データの処理、解析など、Grasshopperだけではできないような複雑な作業をサポートするプラグインがたくさん存在します。

プラグインには、Rhinoの開発元であるMcNeel社が作成したものと、サードパーティー（外部開発者）が作成したものがあります。McNeel社のプラグインには、Revitの中でRhinoやGrasshopperを立ち上げる「Rhino.Inside.Revit」や、タイル割付けパターンを作成するのに便利なコンポーネントを追加する「Paneling Tools」などがあります。「Rhino.Inside.Revit」では、RevitにRhino.Insideタブが追加され、「Paneling Tools」では、GrasshopperのタブにPanelingToolsタブが追加されます。Grasshopperのプラグインのインストール方法には3通りの方法があります。今回はそのうち2つの方法を次ページで説明します。なお、3つ目の方法は、作成者が別途インストーラを作成し、インストールを実行する方法です。本書では、3つ目の方法については割愛します。

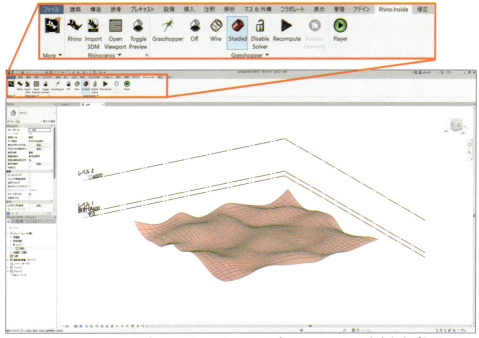

▲ Rhino.Inside.Revit をインストールして Revit 内で Grasshopper を立ち上げた図

▲ Paneling Tools をインストールして新しくタブが Grasshopper に追加された図

1 自動でインストール（パッケージマネージャ）

Rhinoのコマンドラインに「**PackageManager**」と入力すると、「**パッケージマネージャ**」ダイアログが立ち上がります。インストールしたいプラグインを検索、選択し「**インストール**」をクリックするとプラグインがインストールされます。プラグインのアンインストール、バージョン管理も「**パッケージマネージャ**」ダイアログから行うことができます。ただし、パッケージマネージャに登録されていないプラグインもあります。

```
コマンド: PackageManager
```

1 「PackageManager」コマンドを実行

Rhino上で「**PackageManager**」コマンドを実行します。

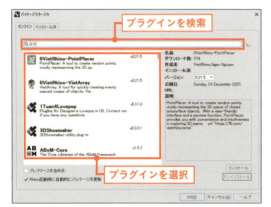

2 プラグインを探す

「**パッケージマネージャ**」ダイアログが立ち上がります。このダイアログからインストールするプラグインを検索します。
インストールしたいプラグインを見つけ、選択します。

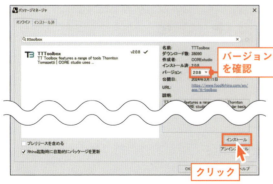

ダウンロードするプラグインのバージョンを確認して「**インストール**」をクリックします。

3 インストール実行

左のような確認のメッセージが表示されるので、「**インストール**」をクリックします。

4 Rhinoの再起動

インストールが完了すると、左図のようなメッセージが表示されるので、Rhinoウィンドウを閉じます。再度Rhinoを立ち上げGrasshopperを開くと、インストールしたプラグインのタブやコンポーネントが追加されていることが確認できます。

2 手動でインストール（WEBサイトからダウンロード）

ダウンロードしたプラグインのデータ（**.gha** ファイルや **.dll** ファイル）を、Grasshopperの「**File**」＞「**Special Folders**」＞「**Components Folder**」から開くフォルダ内に置くことで、プラグインをインストールすることができます。プラグインによっては、「**パッケージマネージャ**」ダイアログから検索できないものもあるので、こちらの方法も覚えておきましょう。

1 プラグインのデータをダウンロード

プラグインのデータのダウンロードは、**food 4 Rhino**（https://www.food4rhino.com/en）または各プラグインの開発元のWEBサイトから行うことができます。ここではfood 4 Rhinoからダウンロードする方法を説明します。

※ food 4 RhinoはMcNeel社が運営するウェブサイト。様々な企業・ユーザーが制作したRhinoやGrasshopperのためのプラグイン・スクリプト等が集められています。

food 4 Rhino に移動します。

ページ右上の「**Log in or Register**」からログインまたはアカウントを作成します。ページ上部の検索窓から検索、またはGRASSHOPPER APPSの欄の横の「**+view all**」からGrasshopperのプラグインの一覧に移動して、ダウンロードしたいプラグインを探します。

ダウンロードしたいプラグインのページに移動します。ダウンロードしたいバージョンの「**Download**」ボタンをクリックします。クリックするとダウンロードが始まります。

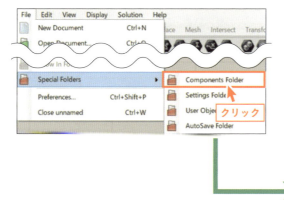

2 ダウンロードデータを移動し再起動

Grasshopperウィンドウの「**File**」＞「**Special Folders**」＞「**Components Folder**」から開くフォルダにダウンロードしたデータを移動し、Rhinoを再起動します。

16-3 プラグインのインストール

SECTION 16-4 TADツールの紹介

この節で学ぶこと
・TADツールのコンポーネントについて

筆者もプラグインを開発し、配布・販売をしています。**ADLツール**はその中の1つで、設計業務の効率を向上させるコンポーネントが入っています。本書の購入者特典として、ADLツールの一部を**TADツール**として無料配布しています。インストールはパッケージマネージャからできます。ぜひインストールして使ってみてください。本節ではTADツールの代表的なコンポーネントについて説明します。なおTADツールのすべてのコンポーネントについてはWEB（algo.co.jp/gh/tad）で説明しています。

ADL ツール

TAD ツール

❶ ❷ ❸ ❹ ❺

［ADL］カテゴリ
WEB にて詳細説明

❶ ［ADL Plateau］カテゴリ
3D都市モデルのプラットフォームである PLATEAU（プラトー）からデータを読み込むコンポーネント群

❷ ［データ操作］カテゴリ
リストやデータツリー構造の操作を行うコンポーネント群

❸ ［ファイル操作］カテゴリ
ファイルやフォルダの名前の変更や新規作成などを行うコンポーネント群

❹ ［便利ツール］カテゴリ
Grasshopperの作業で便利なコンポーネント群

❺ ［入出力］カテゴリ
Excelの読み込み・書き込みや、GIFアニメーションの作成に関連するコンポーネント群

・パッケージマネージャから TAD をインストール

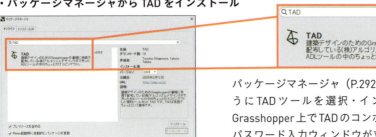

パッケージマネージャ（P.292）で「**TAD**」と検索し、左図のようにTADツールを選択・インストールします。再起動後、Grasshopper上でTADのコンポーネントを配置しようとすると、パスワード入力ウィンドウが立ち上がるので「**建築デザインのための Grasshopper**」と入力してください。

新たに使用するコンポーネント

Entwine　　　[Sets] > [Tree]

入力したデータをそれぞれ異なるブランチに収容してデータツリーとしてまとめる

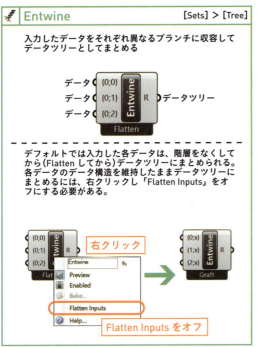

デフォルトでは入力した各データは、階層をなくしてから（Flatten してから）データツリーにまとめられる。各データのデータ構造を維持したままデータツリーにまとめるには、右クリックし「Flatten Inputs」をオフにする必要がある。

Button　　　[Params] > [Input]

クリックしている間は True を、クリックしていない間は False を出力する

通常時：False
クリック中：True
を出力

💡 HINT

PLATEAUとは

PLATEAU（プラトー：https://www.mlit.go.jp/plateau/）とは、国土交通省が主導する、2020年にスタートした日本全国の3D都市モデルの整備・オープンデータ化プロジェクトです。建物形状や道路、地形・橋梁、洪水浸水想定区域などの2D・3Dデータをダウンロードでき、商用利用を含め無料で使用可能です。ダウンロードできるデータの形式は主にCityGML（.gml）で、用途に応じたデータ形式に変換して使用します。PLATEAUのデータにはLOD（Level Of Detail：詳細レベル）が設定されており、一部地域ではより高いLODのデータが利用できます。データのダウンロードはG空間情報センター（https://front.geospatial.jp/plateau_portal_site/）から行えます。

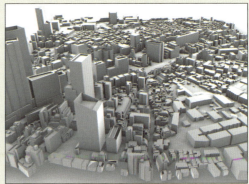

16-4　TADツールの紹介　295

1 ［ADL Plateau］カテゴリ

ConvertPLATEAUBLDGGML　　［TAD］>［ADL Plateau］

プラトーの建物 GML データを Rhino オブジェクトに変換する

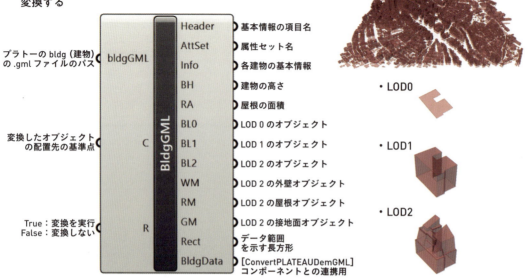

ConvertPLATEAUDemGML　　［TAD］>［ADL Plateau］

プラトーの地形 GML データを Rhino オブジェクトに変換する

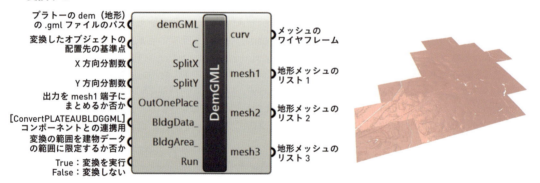

2 ［データ操作］カテゴリ

Multiple Dispatch　　［TAD］>［データ操作］

bool 値ではなく数字でパターンを指定してリストを分割する。➕で出力端子を増やせる

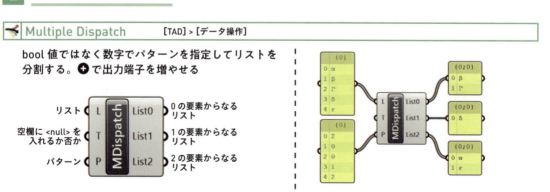

3 [ファイル操作]カテゴリ

📁 OpenFolder　　[TAD] > [ファイル操作]

入力したパスのフォルダを開く

パス　　　　　　　Path
True：処理を実行　Run
False：処理しない

クリックすると True を出力

ダウンロードした本書配布データのフォルダを開く例。[Button]コンポーネントの黒い部分をクリックすると開く。

📄 GetFileList　　[TAD] > [ファイル操作]

指定したパスのフォルダに含まれるフォルダ・ファイルの名前の一覧を出力する。出力するファイルは拡張子で絞り込むこともできる

パス　　DPath　Forder　フォルダ名
拡張子　Ex　　　File　　ファイル名

デスクトップ上のフォルダ・ファイル名を取得する例。

4 [便利ツール]カテゴリ

🔍 LayerObj　　[TAD] > [便利ツール]

レイヤを指定して Brep および Brep の名前、Brep 内に含まれるテキストを出力する。ボリュームの用途や室名の取得などに利用できる

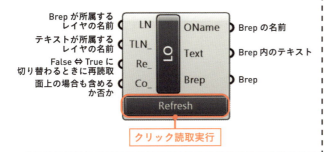

Brep が所属する　　　LN　　OName　　Brep の名前
レイヤの名前
テキストが所属する　 TLN_　Text　　 Brep 内のテキスト
レイヤの名前
False ⇔ True に　　Re_
切り替わるときに再読取
面上の場合も含める　 Co_　 Brep　　　Brep
か否か
　　　　　　　　　Refresh

クリック読取実行

Rhino ウィンドウのプロパティパネル

出力される Brep の名前

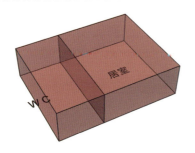

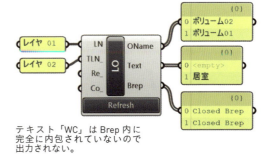

テキスト「WC」は Brep 内に完全に内包されていないので出力されない。

16-4　TADツールの紹介　297

5 [入出力]カテゴリ

ReadExcel　　　[TAD] > [入出力]

Excel ファイルをパスで指定し、データを読み込み出力する

- 実行　True：処理を実行 / False：処理しない
- FP　読み取る Excel ファイルのパス
- Sheet　読み取るシート
- 行列　読み取るセル番号
- Listen　Excel ファイルが変更されたとき読み取り直すか否か
- Data　読み取ったデータ

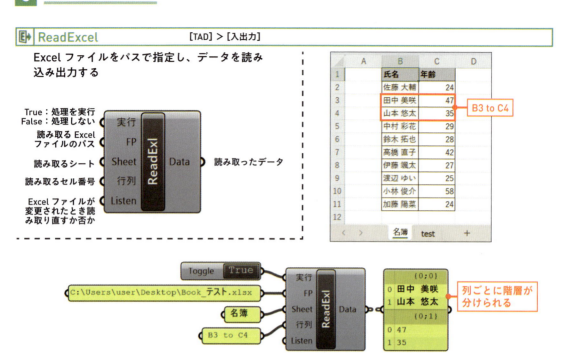

列ごとに階層が分けられる

WriteExcel　　　[TAD] > [入出力]

Excel ファイルをパスで指定し、データを書き込む。データを書き込む Excel ファイルはあらかじめ作っておく必要がある

- 実行　True：処理を実行 / False：処理しない
- FP　書き込む Excel ファイルのパス
- Sheet　書き込むシート
- 行列　書き込むセル番号
- 縦横　縦横の切り替え（一括入力時のみ）
- Value　書き込む値

データをデータツリーにまとめる

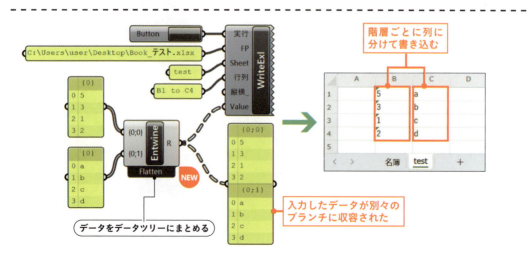

階層ごとに列に分けて書き込む

入力したデータが別々のブランチに収容された

GIF From Img 　　　　　　[TAD] > [入出力]

複数の画像から GIF アニメーションを作成する

- 画像データのパス → _ImgFile
- GIF の保存ファイルのパス（ファイル名は付けたい名前）→ _OutFP
- 1コマのスピード → Duration_
- ループ回数 → LoopCount_
- True：処理を実行 / False：処理しない → 実行
- OutputFile → 作成した GIF のパス

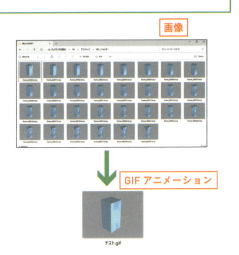

画像 → GIF アニメーション

TAD の [GetFileList] コンポーネントと [CreateFilePath] コンポーネントを利用して画像データのファイルパスを作成することもできる。GIF は、画像の数が多すぎると重たくなるので、場合によっては、MP4 ファイルをGIF にしたほうが軽量化できる

💡 HINT

[Number Slider]によるアニメーションのコマ画像の生成

Grasshopperの標準機能である [Number Slider] から、アニメーションのコマになる画像を出力することができます。

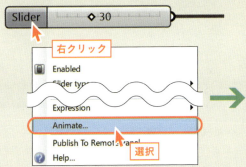

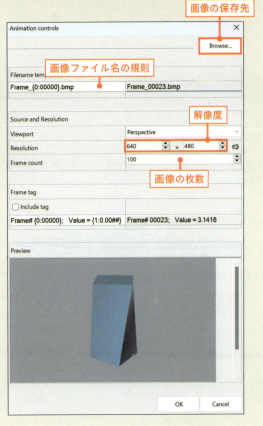

[Number Slider] を右クリックし「Animate...」を選択すると、右図の「Animation controls」ウィンドウが開きます。
ここで画像の保存先や画像ファイル名の規則、画像化するRhinoビュー、解像度、画像の枚数を設定できます。画像ファイル名の規則の入力で.jpgや.png、.tiffと入力することで出力する画像の拡張子を変えることもできます。
[OK] をクリックすると、最初にクリックした [Number Slider] のスライダーが自動で動かされて指定した画像が出力されます。

16-4　TADツールの紹介　299

> **知っておこう**

アルゴリズムデザインラボ（ADL）で開発しているプラグイン

Grasshopperには様々なツールを作成できる開発環境があります。設計者の要望に応じたツールを開発して提供できるのが魅力の1つです。カスタムしたツールを複合的に使用して検討することもできます。以下は、ADLのコンピューテーショナルデザイン講習を受講している方やコンサルティング契約をしている企業などに使用いただいているツールの一例です。

・Sunbird（日影図ツール・有償）

設計の初期検討段階に日影や斜線などの法規を検討することができます。デザイン検討・環境解析等と一緒に法規検討が可能です。また、天空率も搭載予定です。

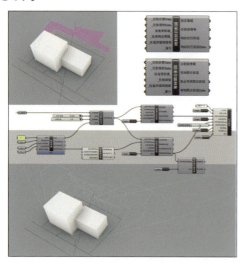

・WEBPRO（有償）

設計の初期検討時から省エネ性能を概算把握できるツールです。形から必要な数値を取得して、属性情報を追加しBPIやBEIを算出します。日除け効果係数も取得します。

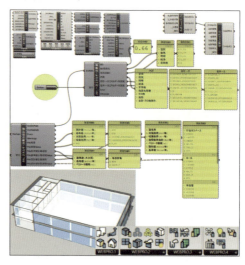

・SNAPツール（一部無償）

（株）構造システムと清水建設、Thornton Tomasettiらと共同で開発したツールです。形状・荷重情報等を設定し、任意形状立体フレームの弾塑性解析ソフト「SNAP」のデータに変換・解析実行ができます。

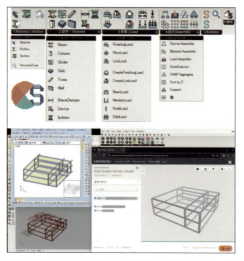

・ArcClimate（無償）

設計用気象データのWEBサイトからEPWファイルを生成するGrasshopperツールです。設計者が環境設計をするうえで、敷地の気象データをもとに環境解析・デザインをすることを支援します。

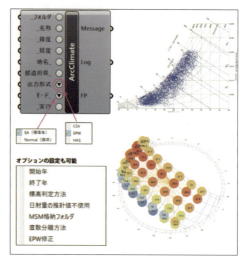

※ここで紹介したツールの他にも、建築学会やIDEAデータと3Dモデルを統合して、エンボディードカーボンを算出するLCAツールも開発しています。

chapter 17

Grasshopper プラグインの紹介

この章の目的

本書を通して Grasshopperの基礎を学んだ後は、プラグインを活用することで、さらに可能性を広げることができます。本章では、数あるプラグインの中から、便利なものや専門的なものを厳選して紹介します。また、単なるツールの紹介にとどまらず、開発者の視点や想いを伝えることで、Grasshopperをより身近に感じてもらいたい という思いから、開発者の方々にメッセージをいただきました。

17-7と17-8では Grasshopperを活用し、建築業界でコンピュテーションデザインを牽引している組織を紹介し、最後に、40年近くコンピュテーションデザインに取り組んできた先駆者、ニール・カッツ氏からのメッセージも掲載しています。

Grasshopperを活用し、様々な分野に挑戦する皆さんへ、Grasshopperを愛する仲間たちからのエールとして受け取っていただければ幸いです。そんな想いが詰まった最終章です。

ページの都合上、本書では Lunchbox、Human、EleFrontなどの多くの素晴らしいプラグインやチームをすべて紹介できません。自分に合うツールをぜひ探してみてください。

SECTION

17-1	TT Toolbox	302
17-2	Climate Studio	303
17-3	Ladybug Tools	304
17-4	Karamba3D	305
17-5	EEL	306
17-6	Tunny	307
17-7	CORE studio	308
17-8	Shimz DDE	310
	先駆者からのメッセージ	313

SECTION 17-1 | TT Toolbox （ティーティーツールボックス）

https://www.food4rhino.com/en/app/tt-toolbox

無償
便利ツール
パラメトリックツール

ツールの概要

「TT Toolbox」は、構造設計をはじめとする建築・エンジニアリング分野で活躍するThornton Tomasetti社のコンピュテーションデザイングループ「CORE studio」が、一般向けに無料提供しているGrasshopper用の便利なツールセットです。現在のバージョンは2であるため、「TT Toolbox2」とも呼ばれます。バージョン2から、ghaファイルは別になりましたが、「Design Explorer」のデータを生成する「Colibri」もこのツールセットの一部です。
「TT Toolbox」は、Grasshopperでモデリングをしているときに「こんなツールがあったらいいな」と思う機能がそろっています。例えば、重複する点や線の削除・重複ノードの整理・線やジオメトリのプレビュー・オブジェクトのレイヤ書き出し・Excelとのデータ入出力・外部ファイルの読み込み・「Design Explorer」に表示するデータを生成する総当たりツール「Colibri」など、業務効率を向上したり、デザイン検討を支援するツールが豊富に用意されています。food4Rhinoのページにサンプルファイルが、YouTubeに説明動画が公開されています。

・開発者について

デビット・マンズ氏は、「CORE studio」のアプリケーション・ディベロッパーであり、毎年開催されるコンピュテーションデザインイベントAEC TECHのディレクターも務めています。これまでに、「TT Toolbox」をはじめ、「Illustrator Toolkit」、「Geodex」、「Bumblebee」など、合計16種類のプラグインツールを開発しています。
アルゴリズムデザインラボ（ADL）のツールは、「TT Toolbox」からその思想を多くを学び、開発されました。また、ローカルPCで動作する「Design Explorer」など、「CORE studio」から多くの知識や技術を学びました。「師匠」ともいえるツールです。

GEODEX

ADOBE
Illustraotor
TOOLKIT

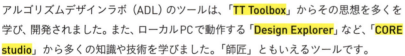
Bumblebee

開発者からのメッセージ

Thronton Tomasetti 社
VP of Application Developer
AEC TECH ディレクター
デビット・マンズ氏

Grasshopper好きの皆さん、はじめまして！
もともとは建築家やエンジニアのための小さなツールセットとして始まったTT Toolboxですが、今では多くの方に使っていただけるツールへと進化しました。Brute Force手法を活用するColibriを使えば、無限のデザインの可能性を探求しながら、設計プロセスの効率を大幅に向上させることができます。さらに、Grasshopperの枠を超えた幅広いワークフローにも対応しています。また、構造エンジニアの方に役立つスイープツールなども用意していますので、ぜひお試しください。TT Toolboxが、皆さんのGrasshopper体験をさらに広げ、設計のワークフローに楽しさをもたらすことを願っています！

SECTION 17-2 | Climate Studio （クライメイトスタジオ）

https://www.solemma.com/climatestudio

有償（学生は無料）

環境シミュレーション

ツールの概要

「**Climate Studio**」は、RhinoとGrasshopperで使用できる環境解析プラグインです（Revit版は現在、昼光解析のみ対応）。意匠・設備・構造の建築設計者やエンジニアに広く利用され、昼光解析には「**Radiance**」、熱解析には「**EnergyPlus**」をエンジンとして採用し、高度な解析を可能にした環境設計を支援するツールです。

開発はハーバード大学デザイン学部（GSD）で、クリストフ教授（当時・現MIT教授）と学生たち（筆者重村含む）の出会いをきっかけに始まりました。2012年以降は「**Solemma**」社として、建築実務とアカデミックの領域を横断しながら開発を継続しています。昼光環境に精通するクリストフ教授の指導のもと、高速・高精度・多様な解析が可能になり、専門的な知識がなくても扱いやすいインターフェースが強みです。

特に優れた機能として、年間照度解析、年間グレア解析、年間日射量解析があり、光の波長までシミュレーションできます。さらに、気候分析、特定日時の照度解析、画像解析、熱負荷計算、自然換気の可視化、眺望率解析などの多様な解析機能や、RevitモデルをRhinoデータに変換する高機能ツールも備えています。これらの特長が評価され、「**Climate Studio**」は2022年にグッドデザイン賞を受賞しています。環境設計を支援する強力なツールとして、設計者にとって不可欠な存在です。

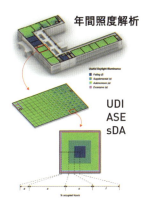
年間照度解析
UDI ASE sDA

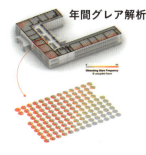
年間グレア解析

年間日射量解析

画像解析

敷地解析

ADLでつくったCSに利用できる追加の環境便利ツールもあります。

開発者からのメッセージ

Solemma 社
MIT 教授 | CEO
クリストフ・ラインハルト氏（左）
VP of Product
ジョン・サージェント氏（右）

GrasshopperとClimate Studioの世界へようこそ。光環境解析と熱負荷計算を　建築デザインの1要素として当たり前のように設計プロセスに取り入れて建築のデザインをすることが、持続可能な未来のためには重要なことだと思っています。ぜひClimate Studioを利用して、美しく、環境にも配慮した建築デザインを生み出してください。環境に関して詳しく知りたい方は、以下のサイトも参考になります。頑張ってください。

・https://netzerobuildings.mit.edu/

SECTION 17-3 Ladybug Tools （レディバグツールズ）

https://www.ladybug.tools/

一部無償

環境シミュレーション

ツールの概要

「Ladybug Tools」は、Grasshopperで環境解析を行うためのプラグインツール群です。「food4Rhino」または「Pollination」から直接ダウンロードでき、次の4つのツールがあります。

- Ladybug：気象データを用いた敷地分析
- Honeybee：光環境解析「Radiance」や、熱負荷・空調システム解析「EnergyPlus」の結果を視覚化
- Butterfly：CFD解析「OpenFOAM」による気流解析
- Dragonfly：街区レベルでの熱負荷計算やエネルギー需給・ディマンドレスポンス分析

特にHoneybeeのEnergyは、熱負荷計算やHVAC機器の包括的なライブラリを備えており、「OpenStudio」と連携することで、Grasshopper内で高度なHVACエネルギー分析を実施できます。このため、設備設計者やサステナビリティ・エンジニアに広く利用されています。また、兄弟ツールである「Irongbug」と組み合わせることで、より詳細な設備システムの設定が可能となり、熱負荷計算やエネルギー計算に強みを発揮します。

「Ladybug Tools」は、巨大なユーザーコミュニティを持ち、省エネ建築の普及に貢献しています。また、Pollinationブランドでは、有償版のRhino・Revit・クラウド対応ツールも展開しています。

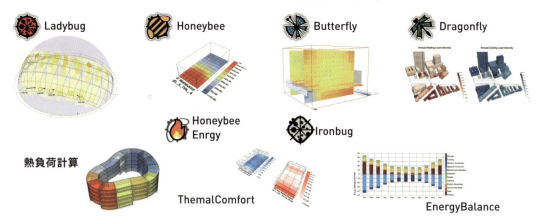

開発者からのメッセージ

Ladybug Tools チーム
モスタファ・ルーダリ氏（左）
クリス・マッキー氏（右）

こんにちは、Grasshopper ユーザーの皆さん！
Ladybug Tools を使った環境解析の世界へようこそ！
建物の省エネ性能を理解することは、持続可能な未来を築くうえで欠かせません。Ladybug Tools が、より良い建築デザインを実現するための力となることを願っています。皆さんが生み出す素晴らしい作品を楽しみにしています！ツールを習得するには時間がかかるかもしれません。焦らず、忍耐強く、そして熱力学の法則を大切にしながら取り組んでください。頑張ってください！

SECTION 17-4 Karamba3D（カランバスリーディー）

https://karamba3d.com/

有償

構造解析ツール

ツールの概要

「Karamba3D」は、構造設計事務所 Bollinger+Grohmann の実務において、パラメトリック有限要素プログラムの必要性から開発された構造解析プラグインです。

多くのプロジェクトでは、建築家とエンジニアの緊密な協力が不可欠であり、特に設計初期の決定は、その後の工程に大きな影響を及ぼします。そこで、当時の建築家が好んで使用していた Rhino や Grasshopper と構造解析・最適化機能を統合し、建築設計と構造設計をつなぐツールとして「Karamba3D」が誕生しました。本ツールでは静的解析、幾何学的非線形解析、座屈解析、固有値解析が可能です。日本でも様々な建築プロジェクトの検討に活用されています。「Karamba3D」は今後、日本でも使いやすくなるように改善・発展を続け、強力な設計ツールとなるように頑張っています。

・パラメトリック構造解析のメリット

- **設計変更の柔軟性**：パラメトリック構造モデルにより、設計変更が容易になり、初期設計のスピードを損なわず調整できます。
- **リアルタイムな構造応答**：構造要素の位置やサイズを変更すると即座に解析結果が更新され、複数のバリエーションを直感的に比較できます。
- **最適化による革新的なデザインの可能性**：構造最適化では無数のモデル評価が必要となりますが、「Tunny」のような最適化ツールと組み合わせることで、革新的で予測不能なデザインの可能性を引き出せます。

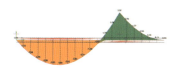  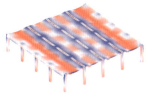

開発者からのメッセージ

Karamba 3D
創業者兼開発者｜博士
クレメンス・プレイジンガー氏

プロジェクトがコンセプト段階から実現に向けて進む中で、初期の手描きスケッチが徐々にデジタルモデルへと進化し、アイデアは洗練されます。複雑な構造の条件を設定することは、専門外の人々にとって「ブラックボックス」に直面するように感じられることがありますが、建築コンセプトの実現可能性を検証するツールである Grasshopper 上で動く Karamba3D は、建築家とエンジニアが一緒に協力し、創造的で分野を横断したコラボレーションを通じて問題を解決できることを願っています。

SECTION 17-5 | EEL (イール)

https://eel.lambda-digital.co.jp/

構造解析ツール

ツールの概要

「EEL」は、任意形状の構造3Dモデル生成や構造解析、データ変換の機能を有する、構造設計をサポートするプラグインです。オフィシャルサイトから無料ダウンロード（一部有償）できます。「EEL」単体で構造解析を実行できるほか、構造計算ソフト「Midas」やBIMデータ「ST-Bridge」のインポート・エクスポートができます。市販の構造解析ソフトは複雑形状のモデル生成や変更に手間がかかるものが多いため、「EEL」を他の最適化ツールと組み合わせて使用することで、構造シミュレーションが行いやすくなります。
「EEL」の特徴として、以下のような機能が挙げられます。

❶ 操作性に優れた構造モデル生成

線分やメッシュを入力データとして、鉄筋コンクリートや鉄骨、木造など各種材料に対応した断面や属性情報を持った構造モデルを容易に生成できます。特に、鉄骨継手や鉄筋生成機能により、詳細な接合部モデルを作成しやすくなります。

❷ パラメトックな構造解析

「EEL」で作成した構造モデルに荷重や支持条件を与えることで構造解析を実行でき、構造物の変形や応力をわかりやすく確認できます。柱や梁、トラス、板などの解析に対応し、日本の学会規準に基づき、断面算定の検定結果を確認できます。

梁要素の応用解析　　板要素の応用解析

❸ 汎用性の高いデータ変換

構造モデルは、構造設計に一般的に使用されている「Midas」や国内BIMデータ「ST-Bridge」の双方向連携に対応しています。Rhino+Grasshopperの形態自由度と市販ソフトの両者の長所を組み合わせた設計が可能です。

開発者からのメッセージ

ラムダデジタルエンジニアリング
代表取締役社長
田村尚土氏

Rhino+Grasshopperを使って、クリエイティブに魅力的な構造デザインを考えたり、構造設計や生産設計の実務が便利になるようなソフトを開発したい！ このような思いで2014年から「EEL」を開発してきました。EELは様々な実務プロジェクトを経験しながら、機能改善・強化し、進化し続けています。ぜひ、いろいろな建築関係の設計者や学生の方々に、EELを使って構造設計とコンピュテーショナルデザインのおもしろさや魅力を感じていただけたらと思います。

SECTION 17-6　Tunny（タニー）

無償　最適化ツール

https://www.food4rhino.com/en/app/tunny

ツールの概要

「Tunny」は、Grasshopper上で動くブラックボックス最適化や、設計空間の探索のためのプラグインです。「Tunny」は日本の企業である「Preferred Networks」が公開し、2025年現在も活発に開発が進められているオープンソースの最適化ツールである「Optuna」を使用しています。そのため、常に最新の手法が反映されています。
「Tunny」の特徴として、以下のような機能が挙げられます。

❶ 様々なサンプリングや可視化手法

「Tunny」は、遺伝的アルゴリズムやベイズ最適化、超一様サンプリングなどの10を超えるサンプリング手法をサポートしており、今後も増加の予定です。種類が多いだけでなく、問題に合わせて適切な手法を自動で選択する機能もあります。

対応している最適化手法一覧

対応している可視化手法一覧

❷ 高度なUIによる高い利便性

UIで最適化の設定等ができます。またWebブラウザで結果を分析できるダッシュボード機能により、サンプリング結果に対して様々なグラフ化ができます。単に最適化するだけでなく設計空間の探索・可視化も強力にサポートされています。

Tunny UI

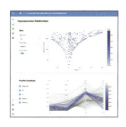 

Dashboardでの最適化結果の分析

開発者からのメッセージ

NatureArchitects / hrntsm
チーフエンジニア
夏目大彰氏

Tunnyを開発する前は、Grasshopperでは扱える最適化手法が少ないと感じていました。そのような中、業務でベイズ最適化をGrasshopperで使いたいというシチュエーションに出会い、それがきっかけでTunnyを作成することになりました。そのため、Tunnyは多くの手法の選択肢を提供することが1つの目標となっています。あなたの問題に適した探索手法・設定を探してみてください。

SECTION 17-7 | CORE studio （コアスタジオ）

https://www.thorntontomasetti.com/core-studio

概要

「CORE studio」は、Thornton Tomasetti 社の研究開発（R&D）チーム で、コンピュテーションデザイン、AI、機械学習、デジタルツールの開発 に特化したグループです。Grasshopper 3Dを活用したパラメトリックデザインの先駆者として、2010年から構造設計の最適化やワークフローの効率化に取り組んでいます。「CORE」という名称は、「Computer and Research」に由来し、AEC 業界における最先端技術の活用と革新を推進するインキュベーターの役割も果たしています。毎年「AEC TECH Symposium」を開催し、ワークショップやハッカソンを通じて、AEC 分野のコミュニティや学びの場を創出しています。「CORE studio」は社内の技術開発を超え、コンピュテーション技術の発展に貢献するとともに、業界全体のイノベーションを牽引する存在です。

主なツールの概要

❶ Design Explorer | Thred | Ellipse

「Design Explorer」は、データドリブンな設計を可能にする、パラメトリックスタディの可視化ツールです。「TT Toolbox」のColibriで生成したデータをインタラクティブに可視化し、結果から入力パラメータを絞り込むことができます。例えば、省エネシミュレーションの結果をもとに、建物の形状などの入力パラメータを決定することが可能です。

当時「CORE studio」に所属していたモスタファらが、AEC TECHのハッカソンでプロトタイプを開発しました。その後、オープンソースツールとして正式版が「CORE studio」からリリースされました。現在では、「Design Explorer」のコンセプトを発展させ、クラウド上で自由にレイアウトを調整できる「Thred」や「Ellipse」へと進化しています。

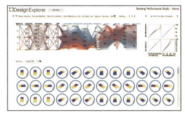

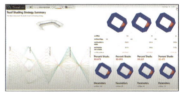

❷ Swarm と Shapediver
（Webベースパラメトリックプラットフォーム）

Grasshopperのコンポーネントセットをクラウドにアップロードし、クラウドアプリケーションに変換できるツール です。
クラウド上でアプリとして共有したり、複数人でGrasshopperの機能を共同利用したりすることができます。また、マーケットツールとして多くの人が利用できるほか、社内外のツールの共有・可視化のプラットフォームとしても機能します。
最大の特徴は、Grasshopperを扱えない人でも、Grasshopperで作成した機能を利用できることです。
現在、「Swarm」の技術は「ShapeDiver」と統合され、商用版は「ShapeDiver」として提供されています。

❸ Asterisk

2018年のAEC TECHで初めて発表された「Asterisk」は、AIを活用した構造設計のオプショニアリングツールです。設計の初期段階で、意匠設計の外形形状とコア形状をもとに、自動で構造架構のモデルオプションを提案します。

その後、CORE.AIチームが「Asterisk」を再設計し、「Asterisk 2.0」を開発。さらに、自社開発したMLモデルセットをクラウド上で管理する「Cortex」と「ShapeDiver」を統合し、より高度な設計オプショニアリングを実現しています。初期設計の段階にとどまらず、設計プロセス全体でAI技術を活用するための研究開発も継続しています。

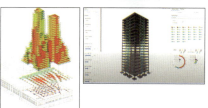

・AEC TECH | Workshop Symposium Hackathon

「CORE studio」が2013年から毎年ニューヨークで開催している、AEC業界における最先端技術の一大イベントです。最新技術に関する充実したワークショップを提供し、業界のリーダーがシンポジウムで毎年のトレンドを発表します。さらに、ハッカソンでは、参加者が日常の枠を超え、新たな挑戦を通じて成長する場が提供されます。設計の現場で日々忙しく、最新技術をキャッチアップする時間が限られている世界中のコンピュテーションデザイナーが一堂に集まり、技術や知識を共有し、新たなつながりを築く場となっています。また、「CORE studio」の元メンバーが戻り、再び交流する貴重な機会でもあります。

コロナ後には、各設計事務所を訪問する「Tech Tour」や、設計に携わったエンジニアが建物を案内する「Tech Crawls」など、新たなプログラムが加わり、イベントは年々充実しています。さらに、ロサンゼルス、ロンドン、バルセロナなど世界各地でスピンオフイベントが開催され、ますます広がりを見せています。

チームからのメッセージ

Thronton Tomasetti 社
Core Studio
最高技術責任者（CTO）兼
Managing Principal
ロバート・オオタニ氏

こんにちは、コンピュテーションデザインを学び始めた皆さんへ。
CORE studioは研究開発（R&D）チームとして、コンピュテーション技術を活用しながら設計とエンジニアリングの橋渡しを行っています。
近年は、AIや機械学習を活用し、自動化、データ解析、予測モデリングの進化を推進しています。また、学びを共有することで大きな価値が生まれると信じ、毎年AEC TECHを開催し、AEC分野のコラボレーションを促進しています。いつか日本でも「AEC TECH TOKYO」を開催してみたいです。
コンピュテーションデザインは、建築・エンジニアリング・建設（AEC）業界の未来を拓く力であり、新しい可能性を広げる旅です。一緒に挑戦していきましょう。

SECTION 17-8 Shimz DDE （シミズディーディーイー）

https://www.shimz.co.jp/dde/

概要

「ShimzDDE」は、清水建設設計部門独自のデジタルデザインプラットフォームです。これまで独立していた多様なソフトの機能を、プラットフォームとしてのRhino + Grasshopperに統合・集約しています。企画からシミュレーション、プレゼンテーション、図面化までカバーするとともに、ビジュアルプログラミングによる、新たなデザインプロセスを追求しているのが特徴です。

また、同社デジタルデザインセンターが開発・教育・案件活用を担い、ノウハウは組織的に展開・共有されるといった、サスティナブルなエコシステムを構築しています。コンピューテーショナルデザイン手法の組織的な展開において、日本の建設業界でリーダー的な存在となっています。

主なツールの概要

❶ Shimz DDE Tools
（シミズディーディーイーツールズ）

「Shimz DDE Tools」は、設計実務で求められる様々な検討機能を、利用シーンやニーズの高いものから目的別に汎用化したツール集です。形状のスタディや性能比較から法規的チェックまで、意匠/構造/設備/環境などの分野を横断して数十種類のツールをラインナップしています。組織共通のルールに基づくGrasshopperテンプレートもセットで提供し、様々なプロジェクトでの活用結果をフィードバックして、常にアップデートを行っています。近年は、技術研究所や社外専門エンジニアとのコラボレーションなどにより、専門の高いシミュレーション開発も行っています。

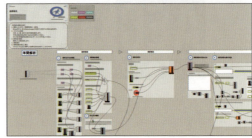

❷ SCalgo （エスカルゴ）

「SCalgo」は、日々の業務で「あったら便利だな」をまとめたGrasshopperプラグインです。ファイルの読み書きやちょっとしたデータ構造の操作、Shimz Explorerなど、デフォルトのGrasshopperの機能にありそうでなかった便利なツールを、オリジナルツールセットとして格納しています。

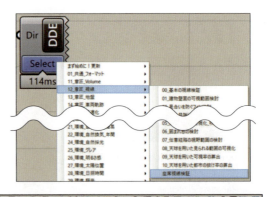

❸ Shimz Explorer（シミズエクスプローラー）

「Shimz Explorer」は、パラメトリックに生成した膨大な案の可能性の中から、複数の目標値を設定して解の絞り込みを行うツール。「CORE studio」が主催するAEC TECHのハッカソンで生まれたツールを、セキュリティ対策として社内ローカル環境で実行可能な環境にカスタマイズしたものです。

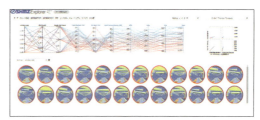

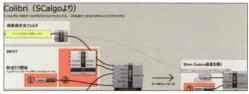

❹ Shimz DDE website / CASE Studies
（シミズディーディーイーウェブサイト/ケーススタディズ）

「Shimz DDE website」は、「Shimz DDE」のコンセプトや様々なツール群、作品事例などを紹介するオフィシャルウェブサイトです。「CASE Studies」ページでは、「Shimz DDE Tools」を駆使して生まれた、清水建設の設計施工作品の一部を紹介しています。コンピューテーショナルデザイン手法による設計プロセスについて深く掘り下げ、デザイン検討の目的と使用したツールを詳しく紹介しています。

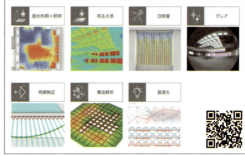

チームからのメッセージ

清水建設株式会社
設計本部デジタルデザインセンター
佐竹浩芳氏

コンピュテーション技術は建築設計のあらゆる分野に活かすことができる、よりよい建築を追求するための、とても便利でパワフルなツールです。これを意匠・構造・設備などすべての設計者の手元で、もっと自由でクリエイティブに使われる状態が望ましいと考えます。デジタルデザインセンターは、当社の設計組織全体の活動を支えながら、常に新たな価値創造につながる提案を通して、サスティナブルな未来社会の実現に貢献するチームです。

chapter 17 Grasshopperプラグインの紹介

❹ Shimz AEC TECH（シミズエーイーシーテック）

「Shimz AEC TECH」は、Thornton Tomasetti 社の「CORE studio」主催で毎年開催される、建設業界のデジタル技術に関する世界的なイベント「AEC TECH」へのリスペクトから生まれた、清水建設社内のオマージュイベントです。世界で活躍するアーキテクトからデジタル系のエンジニアまで、幅広い分野の人々を招き、レクチャー/ワークショップ/ハッカソンなどを企画しています。清水建設のデジタルデザインコミュニティの育成と強化を目的に、シリーズイベントとして開催しています。

❺ Shimz DDE Pedex
（シミズディーディーイーペデックス）

「Shimz DDE Pedex」は、ベクトル総研、東京都市大学、アルゴリズムデザインラボなどの協力により、清水建設が開発した、新しい人流シミュレーションツールです。従来困難だった設計初期段階の人流検討を、設計者自身が実行可能にしたものです。設計検討中のRhinoモデルをそのまま利用しながら、数千パターンのパラメトリックスタディもわずか1日で処理することができます。専門のソフトウェアや、専門家のサポートを介さず、アイデアを即シミュレーションして設計に反映できるため、デザイン検討と性能評価をシームレスにつなぎ、設計プロセスの革新につながる、新しい「フィードバック・デザイン」ツールであるといえます。

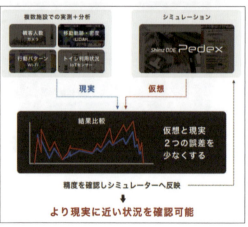

チームからのメッセージ

清水建設株式会社
設計本部デジタルデザインセンター
鈴木康二郎氏（左）
山下麟太郎氏（右）

Shimz DDE Pedex の開発について
これまでの高度なシミュレーション技術による設計検討は、専門家とのコラボレーションがほとんどでした。Rhino+GHという設計者が日常使っている道具でそのまま簡単に解析が実行できるツールを開発することにより、専門家に依頼する前段階で、設計者自身がよりレベルの高い検討を可能にすることを念頭に置いています。設計者が簡単に使えるようになることで新しいアイディアや考え方がたくさん生まれることを目指しています。

先駆者からのメッセージ

建築家兼コンピュテーショナルデザイナーとして、Grasshopperは、私のアイディアを練り、デザインの方向性を決定し、ロジックやルール、制約、そして私自身の美学を組み込んだモデルを作成するためのツールとなっています。

コンピュテーショナルデザインは、アルゴリズミックデザインやパラメトリックデザイン、さらにビルディング・インフォメーション・モデリング（BIM）などを含む概念であり、単なる設計ツールの使用や開発にとどまらず、デザインに対する思考方法そのものです。設計や思考のプロセスとして必ずしもコンピューターを必要としません（ガウディなどを思い浮かべてください）。しかし、Grasshopperのようなツールは、このようなデザイン思考を持つ人々がより迅速に作業を進め、これまで以上に多くのアイデアを探求できるようにし、また、コンピュテーショナルデザインに馴染みのない人にもその思考法に触れる役割を果たします。

モデルを生成する「プログラム」を「ビジュアルスクリプティング」で作成できるため、すべてのデザイナーにとって、非常に直感的で親和性が高い（使いやすい）ツールです。楽しんで使ってみてください。

FAIA（アメリカ建築家協会フェロー）
Associate Principal at SOM（Skidmore, Owings & Merrill）
ニール・カッツ氏

ニール・カッツ（Neil Kataz）氏は、コンピュテーショナルデザインの先駆者として約40年にわたる豊富な経験を持ち、建築家としても教育者としても活躍しています。
詳しく知りたい人は、2023年のAECtech2023|SOM
(https://www.youtube.com/watch?v=p-420BGgtEo&t=190s) でレクチャーを見てください。

Grasshopperを核に広がる設計ツールとデータ連携

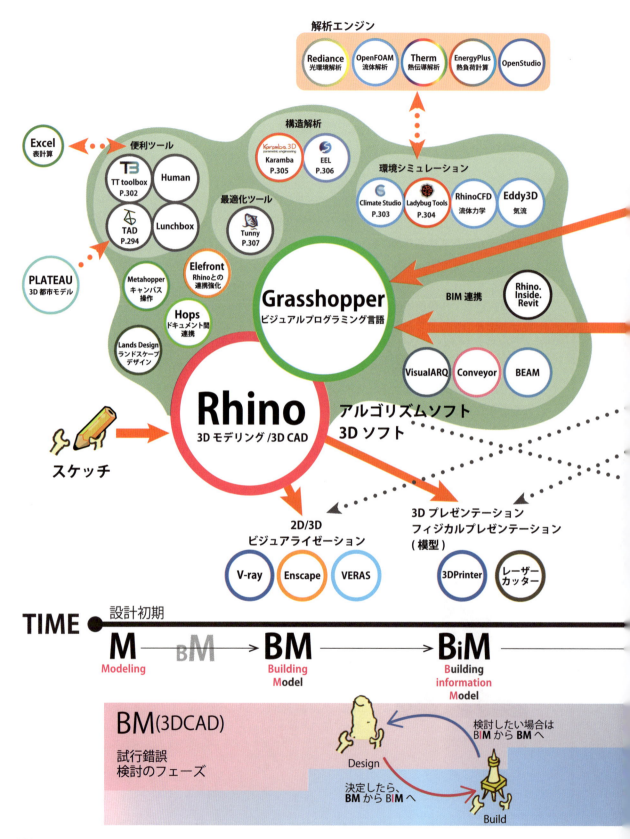

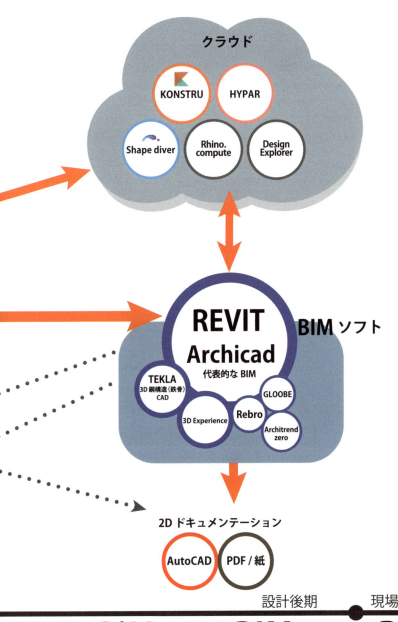

Grasshopperの強みは、その柔軟性と拡張性の高さにあります。

Rhino・Grasshopperには数多くのプラグインが存在し、それらを連携させることで、Grasshopperは単なるRhinoの補助ツールを超え、Rhinoをより広い世界へと開く強力なプラットフォームとなります。

プラグインは、構造・環境解析、Excelなどの外部ソフトとのデータ連携、遺伝的アルゴリズムを用いた最適化など、多岐にわたります。近年では、3次元モデルに様々な情報を付加したBIM（Building Information Modeling）を活用し、建築設計・施工における統合的なワークフローを実現しようとする取り組みが盛んに行われています。代表的な技術として「Rhino.Inside」とよばれる仕組みを利用することで、RevitとRhino・Grasshopperを連携させることも可能です。

こうした拡張機能をGrasshopperに取り入れることで、パラメトリックに検証ができるGrasshopperの利点を活かしながら、多様な専門家・非専門家が協働し、より創造的かつ効率的にプロジェクトを推進できるようになります。Grasshopperの基礎技術を習得した先には、さらに大きな可能性が開けるはずです。

使用コンポーネント索引

コンポーネント名	[タブ] ＞ [カテゴリ]	ページ

A

Addition	[Maths] ＞ [Operators]	175
Amplitude	[Vector] ＞ [Vector]	222
Angle	[Vector] ＞ [Vector]	276
Angular Dimension	[Display] ＞ [Dimensions]	240
Arc Tangent	[Maths] ＞ [Trig]	238
Area	[Surface] ＞ [Analysis]	46

B

Boolean Toggle	[Params] ＞ [Input]	116
Boundary Surfaces	[Surface] ＞ [Freeform]	208
Bounds	[Maths] ＞ [Domain]	143
Box Rectangle	[Surface] ＞ [Primitive]	163
Brep	[Params] ＞ [Geometry]	67
Brep | Brep	[Intersect] ＞ [Physical]	221
Brep | Curve	[Intersect] ＞ [Physical]	234
Brep Wireframe	[Surface] ＞ [Analysis]	187
Button	[Params] ＞ [Input]	295

C

Cap Holes	[Surface] ＞ [Util]	92
Circle	[Curve] ＞ [Primitive]	263
Cluster Input	[Params] ＞ [Util]	285
Cluster Output	[Params] ＞ [Util]	285
Colour Swatch	[Params] ＞ [Input]	67
Concatenate	[Sets] ＞ [Text]	194
Consecutive Domains	[Maths] ＞ [Domain]	153
Construct Domain	[Maths] ＞ [Domain]	125
Construct Point	[Vector] ＞ [Point]	175
Content Cache	[Rhino] ＞ [Content]	290
Contour	[Intersect] ＞ [Mathematical]	188
Contour(ex)	[Intersect] ＞ [Mathematical]	207
Cull Index	[Sets] ＞ [Sequence]	274
Cull Pattern	[Sets] ＞ [Sequence]	254
Curve	[Params] ＞ [Geometry]	42
Curve Middle	[Curve] ＞ [Analysis]	279
Custom Preview	[Display] ＞ [Preview]	67

D

Data	[Params] ＞ [Primitive]	95
Deconstruct	[Vector] ＞ [Point]	216
Deconstruct Brep	[Surface] ＞ [Analysis]	271
Deconstruct Domain	[Maths] ＞ [Domain]	150
Dispatch	[Sets] ＞ [List]	253
Distance	[Vector] ＞ [Point]	166

D (続き)

Divide Curve	[Curve] ＞ [Division]	58
Divide Surface	[Suface] ＞ [Util]	259
Division	[Maths] ＞ [Operators]	114
Domain	[Params] ＞ [Primitive]	146
Duplicate Data	[Sets] ＞ [Sequence]	200

E

End Points	[Curve] ＞ [Analysis]	234
Entwine	[Sets] ＞ [Tree]	295
Equality	[Maths] ＞ [Operators]	260
Evaluate	[Maths] ＞ [Script]	162
Evaluate Surface	[Surface] ＞ [Analysis]	261
Explode	[Curve] ＞ [Util]	278
Expression	[Maths] ＞ [Script]	162
Extend Curve	[Curve] ＞ [Util]	280
Extrude	[Surface] ＞ [Freeform]	62

F

File Path	[Params] ＞ [Primitive]	199
Find Domain	[Maths] ＞ [Domain]	154
Flatten Tree	[Sets] ＞ [Tree]	246
Flip Matrix	[Sets] ＞ [Tree]	253

G

Geometry	[Params] ＞ [Geometry]	92
Gradient	[Params] ＞ [Input]	151
Graft Tree	[Sets] ＞ [Tree]	247
Graph Mapper	[Params] ＞ [Input]	174

H

Horizontal Frame	[Curve] ＞ [Analysis]	104

I

Image Sampler	[Params] ＞ [Input]	263
Integer	[Params] ＞ [Primitive]	192
Interpolate	[Curve] ＞ [Spline]	235

J

Jitter	[Sets] ＞ [Sequence]	201

L

Line	[Curve] ＞ [Primitive]	60
Line SDL	[Curve] ＞ [Primitive]	229
List Item	[Sets] ＞ [List]	97
List Length	[Sets] ＞ [List]	194

316

index

Loft	[Surface] > [Freeform]		48

M

Mass Addition	[Maths] > [Operators]		197
Maximum	[Maths] > [Util]		264
Merge	[Sets] > [Tree]		98
Model Layer	[Rhino] > [Model]		80
Model Object	[Rhino] > [Objects]		80
Move	[Transform] > [Euclidean]		43
Multiplication	[Maths] > [Operators]		223

N

Number	[Params] > [Primitive]		131
Negative	[Maths] > [Operators]		62
Number Slider	[Params] > [Input]		47
Nurbs Curve	[Curve] > [Spline]		176

O

Offset Curve	[Curve] > [Util]		134
Orient	[Transform] > [Euclidean]		109

P

Panel	[Params] > [Input]		43
Param Viewer	[Params] > [Util]		243
Perp Frame	[Curve] > [Analysis]		215
Pipe	[Surface] > [Freeform]		234
Plane	[Params] > [Geometry]		106
Plane Surface	[Surface] > [Primitive]		220
Point	[Params] > [Geometry]		63
Point In Curve	[Curve] > [Analysis]		260
Point List	[Display] > [Vector]		189
Point On Curve	[Curve] > [Analysis]		165
Polygon Center	[Curve] > [Analysis]		86
Polyline	[Curve] > [Spline]		116
Project	[Transform] > [Affine]		178

Q

Query Model Layers	[Rhino] > [Model]		289

R

Random	[Sets] > [Sequence]		202
Range	[Sets] > [Sequence]		173
Read File	[Params] > [Input]		199
Rectangle	[Curve] > [Primitive]		125
Remap Numbers	[Maths] > [Domain]		144

Reverse List	[Sets] > [List]		246
Right Trigonometry	[Maths] > [Trig]		238
Rotate	[Transform] > [Euclidean]		47
Rotate	[Vector] > [Vector]		231
Rotate Plane	[Vector] > [Plane]		105
Round	[Maths] > [Util]		192

S

Scale	[Transform] > [Affine]		264
Series	[Sets] > [Sequence]		127
Simplify Curve	[Curve] > [Util]		179
Simplify Tree	[Sets] > [Tree]		247
Sort List	[Sets] > [List]		279
Square	[Vector] > [Grid]		251
Stream Filter	[Sets] > [Tree]		204
Subtraction	[Maths] > [Operators]		88
Surface	[Params] > [Geometry]		63
Surface Split	[Intersect] > [Physical]		265
Sweep1	[Surface] > [Freeform]		218

T

Text Tag 3D	[Display] > [Dimensions]		195
Tween Curve	[Curve] > [Spline]		178

U

Unit Vector	[Vector] > [Vector]		223
Unit X	[Vector] > [Vector]		52
Unit Y	[Vector] > [Vector]		52
Unit Z	[Vector] > [Vector]		43
User Text	[Rhino] > [Content]		290

V

Value List	[Params] > [Input]		204
Vector	[Params] > [Geometry]		271
Vector 2Pt	[Vector] > [Vector]		88
Vector XYZ	[Vector] > [Vector]		114

X

XY Plane	[Vector] > [Plane]		47
XZ Plane	[Vector] > [Plane]		52

Y

YZ Plane	[Vector] > [Plane]		52

おわりに

2005年にMITに留学した際、すでに米国ではコンピューテーショナルデザインが専門分野として確立されていました。2008年にハーバード大学に留学した時には、レーザーカッター、3Dプリンター、ロボットアームなどのファブリケーション技術が充実しており、学生たちは模型制作と同じ感覚で3次元CADやBIM、ビジュアルプログラミングを扱いながら卒業していきました。建築設計の現場でも、デジタルツールを柔軟に活用し、設計の手段を自由に選択できる環境が整っていました。

ハーバード大学では、クリストフ教授や同級生たちと出会い、RhinoとGrasshopper、Radianceを統合する開発に関わる機会を得ました。設計者の3次元検討ツールと環境解析エンジンが融合する過程を目の当たりにし、これにより環境配慮設計の普及が加速すると強く感じました。

現在、私がデジタル技術を推進しているのは、多くの人が3次元設計（BIMを含む）と環境解析を設計プロセスに統合し、誰もが環境に配慮した設計を行える環境を提供したいと考えているからです。重要なのは、より良い建築をつくること、そして建築業界の生産性を向上させること。その手段のひとつとして、コンピュテーション技術が有効であると考えています。

国内外での学びを通じて教育の重要性を実感し、Grasshopperをはじめとする教材を自作し、講習で活用してきました。本書は、その教材のひとつをもとに書籍化したものです。

本書をきっかけに、多くの人がGrasshopperを活用し、3次元での設計検討を行い、より良い建築づくりに役立ててほしいと願っています。そして、デザインとエンジニアリングを融合し、新たな可能性に挑戦し、想像を超える建築を生み出すことを夢見ています。

本書が、少しでも誰かの役に立てれば幸いです。

謝辞

本書執筆にあたり、多くの方々のご支援を賜りました。心より感謝申し上げます。特に、初期から関わり支えてくださった秋元瑞穂、伊藤滉彩、坂井高久、新藤幹、そして Grasshopper に親しみを感じられる素敵なイラストを制作してくれた本間菫子の協力がなければ、本書の出版は実現しませんでした。深く感謝申し上げます。

また、日本に帰国後、教育の場を提供してくださった早稲田大学建築学科、三菱地所設計、大成建設 BIM 推進室の皆様に、心より感謝申し上げるとともに、設備設計における Grasshopper の活用に挑戦し、貴重な教育の機会をくださった竹中工務店設計部設備部門左グループの皆様にも、深く御礼申し上げます。現在では、清水建設 設計本部、戸田建設建築設計統轄部にて、組織的な教育の機会をいただいています。
多くの企業や個人の皆様から学ぶ機会をいただき、その経験が本書の随所に活かされています。ここにすべての方々のお名前を記すことは叶いませんが、貴重な機会をくださった皆様に心より感謝申し上げます。

本書は、10年以上にわたり改良を重ねた内容をまとめたものですが、今後もさらに更新を続けていく必要があると考えています。これからも、建築設計や教育の発展に貢献できるよう尽力してまいります。

●**本書出版時に携わってくれた方々（2025年4月現在）**
本間菫子（本書イラストを担当、元 ADL）／藤本卓英（ADL）／田島拓実（ADL）／廣瀬由紀子（ADL）／鳥羽春江（ADL）／柴田直美
【早稲田大学創造理工学部建築学科】
[田辺研究室] 新藤 幹・秋元瑞穂（博士課程）・田島 和（大学院1年生）・松本維心（大学院1年生）
[早部研究室] 的場未来（卒業生）・中島弥紀（大学院2年生）・中谷未希（大学院2年生）・振木 歩（大学院1年生）
[渡邊研究室] 山崎立智（卒業生）
[後藤研究室] 横山魁度（大学院1年生）
[学部 4年生] 河村咲希
[学部 3年生] 鈴木瑠之輔・高尾真由・中川香乃
[学部 2年生] 大木俊輔・栗原敦・藤井道隆・水上大輔

●**以前にテキストの作成に携わってくれた方々**
【早稲田大学創造理工学部建築学科】
[大学院 2年生] 石山竣介・權才鉉・中西康蔵・宮瀬 駿・山野井瞳
[大学院 1年生] 青木沙綺・石山結青・碓氷創平・小泉満里奈・佐々木正人
【University of Stuttgart (ITECH)】
[大学院 1年生] 鉄 昌樹
【早稲田大学創造理工学部建築学科 卒業生】
伊藤弥季南・伊藤滉彩・稲毛洋也・江見侑一郎・小川裕太郎・金田有人・喜久里尚人・呉雄仁・清水卓哉・杉山太一・高橋まり・竹中大史・銅木彩人・豊住亮太・永島啓陽・夏目大彰・二上匠太郎・野村涼ロバート・平岩理子・古田祥一朗・堀崎 航・森澤碧人・山本悠太・米山 魁
【工学院大学建築学部卒業生】
小澤龍太・津久井恵伍

【著者紹介】

アルゴリズムデザインラボ（ADL）
「泥臭いコンピュテーショナルデザインを建築に」をモットーに、最先端のコンピューター技術を駆使し、実践的で本質的な建築づくりに貢献し、より良い建築をつくる良い人を育てることをビジョンに掲げ、RhinocerosやGrasshopper、Revitを活用したサステイナブルな建築設計の支援を行っている。

重村珠穂｜Tamaho Shigemura
2000年に慶應義塾大学大学院を修了し、大林組に入社。2005年にマサチューセッツ工科大学（MIT）建築学科へ留学し、2007年には槇総合計画事務所の「NY WTC Tower 4 プロジェクト」に参加。2008年にハーバード大学GSDへ留学し、2010年に同大学院修士課程を修了。2012年にアルゴリズムデザインラボを設立。2014年より早稲田大学非常勤講師を務める。実務とアカデミアの両面で日本と海外を行き来し、コンピューター技術の普及と推進に取り組んでいる。

若澤晃樹｜Kouki Wakazawa
東北大学工学部 建築・社会環境工学科卒業。2022年からADLに参加。草を育てて増やすのが趣味。増えすぎて住環境が圧迫されている。

中山温己｜Haruki Nakayama
早稲田大学創造理工学部建築学科卒業。同大学院理工学研究科建築学専攻修士課程田辺研究室在学中（2025年4月現在）。踊れるGrasshopper ユーザー。

金光陸｜Riku Kanemitsu
早稲田大学創造理工学部建築学科4 年生（2025年4月現在）。デザインと構造の融合に興味がある。

八尋俊平｜Shumpei Yahiro
早稲田大学創造理工学部建築学科4 年生 田辺研究室所属（2025年4月現在）。芋けんぴ、放射、Grasshopper が好き。

坂井高久｜Takahisa Sakai
2021年 早稲田大学大学院創造理工学研究科建築学専攻修士課程修了（早部研究室）。2021年から清水建設（株）設計本部にて構造設計業務に従事。元ADLインターン。

建築デザインのための Grasshopper

2025年4月21日　初版第1刷発行

著者	アルゴリズムデザインラボ
	重村珠穂・若澤晃樹・中山温己
	金光陸・八尋俊平・坂井高久

発行者	三輪浩之

発行所	株式会社エクスナレッジ
	〒106-0032
	東京都港区六本木7-2-26
	https://www.xknowledge.co.jp/

問合せ先	編集	Tel：03-3403-5898
		Fax：03-3403-0582
		info@xknowledge.co.jp
	販売	Tel：03-3403-1321
		Fax：03-3403-1829

本書内容についてのご質問は、電話での受付/回答はいたしておりません。
ご質問は、上記メールアドレスへお送りください。

無断転載の禁止
本誌掲載記事（本文、図表、イラスト等）を当社および著作権者の承諾なしに無断で転載（翻訳、複写、データベースへの入力、インターネットでの掲載等）することを禁じます。
© 2025 アルゴリズムデザインラボ